人口長期均衡發展研究

理論與實證

Study on Long-term Balanced Population Development
— Theories and Demonstration

張俊良、郭顯超 著

財經錢線

前言

　　人口長期均衡發展被提出之後，引起了學術界的積極討論，也得到了實際工作者的熱烈回應。作者深信，人口長期均衡發展是中國人口研究新的理論增長點，也是中國當前人口工作的最佳戰略目標選擇，是非常有研究價值的課題。人口長期均衡發展研究的當務之急是深化理論研究的創新和加速實證研究方法的突破。深化理論創新是加速理論成長的需要，科學的實證研究方法是推動理論轉化為實踐的前提，二者缺一不可。

　　本書的主要內容共有三個方面，一是對人口長期均衡發展的理論研究，對概念和理論框架做出新的拓展和深化；二是對人口長期均衡發展實證研究方法的設計，構建人口長期均衡發展指標體系和測度模型；三是以四川省和仁壽縣為例，對人口長期均衡發展狀況進行實證分析，驗證實證方法的實用性，同時為人口工作實踐提供決策參考。本書對理論的深入研究具有較高的學術價值；實證研究方法的突破具有重要的學術和實際應用價值；對四川和仁壽縣的具體分析有較強的研究示範價值和實踐指導意義。

　　完成這樣的研究是非常不易的。作者自2011年開始對人口長期均衡發展進行研究，到現在已有三年有余的時間。其間該研究成果得到了多次展示的機會，得到了人口領域專家和政府部門的高度認可，同時我們有幸聽取了他們的寶貴意見和建議，也得到了豐富的啓迪。漫長的研究和反覆的修改，讓我們有了深入思考的機會，使得對理論的思考更加深入，對實證方法的設計更加嚴謹，整個研究成果更加成熟。

　　作為一本對人口長期均衡發展理論和實證研究的專著，希望本書的理

論觀點和實證方法，能夠對人口研究者的理論研究和實證分析有一定參考價值，也能夠為政府相關部門制定人口長期均衡發展的戰略、規劃和政策提供理論和實踐的參考依據。

受作者水平所限，書中不妥之處在所難免，誠望讀者指正。

作　者

目 錄

導　論 / 1
　一、研究背景 / 1
　　　（一）中國人口形勢 / 1
　　　（二）中國經濟社會資源環境形勢 / 3
　　　（三）中國人口管理形勢 / 6
　二、研究意義 / 7
　　　（一）理論意義 / 7
　　　（二）現實意義 / 8
　　　（三）應用前景 / 8
　三、研究思路 / 9
　四、研究內容 / 9
　　　（一）研究目標 / 9
　　　（二）具體研究內容 / 9
　　　（三）研究重點 / 12
　　　（四）研究難點 / 12
　五、研究方法 / 12
　　　（一）理論分析方法 / 12
　　　（二）系統分析方法 / 12
　　　（三）實證分析方法 / 13
　六、可能的創新和不足 / 13
　　　（一）可能的創新 / 13
　　　（二）存在的不足 / 13

第一章　關於人口長期均衡發展的文獻綜述 / 14
　　一、人口長期均衡發展研究與實踐的進程 / 14
　　　　（一）研究發展過程 / 14
　　　　（二）政策與實踐發展過程 / 15
　　二、人口長期均衡發展的相關研究成果 / 17
　　　　（一）對「人口均衡」內涵的探討 / 17
　　　　（二）人口長期均衡發展的測評 / 18
　　　　（三）人口均衡發展與相關問題研究 / 20
　　三、對已有研究的評價 / 23
　　　　（一）理論研究不夠深入 / 23
　　　　（二）實證研究明顯薄弱 / 24
　　　　（三）實踐價值有待深入發掘 / 25
　　四、下一步研究的方向 / 25

第二章　關於人口長期均衡發展的理論探討 / 26
　　一、人口的含義與本質 / 26
　　　　（一）人口的基本內涵 / 26
　　　　（二）人口的本質 / 26
　　　　（三）人口的內部系統和外部系統 / 27
　　二、均衡與均衡發展的內涵 / 29
　　　　（一）均衡 / 29
　　　　（二）均衡發展 / 30
　　三、人口長期均衡發展的含義 / 31

（一）人口均衡的內涵 / 31
（二）人口均衡發展的定義及狀態 / 31
（三）人口長期均衡發展的定義及內容 / 32
（四）人口長期均衡發展的路徑 / 33
（五）人口長期均衡發展的基本特徵 / 34
（六）人口長期均衡發展的性質 / 36

第三章　人口長期均衡發展的理論來源 / 37

一、人口長期均衡發展的思想源泉 / 37
　（一）中國古代哲學思想 / 37
　（二）西方古代人口思想 / 38
二、馬爾薩斯的人口理論 / 39
　（一）馬爾薩斯人口理論的主要內容 / 39
　（二）對馬爾薩斯人口理論的評論 / 40
　（三）馬爾薩斯人口理論與人口長期均衡發展理論的關係 / 41
三、馬克思恩格斯的人口理論 / 42
　（一）馬克思恩格斯的人口理論的主要觀點 / 42
　（二）對馬克思恩格斯的人口理論的評價 / 45
　（三）馬克思恩格斯人口理論與人口長期均衡發展理論的關係 / 46
四、人口轉變理論 / 46
　（一）人口轉變理論的發展歷程及主要觀點 / 46
　（二）對人口轉變理論的評價 / 49

（三）人口轉變理論與人口長期均衡發展理論的關係／ 50
五、適度人口理論／ 51
　　（一）適度人口理論的發展歷程／ 51
　　（二）適度人口理論的基本觀點／ 53
　　（三）對適度人口理論的評價／ 53
　　（四）適度人口理論與人口長期均衡發展理論的關係／ 54
六、可持續發展理論／ 54
　　（一）可持續發展理論的演變歷程／ 54
　　（二）可持續發展理論的基本觀點／ 56
　　（三）對可持續發展理論的評價／ 57
　　（四）可持續發展理論與人口長期均衡發展理論的關係／ 57
七、「兩個統籌」思想／ 58
　　（一）「兩個統籌」思想的基本觀點／ 58
　　（二）「兩個統籌」思想與人口長期均衡發展理論的關係／ 59
八、人口安全理論／ 60
　　（一）人口安全理論的主要觀點／ 60
　　（二）對人口安全理論的評價／ 61
　　（三）人口安全理論和人口長期均衡發展理論的關係／ 62
九、科學發展觀／ 62
　　（一）科學發展觀的基本內容／ 62
　　（二）科學發展觀與人口長期均衡發展理論的關係／ 62
十、人口長期均衡發展理論的發展脈絡／ 63

第四章　人口長期均衡發展的要素及其關係／65
一、人口長期均衡發展的要素／65
（一）人口內部系統的要素／66
（二）人口外部系統的要素及其與人口的關係／70
二、人口長期均衡發展諸要素之間的「變量均衡」關係／73
（一）人口內部諸要素的「變量均衡」／73
（二）人口與外部因素的「變量均衡」／75
（三）人口總體長期均衡發展的「變量均衡」關係／80
三、人口長期均衡發展諸要素之間的「行為均衡」關係／81
（一）人口自身諸要素的「行為均衡」／81
（二）人口與外部因素的「行為均衡」／83
（三）人口總體長期均衡發展的「行為均衡」／86

第五章　人口長期均衡發展評價指標體系與測度模型／87
一、指標體系的設計／87
（一）人口長期均衡發展評價指標體系的結構／87
（二）人口長期均衡發展評價指標的選定原則／88
（三）人口長期均衡發展指標的選取／90
二、指標權重的確定／99
（一）熵權法／99
（二）結構方程模型法／101
三、人口長期均衡發展的測度模型／102
（一）人口長期均衡發展水平的測度模型／103

（二）人口長期均衡發展系統協調度的測度模型 / 105

　　（三）人口長期均衡發展可持續度的測度模型 / 106

四、人口長期均衡發展的評價尺度 / 107

第六章　四川人口長期均衡發展實證研究 / 110

一、四川人口長期均衡發展現狀 / 111

　　（一）四川人口自身發展狀況 / 111

　　（二）四川人口發展的外部條件 / 122

二、四川人口長期均衡發展實證分析 / 137

　　（一）數據來源 / 138

　　（二）指標體系權重設置 / 138

　　（三）四川主要年份人口長期均衡發展狀況 / 139

三、四川人口長期均衡發展狀況評價 / 153

　　（一）四川人口長期均衡發展水平評價 / 153

　　（二）四川人口長期均衡發展協調度的評價 / 154

　　（三）四川人口長期均衡發展可持續性的評價 / 155

　　（四）總結 / 156

第七章　四川人口長期均衡發展趨勢分析 / 157

一、預測方法和參數 / 157

　　（一）預測方法選擇 / 157

　　（二）基礎數據及資料來源 / 158

　　（三）預測參數 / 158

二、人口預測結果綜合分析 / 161
　　(一)人口規模預測分析 / 161
　　(二)人口變動預測分析 / 163
　　(三)人口結構預測分析 / 165
三、四川人口長期均衡發展面臨的問題與挑戰 / 170
　　(一)人口內部長期均衡發展面臨的問題 / 170
　　(二)人口外部均衡面臨的問題 / 173
　　(三)四川人口長期均衡發展面臨的挑戰 / 195

第八章　四川人口長期均衡發展的政策建議 / 198
一、四川人口長期均衡發展的目標 / 198
二、四川人口長期均衡發展的基本原則 / 198
三、四川人口長期均衡發展的戰略舉措 / 200
四、四川人口長期均衡發展的具體措施 / 201
五、四川人口長期均衡發展的保障措施 / 210

第九章　仁壽縣人口長期均衡發展實證研究 / 212
一、選擇仁壽縣作為研究對象的原因 / 212
二、仁壽縣人口發展現狀 / 213
　　(一)仁壽縣人口自身發展狀況 / 213
　　(二)仁壽縣人口發展的外部環境 / 217
三、仁壽縣人口長期均衡發展狀況分析 / 225
　　(一)仁壽縣人口長期均衡發展評價指標體系 / 225

（二）仁壽縣人口長期均衡發展現狀分析 / 231

第十章　仁壽縣人口長期均衡發展趨勢分析 / 237

　　一、仁壽縣2011—2030年人口發展趨勢預測 / 237

　　　　（一）基礎數據 / 237

　　　　（二）預測參數的設置 / 238

　　　　（三）預測結果 / 239

　　二、仁壽縣2011—2030年人口長期均衡發展態勢判斷 / 242

　　三、仁壽縣人口長期均衡發展面臨的問題與挑戰 / 243

　　　　（一）人口自身均衡面臨的問題 / 243

　　　　（二）人口外部均衡面臨的問題 / 245

第十一章　仁壽縣人口長期均衡發展的政策建議 / 248

　　一、仁壽縣人口長期均衡發展的目標 / 248

　　二、促進仁壽縣人口長期均衡發展的具體措施 / 248

　　三、促進仁壽縣人口長期均衡發展的保障措施 / 251

附　表 / 253

參考文獻 / 262

導　論

一、研究背景

（一）中國人口形勢

20世紀70年代開始的計劃生育政策為緩解中國人口壓力、提高人口素質做出了重要貢獻。但中國目前仍然存在著較為嚴重的人口基數大、人口素質偏低、人口結構矛盾突出和人口分佈不合理等問題。

1. 人口規模的壓力依然巨大

中國人口增長速度有所下降，但是人口規模仍然處於上漲態勢。2010年第六次人口普查數據顯示，2000—2010年的十年間，中國人口總量年均增長0.57%，比1990—2000年的年均增長率1.07%下降0.5個百分點，接近世界平均水平的0.3%。但是龐大的人口基數及人口增長慣性的作用，導致人口總量仍在持續增長。2010年中國人口總數已經達到13.7億，比2000年增長了7,500多萬人，人口規模的壓力依然巨大。

2. 人口質量難以滿足經濟社會發展需要

中國教育水平快速提高，但依然落後於發達國家水平。2010年全國普及九年義務教育人口覆蓋率達到100%，高中階段毛入學率82.5%，高等教育毛入學率達到26.5%，在校大學生超過3,100萬，總量居世界第一；15歲以上國民人均受教育水平達到8.5年，高於發展中國家平均水平。但是，從業人口人均受教育年限比發達國家少3年左右，人力資本對經濟發展的貢

獻率僅為35%，與發達國家75%差距巨大。[①] 勞動力素質層次較低導致產業結構失衡，人力資源結構性矛盾突出，難以有效拉動產業結構的調整。第一產業從業人員文化水平較低，平均受教育年限為7年，小學和初中文化的占到了86%，難以實現勞動力梯次轉移，也制約了現代農業發展步伐；第二產業從業人員文化水平不高，平均受教育年限為10年，初中、高中文化程度的占到了73%，難以為中國製造業產業結構優化升級、擺脫低端「世界工廠」地位提供必要技能人才；第三產業從業人員整體文化程度相對較高，平均受教育年限為12年，高中以上占60%，但仍然不能為以金融和信息為主的現代服務業提供必要的人力資本支撐。

3. 人口結構矛盾日益突出

人口年齡結構和性別結構矛盾突出，老齡化日益加劇，出生性別比失衡狀況依然嚴峻。中國在2000年已經進入老年型社會，2000年年底全國60歲以上的老年人口比例達到10.2%，65歲及以上的人口占總人口比重為7.1%。到2010年第六次人口普查時，60歲及以上的老年人口數為1.78億，占人口總量的13.26%，65歲及以上的老年人口數達到1.19億，占人口總量的8.87%。十年間，老年人口的增長速度遠遠高於總人口的增長速度，表明中國的人口正處於加速老齡化時期。預計到2053年中國60歲及以上的老年人口數將達到峰值，約為4.3億。中國的出生性別比自20世紀80年代中期以來就伴隨計劃生育政策的嚴格執行而迅速攀升。1982年第三次人口普查（簡稱「三普」）得到的1981年出生嬰兒性別比是108.47；1990年第四次人口出生男女性別比普查計算的1989年出生嬰兒性別比是111.92；2000年第五次人口普查公布的出生嬰兒性別比為116；2008年更是達到了120.56的峰值，之后數年雖略有降低，但依然嚴重偏離103～107的正常範圍。如此之高的人口出生性別比，會直接影響同期這個年齡群人口到婚齡期的婚配問題，帶來嚴重的「娶妻難」「就業性別擠壓」等社會矛盾。

[①] 郭婧. 中國人力資本對經濟增長貢獻的發展空間巨大［N］. 光明日報，2008－04－15.

4. 人口分佈不合理一定程度上存在

人口分佈不平衡，人口集中於「胡煥庸線」①以東的趨勢沒有改變，部分地區尤其是大城市地區人口超載問題十分嚴重。人口流動日益頻繁。第六次人口普查中居住地與戶口登記地所在的鄉鎮街道不一致且離開戶口登記地半年以上的人口（即流動人口）超過2.6億人，比2000年增長了1.1億人，增長81.03%。預計未來中國人口流動規模將繼續增長。區域人口分佈繼續呈現人口從中、西部地區向東部地區遷移和聚集的趨勢。2010年東部地區占全國總人口的比重達到37.98%，與2000年人口普查相比上升了2.41%，中部、西部和東部地區的人口比重繼續下降，中部地區下降了1.16個百分點，西部地區下降了1.03個百分點。中國東部沿海的三大城市群（即長三角城市群、珠三角城市群和京津冀城市群）人口加速聚集。第六次全國人口普查（簡稱「六普」）數據顯示，三大城市群占全國總人口的比例繼續提高，2010年三大城市群人口占全國總人口的比例為18.11%，相比第五次全國人口普查（簡稱「五普」）提高了2.86%。人口快速流動並向東部尤其是城市地區聚集的特徵，給區域公共資源和人口管理帶來巨大挑戰，極易造成人口發展與經濟社會發展之間關係的失衡。

（二）中國經濟社會資源環境形勢

1. 經濟發展存在的障礙性因素較多

當前中國經濟社會發展處於由「人口數量依賴型」模式向「人口質量內生型」模式轉變的階段，對人口質量提出了更高的要求。國際經驗表明，人口質量和人力資本的豐裕程度是決定經濟社會發達狀況的關鍵性因素。2010年中國9.3億勞動人口創造的GDP為6.274萬億美元，而西方發達國家的7.7億勞動人口創造了36萬億美元的社會財富。中國經濟生產總量（GDP）快速增長，已升至世界第二位，但人均GDP水平較低，

---

① 胡煥庸線是中國地理學家胡煥庸（1901—1998）在1935年提出的劃分中國人口密度的對比線，最初稱「瑗琿—騰衝一線」，后因地名變遷，先後改稱「愛輝—騰衝一線」、「黑河—騰衝一線」。該線從中國東北邊境的黑龍江省黑河市（原名「瑗琿」）一直延伸到中國西南邊境的雲南省騰衝縣，該線以東面積占全國總面積的43%，人口卻占了全國總人口的94%，人口十分稠密；而線以西面積占全國總面積的57%，人口卻只占全國總人口的6%，人口比較稀少。

增長速度也極為緩慢，遠遠低於 GDP 總量的增長速度，目前在全球排名僅為第 95 位。當前國家用於改善民生的投資很大，但人均擁有的資源卻十分有限。面對未來中國「人口紅利」逐漸消退，實現人口質量的跨越式提升，是保持國民經濟快速發展、緩解社會養老保障體系發展滯后、促進社會和諧穩定的重要手段。

中國就業形勢十分嚴峻。城鄉每年淨增勞動力、下崗失業、大學畢業生和其他人員等需就業人口 2,400 萬。但中國經濟出現了資本替代勞動的趨勢，同時服務業發展滯后，導致「高增長、低就業」，就業彈性逐年下降，由「九五」期間的 0.14 下降到「十五」期間的 0.12，2008 年僅為 0.08，是發展中國家平均水平的 1/4 和發達國家的 1/6，[①] 經濟發展吸納勞動力能力嚴重不足。根據經濟發展和自然減員情況，中國每年僅可安排就業人口 1,200 萬，年度勞動力供求缺口 1,200 萬，另外農村尚有 1.5 億多余勞動力急需轉移。就業不足導致人口紅利難以充分利用。另外，從業人員分佈與經濟產值結構也不匹配，2008 年第一產業、第二產業和第三產業占 GDP 的比重分別為 11.3%、48.6% 和 40.1%，但第一產業、第二產業和第三產業就業人員所占比重分別為 39.6%、27.2%、33.2%。

2. 社會事業發展嚴重不足

社會保障事業方面，中國社會保障體系還不完善，城鄉社會保障發展還不平衡，廣大農村地區社會保障發展嚴重滯后，一些基本保障制度覆蓋面比較窄。隨著城鎮化進程的不斷推進，加強制度整合、銜接和推進管理服務一體化的要求日趨緊迫，難度不斷提高。城鄉間、不同群體間社會保障待遇差距仍然較大，矛盾比較突出。人口老齡化加快，養老保險個人帳戶大部分空帳運行，社會保障長期資金平衡和基金保值增值壓力加大；社會保險統籌層次低，信息化建設發展水平不均衡，管理服務體系不健全等問題尚未得到根本解決，在一定程度上成為完善社會保障體系、促進基本公共服務均等化發展的制約因素。

---

① 根據人力資源和社會保障部國際勞工研究所對 OECD 數據庫和各國 GDP 就業量的計算，一般發展中國家就業彈性平均在 0.3~0.4，發達國家平均為 0.5，2007 年歐盟總就業彈性是 0.78，OECD 是 0.48。

老齡事業發展相對滯后。在快速發展的老齡化進程中老齡事業和老齡工作相對滯后的矛盾日益突出。主要表現在：社會養老保障制度尚不完善，公益性老齡服務設施、服務網絡建設滯后，老齡服務市場發育不全、供給不足，老年社會管理工作相對薄弱，侵犯老年人權益的現象仍時有發生。尤其是老齡事業的發展速度建設嚴重滯后於人口老齡化的速度，使得后者面臨更加尖銳的困境。

戶籍人口城鎮化滯后於人口城鎮化。2008年人口城鎮化率為45.7%，戶籍人口城鎮化率僅為33.3%。戶籍差異的背后是福利分配的差異，城鄉戶籍承載的福利人均相差30余萬元，目前只有1.7%的農民工落戶城鎮，二元戶籍制度制約農民工在城鎮長期定居和消費，成為人口城鎮化進程中的制度瓶頸。

3. 資源環境面臨嚴峻壓力

自然資源總量大、人均量小是中國的基本國情。雖然已經進入低生育水平人口增長時期，但人口基數大的狀況沒有改變，資源環境經濟社會等各項人均消費指標依然偏低，人均資源量綜合排名世界第120位，與世界上絕大多數國家相比，中國的發展面臨更為苛刻的資源約束。隨著經濟迅速發展，中國的資源、生態消耗總量不可避免地會較大幅度地增加，有限生態空間競爭更加激烈，同時，中國正在進入生產發展和居民生活水平快速提升階段，所以，資源環境經濟社會承載力在短期內將會伴隨各種人均消費指標的增長而進入迅速偏緊階段。但是，資源利用率仍然偏低，粗放式生產現象依然存在。所以，雖然中國人口發展總體上沒有超過自然承載能力，但發展極不平衡，部分資源存在資源緊缺和供需失衡問題。例如，人均石油消費的迅速增長，引致國內「油荒」常態化和進口依存度躍過55%，邁向更高比重，預期2020—2030年能源自給能力下降20%~25%，石油對外依存度達60%~70%；人均耕地面積到2010年將減少到1.35畝（1畝=0.006,67公頃），2020年將減少到1.26畝，2030年將減少到1.22畝；2020年、2033年至少需要糧食6.03億噸和6.63億噸，比目前5億噸的糧食供給能力超出20%~30%；目前人均水資源是世界的1/4，預期水資源需求量將較目前增加14%~21%；人均生態占用面積2020年達2.7

公頃/人，生態赤字 1.35~1.71 公頃/人。

生態環境局部有所改善但總體仍在惡化。國家增大環保力度，生態環境僅僅在局部地區的局部方面有所改善，比如河流、土壤、居住環境等小範圍的改善。但生態環境總體仍處於邊治理邊破壞的狀況，並且破壞與污染的勢頭強勁，生態環境由局部破壞向整體脆弱轉變，生態環境脆弱區占到了國土面積的 60% 以上。森林面積縮小、草場退化、水土流失、土地荒漠化、物種消亡等現象加重擴大，環境污染觸目驚心，海洋、陸地、水系、大氣等都存在環境污染，而且相當嚴重。

(三) 中國人口管理形勢

為解決人口數量過於龐大與生產力相對落后間的矛盾，從 20 世紀 70 年代初中國實施了以控製人口過快增長為目的的計劃生育政策。這一政策有效地控製了中國人口增長速度，改變了人口增長的模式，為改革開放以來的經濟發展提供了良好的基礎條件。但是，中國人口管理形勢不容樂觀。

中國的人口政策一直重管理、輕服務，帶有濃厚的調控和管理色彩，並且中國人口政策將解決人口問題的思路簡單地歸結為控製人口數量，而忽視了人口系統中的人口素質、結構和分佈等其他因素，更加忽視了人口與經濟社會、人口與資源環境的協調發展。現行的人口政策及指導理念已難以統籌解決日益錯綜複雜的人口發展問題，更難以滿足現階段人口發展的新目標、新要求。

現有人口管理體制也不利於人口發展。一方面，人口職能高度分解，形成了分散化、相互交叉的人口調控和管理體制；另一方面，人口管理部門對於具有相關人口職能的其他部門缺乏足夠的統領權威，現行的兼職委員制度和聯絡員聯席會議制度只是起到一定的溝通、協調和配合作用。例如，關於人口老齡化問題的應對，未來老齡化問題的應對更多地需要養老保障事業的建設，即需要充分發揮人力資源和社會保障部的作用，而負責全國老齡工作職能的議事協調結構——全國老齡工作委員會的辦公室設在民政部，但民政部本身不具有應對老齡化問題的明確職能；研究並提出應對人口老齡化的政策建議的職責（在 2013 年之前）則由國家人口和計劃

生育委員會承擔。

總之,當前中國人口發展面臨前所未有的複雜局面。人口多的基本國情沒有改變,人口總量繼續慣性增長,人口素質有待進一步提高,出生人口性別比偏高、人口老齡化加速等結構性問題日益凸顯,流動遷移人口規模龐大。與此同時,經濟發展方式轉變、社會事業發展、城鎮化進程加快對人口發展提出了更高的要求。人口發展的各個方面,人口規模、人口質量、人口結構、人口分佈等都是關係到國計民生的最基礎、最根本的問題,一個都不容暫緩發展或落後於其他方面的發展。而且由於人口問題的特殊性,它的變化具有長期性、週期性的特點,所產生的影響是十分深遠的,不可能在短時間內消除。當我們為了顧及某一方面發展而忽視另一方面發展,而等到日後再來糾正這種失衡的現象時,所付出的時間、經濟和社會代價將會是巨大的。統籌人口自身數量、素質、結構、分佈的關係,同時統籌人口與經濟、社會、資源、環境的關係,實現人口與經濟、社會、資源、環境的長期均衡發展,這一重要課題歷史性地擺在了我們面前。人口長期均衡發展成了新時期人口發展最佳目標。

二、研究意義

人口長期均衡發展既是學術界研究人口問題的新視角,又是中國當前人口發展的戰略選擇。因此,研究人口長期均衡發展具有重大的理論意義和現實意義。

(一) 理論意義

本研究將會深化和完善關於人口長期均衡發展的理論研究,深入探討人口長期均衡發展的內涵,分析人口長期均衡發展各要素之間的理論關係,形成關於人口長期均衡發展的理論框架,更加科學地認識人口長期均衡發展。人口長期均衡發展理論不僅會使均衡理論在人口學領域得到有效拓展,也會使可持續發展理論得到進一步深化,還會使適度人口理論、人口安全理論、「兩個統籌」思想等理論得到有效整合。總之,人口長期均衡發展理論是人口發展理念在理論上的豐富和深化,是現代人口科學的重大突破,也是中國特色人口理論的重大創新,對人口學科的理論發展具有

重要意義。

構建人口長期均衡發展評價指標體系和測度模型將帶來研究方式的轉變。系統的指標體系和科學的測度模型能夠為人口長期均衡發展評價提供便利的實證工具，使人口長期均衡發展研究實現由定性探討為主向定量分析為主轉變，有效促進人口長期均衡發展理論的實證研究，從而開闢人口長期均衡發展研究的新階段。

（二）現實意義

如何積極有效地應對複雜的人口數量和質量、結構、分佈問題相互交織、矛盾疊加的局面，考量著我們黨和政府的執政能力。人口長期均衡發展是在對中國人口發展實踐的系統總結基礎上提出的解決人口問題的最終理想目標。將人口長期均衡發展作為人口工作的戰略目標，能夠指導政府部門從系統、動態、均衡和可持續發展的視角來分析和解決中國人口問題，為改進新形勢下中國人口服務管理工作提供科學的指導。

利用該指標體系和模型對人口長期均衡發展問題進行實證研究，分析人口自身及其與經濟社會資源環境等因素的關係狀況，明確人口長期均衡發展的不足，剖析人口長期均衡發展的障礙性因素，可為提出促進人口長期均衡發展的人口發展戰略、政策、規劃等提供科學依據，為政府決策提供參考。

在目前強調社會管理的時代背景下，人口管理作為一個重要方面，其發展戰略、具體發展路徑均需與社會管理的目標和效果相一致，而強調人口長期均衡發展，可以從機制上確保人口管理達到理想的狀態。具體而言，依據人口長期均衡發展的理論，站在宏觀、全局、戰略的高度，制定與之相對應的生育、人力資源開發、人口遷移流動、社會性別平等、人口老齡化、家庭福利等政策，對有效整合目前相對零散的與人口相關的公共政策體系具有重要的推動作用。

（三）應用前景

人口長期均衡發展是將人口問題置於經濟、社會、資源、環境的基本框架之中，不僅立足於中國人口多、底子薄的老國情，也立足於人口老齡化加快、人力資本存量小的新國情，從長遠和大局來思考中國的人口問

題，努力將人口發展與經濟社會發展和資源環境保護有機結合起來。這種人口發展理念擺脫了局限於人口領域來治理人口問題的「小人口觀」，在統籌解決人口數量、人口質量、人口結構、人口分佈等相關問題的同時，兼顧了資源與環境的可持續發展問題，可以有效解決當前中國發展中所面臨的一系列深層次矛盾，必將成為新時期中國處理人口問題的基本原則和根本價值取向。

科學、統一的指標體系和監測模型可以使我們對全國各省市和地區之間的人口長期均衡發展狀況有清晰明確的認識，也可以此為依據對人口均衡型社會建設進行具體部署，推動經濟社會發展邁向一個更高的臺階。

三、研究思路

本研究旨在探討人口長期均衡發展的內涵和外延，分析人口長期均衡發展的理論模型，構建人口長期均衡發展的評價指標體系和測度模型，對人口長期均衡發展狀況進行實證研究，剖析人口長期均衡發展面臨的主要問題，提出促進人口長期均衡發展的政策建議。

四、研究內容

(一) 研究目標

本研究旨在通過從理論上探討人口長期均衡發展的內涵，明確人口長期均衡發展的定義及基本內容，分析人口長期均衡發展系統各要素之間的理論關係，在此基礎上構建人口長期均衡發展的評價指標體系和測度模型，確定評價尺度。以四川省和仁壽縣為例，利用新構建的指標體系和模型，評價其人口長期均衡發展現狀，剖析其人口長期均衡發展面臨的主要問題，並且有針對性地提出人口長期均衡發展的政策建議。

(二) 具體研究內容

根據研究框架和研究的目標，本研究主要包括理論研究和實證研究兩個部分，其中第一至四章屬於理論研究，第五章是實證方法的研究，第六至八章是對四川人口長期均衡發展的實證研究和對策建議，第九至十一章是仁壽縣人口長期均衡發展的實證研究和對策建議（見圖1），主要內容

包括:

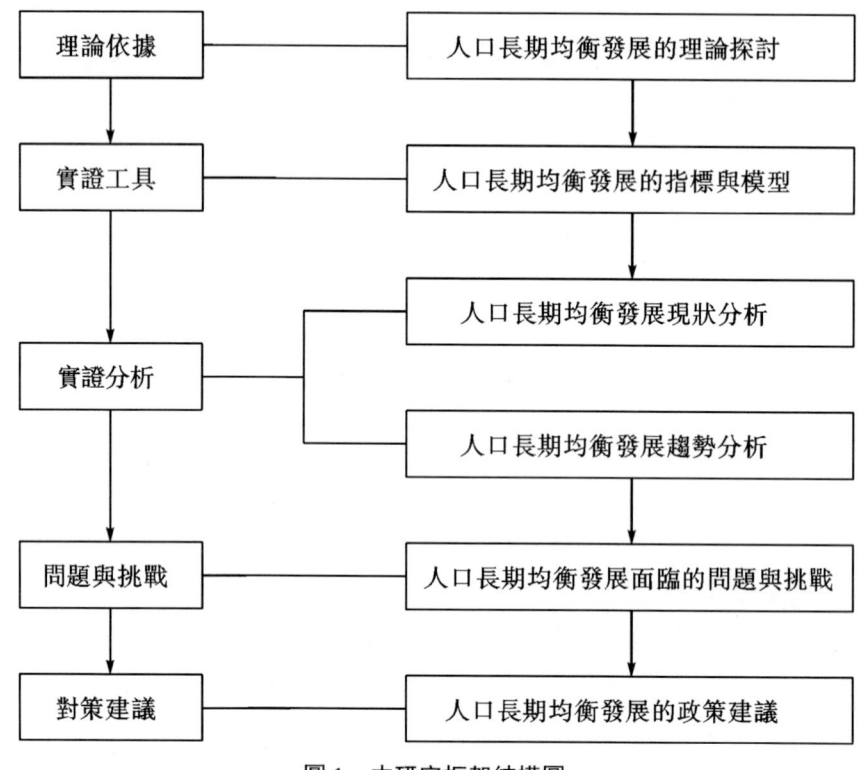

圖1　本研究框架結構圖

　　第一章 關於人口長期均衡發展的文獻綜述。描述人口長期均衡發展的研究與實踐的進程,總結現有學術界對人口長期均衡發展研究所取得的成就,評價現有研究存在的不足。

　　第二章 關於人口長期均衡發展的理論探討。在查閱學術界現有成果的基礎上,通過分析均衡概念的內涵,提出人口長期均衡發展含義,強調人口長期均衡發展是協調性和可持續性的統一。

　　第三章 人口長期均衡發展的理論來源。總結了馬爾薩斯以來的人口理論與人口長期均衡發展理論之間的關係,認為自馬爾薩斯以來的人口理論,都在一定程度上論述了關於人口長期均衡發展的理論,人口長期均衡發展理論的提出是各種相關理論不斷發展的結果。

　　第四章 人口長期均衡發展的要素及其關係。結合人口的本質,分析

人口長期均衡發展的內容，將其分為人口內部系統和人口外部系統，並分析人口內部各要素之間及其與外部各系統之間的關係。

第五章 人口長期均衡發展評價指標體系與測度模型。在理論分析的基礎上，構建人口長期均衡發展的指標體系，並且利用客觀賦權法進行加權。構建人口長期均衡發展的模型，分人口內部、人口外部、人口總體三類，分別評價人口自身均衡狀況、人口外部環境均衡狀況、兩類均衡之間的總體均衡狀況，每一類都從均衡發展水平、協調性和可持續性三個方面進行評價，共計九個公式。

第六章 四川人口長期均衡發展實證研究。以四川省為例，分析四川人口自身和人口發展的外部環境的大致狀況，利用構建的評價模型，對1982—2010年發展狀況和變化趨勢進行測量，並按照人口長期均衡發展評價尺度對其作出評價。

第七章 四川人口長期均衡發展趨勢分析。根據第六次人口普查四川省人口數據，對2011—2030年四川人口發展狀況進行預測，判斷其發展趨勢，對人口數量和人口結構方面的基本狀況作了詳細預測。在此基礎上分析未來20年人口預測數據反應出來的人口自身均衡將會面臨的問題，並結合經濟與社會發展規劃提出的發展目標，探討人口外部均衡將可能面臨的問題，由此分析未來20年四川人口長期均衡發展將要面臨的挑戰。

第八章 四川人口長期均衡發展的政策建議。結合四川人口長期均衡發展的目標，提出促進四川人口長期均衡發展的基本原則、戰略舉措、具體措施和保障措施。

第九章 仁壽縣人口長期均衡發展實證研究。以人口大縣仁壽縣為例，分析其人口自身和人口發展的外部環境的大致狀況，根據實際情況對評價指標體系進行了微調，利用構建的評價模型，對仁壽2000—2011年人口長期均衡發展狀況和變化趨勢進行測量和評價。

第十章 仁壽縣人口長期均衡發展趨勢分析。根據第六次人口普查數據，對2011—2030年仁壽人口數量和人口結構方面的基本狀況作詳細預測，分別判斷其發展趨勢。在此基礎上分析未來20年人口預測數據反應出來的人口自身均衡將會面臨的問題，並結合經濟與社會發展規劃提出的

發展目標，探討人口外部均衡將可能面臨的問題，分析未來 20 年仁壽人口長期均衡發展將要面臨的挑戰。

第十一章 仁壽縣人口長期均衡發展的政策建議。提出仁壽人口長期均衡發展的目標，並對仁壽人口長期均衡發展提出對策建議。

（三）研究重點

本研究重點是對人口長期均衡發展進行實證研究，建立一套人口長期均衡發展指標體系，以最能反應人口長期均衡發展內涵、能夠全面反應基本測度內容、具有可獲得的指標體系來構成考量人口長期均衡發展的便於操作的通用指標體系，並且具有不同層次的區域可比性，為制定相應的人口發展戰略、政策、規劃等提供科學依據。

（四）研究難點

研究的難點在於指標篩選和分析模型的構建。因為人口長期均衡發展涉及的因素太多，既包括人口內部因素，又包括人口與經濟、社會、資源、環境等各方面的因素，各因素之間相互影響，關係非常複雜。在指標的篩選上，既要防止因篩選過少漏掉太多的指標，也要盡可能避免選擇得太多而不便於操作。最大的難點還在於模型的構建，需要表達的因素之間的關係複雜，構建能夠反應這些關係並且便於操作的模型的難度很大。

五、研究方法

本研究的根本方法是理論與實踐相結合，用理論指導實踐，具體方法包括：

（一）理論分析方法

引入人口學、社會學、人口資源環境經濟學、區域經濟學、可持續發展理論等規範的理論，從理論上分析人口的本質、均衡的內涵，探討人口均衡、人口均衡發展的定義和特徵，明確人口長期均衡發展的內涵，對人口長期均衡發展諸要素之間的關係進行規範的理論分析。

（二）系統分析方法

在對人口長期均衡發展進行理論分析的基礎上，將人口長期均衡發展諸因素進行分解、量化，構建內容豐富的評價指標體系。把人口數量、人口質

量、人口結構、人口分佈及經濟、社會、資源、環境作為一個整體,綜合分析影響人口長期均衡發展的因素,確定測量和評價人口長期均衡發展的模型。

(三) 實證分析方法

利用指標體系和評價模型,利用歷次人口普查和歷年統計年鑒的數據展開實證分析,對人口大省四川省(1982—2010 年)和人口大縣仁壽縣(2000—2011 年)人口長期均衡發展狀況進行測量和評價。

六、可能的創新和不足

(一) 可能的創新

理論研究方面,本研究深入分析了人口長期均衡發展的概念,一改將人口均衡定義為內部均衡和外部均衡的一般做法,轉而強調人口均衡的兩個維度——協調性和可持續性。明確區分了人口均衡、人口均衡發展、人口長期均衡發展等概念之間的區別,創造性地提出人口長期均衡發展是同時具備了協調性和可持續性的發展狀態,為人口長期均衡發展的理論研究做出了貢獻。

實證研究方面,本研究根據在理論分析的基礎上構建起完整的人口長期均衡發展評價指標體系和測度模型,為人口長期均衡發展的實證分析提供了有效的工具,也為推動人口長期均衡發展由理論研究向實證研究轉變奠定了基礎。

(二) 存在的不足

首先,實證研究有待拓展。本研究構建的評價指標體系和測度模型,為不同區域之間人口長期均衡發展狀況的比較提供了工具,但是受數據和時間精力的限制,本研究沒有對兩個水平相當的區域的人口長期均衡發展狀況進行對比研究。

其次,實踐效用有些薄弱。對所提出的四川長期均衡發展的戰略規劃實施方案和對策建議以及仁壽縣人口長期均衡發展的政策建議,沒有具體實施的效應評估,也未能對這個方面的評估提出具有操作性的建議。

此外,由於數據的限制,實證分析中對未來人口長期均衡發展態勢的預測,沒有能夠利用構建的模型給予測量和評價。

第一章 關於人口長期均衡發展的文獻綜述

一、人口長期均衡發展研究與實踐的進程

雖然「人口長期均衡發展」這一概念明確提出的時間並不長，但其已經經歷了由一種理念逐漸發展成為一種理論、一種政策的過程，在人口學界和人口工作領域，產生了廣泛的影響。

（一）研究發展過程

自20世紀90年代特別是進入21世紀以來，中國人口形勢發生了根本性轉變，人口問題由單一的數量問題變為人口數量和素質、結構、分佈問題相互交織、矛盾疊加，人口與經濟、社會、資源、環境之間的關係也日趨緊張。複雜的人口問題催生著人口觀的改變和人口理論的突破，於是「人口長期均衡發展」作為一個理論命題應運而生。

從20世紀90年代中期開始，就有學者利用「均衡」這個概念及其理論研究和分析人口問題，形成了零星的關於「人口均衡」的見解，比如，胡偉略將經濟學上的均衡理論和非均衡理論的分析方法引入人口問題的研究，提出人口與經濟的關係不僅僅是分子、分母的分數關係，而且是複雜的函數關係。他將「均衡人口」作為人口經濟學上的一種認識理論和分析工具。[1] 而李湧平則用「均衡」來表達人口風險和利潤的均衡，提出在制定人口政策時應兼顧人口數量和人口結構協調發展。[2] 張理智文獻中的

---

[1] 胡偉略. 市場經濟與均衡人口 [J]. 人口研究, 1994 (5): 26-32.
[2] 李湧平. 決策的困惑和人口均衡政策——中國未來人口發展問題的探討 [J]. 北京大學學報：哲學社會科學版, 1996 (1): 59-66.

「均衡人口」則指的是經濟學上的「最優人口」，即能大大提高 GDP 總量的最優人口數量和最優人口結構。① 可見，早期人口學領域關於「均衡」問題的研究是人口經濟學領域的一個分析視角和分析工具，帶有明顯的經濟學色彩，和當前提出的人口長期均衡發展有著本質的區別。

2008 年王世巍出版了《城市人口均衡發展研究》一書。從時間上來看，他的著作《城市人口均衡發展研究》是關於人口均衡研究的較早的一部著作，其對於「人口均衡發展」的觀念已經擺脫了經濟學的色彩，與當前學術界對人口均衡的理解基本一致。但是，在該書中，「人口均衡發展」僅僅是對城市人口問題進行分析的一種視角，沒有總結提煉出人口均衡發展理論，甚至對「人口均衡」的認識都是非常模糊的，連明確的定義都沒有給出。

人口長期均衡發展的概念或者說「人口均衡」理念的正式提出是在 2010 年，一經提出就引起了理論界和人口計生工作部門的空前關注，引發了廣泛而熱烈的討論，出現了豐富的理論成果，使得人口長期均衡發展理論在短時間內得到了極大的進步。2010 年中國人口學會召開了主題為「促進人口長期均衡」的年會，依據 50 多位人口學專家學者的研究成果，首次提出了要全面實施可持續發展戰略，建設「人口均衡型、資源節約型、環境友好型」的「三型社會」的新觀點。人口長期均衡發展和建設人口均衡型社會的研究迅速展開。從 2010 年 7 月開始，以《人口研究》為主的學術期刊陸續發表了數篇關於建設「人口均衡型社會」的論文，其中包括《人口研究》編輯部主辦的「為什麼要建設『人口均衡型社會』」論壇，全國資深人口學專家學者對「人口均衡」的理論和實踐發表各自看法，也有部分專家開始思考和探索實證方面的研究，關於人口長期均衡發展的理論觀點迅速成熟。

(二) 政策與實踐發展過程

在正式提出人口長期均衡發展之前，中國已經提出了「統籌解決人

---

① 張理智. 均衡人口與均衡 GDP 關係研究——兼論中國計劃生育政策需要調整 [J]. 社會科學研究，2006（1）：61-67.

口問題」的工作思路。2007年1月22日中共中央國務院出抬了《關於全面加強人口和計劃生育工作統籌解決人口問題的決定》，提出要不斷豐富和發展中國特色統籌解決人口問題的思路、內涵和途徑，貫徹落實科學發展觀，優先投資於人的全面發展，穩定低生育水平，提高人口素質，改善人口結構，引導人口合理分佈，保障人口安全，促進人口大國向人力資本強國轉變，促進人口與經濟、社會、資源、環境協調和可持續發展。

2008年3月國家人口計生委提出的「實現人口長期均衡發展」工作思路，指出「新時期人口計生工作要推進統籌人口數量、素質、結構、分佈各要素之間的關係，實現人口長期均衡發展，統籌人口與經濟、社會、資源、環境的關係，實現全面協調可持續發展」。

2010年9月25日，在紀念中共中央發表《關於控製中國人口增長問題致全體共產黨員共青團員的公開信》30周年時，人民日報評論員發表題為《統籌解決人口問題促進人口長期均衡發展》的文章，指出要堅定不移地走中國特色統籌解決人口問題的道路，促進人口大國向人力資源強國轉變，促進人口長期均衡發展和人的全面發展，促進人口與經濟、社會、資源、環境的協調可持續發展。

「十二五」前夕學術界對「建設人口均衡型社會」的學術討論為政策的提出奠定了基礎。2010年10月，在黨的十七屆五中全會上通過的《中共中央關於制定國民經濟和社會發展第十二個五年規劃的建議》第三十五條中，明確提出「全面做好人口工作，堅持計劃生育基本國策，逐步完善政策，促進人口長期均衡發展」的新要求，為中國未來人口發展指明了方向。《國家人口發展「十二五」規劃》提出的「十二五」時期中國人口發展的總體思路是：「按照全面做好人口工作的總體要求，以建設人口均衡型社會為主線，堅持計劃生育基本國策，逐步完善政策，穩定低生育水平，提高人口素質，優化人口結構與分佈，促進人口長期均衡發展，促進人口與經濟社會、資源環境相協調。」其中「建設人口均衡型社會」因被定為人口發展的主線而被人們關注。

2012年黨的十八大報告在論及人口問題時提出：「堅持計劃生育的基本國策，提高出生人口素質，逐步完善政策，促進人口長期均衡發展。」

至此,「人口長期均衡發展」作為一個戰略目標被予以確認。

二、人口長期均衡發展的相關研究成果

自從 2010 年之后,學術界開始關注人口均衡發展、建設人口均衡型社會以來,一時出現了大量關於人口長期均衡發展的成果,內容已經涉及理論探討、實證分析和對策研究等各個方面。

(一) 對「人口均衡」內涵的探討

在現有關於「人口均衡」的研究中,一般學者都採用二分法來分析人口均衡的內涵,即將人口均衡分為內部均衡和外部均衡,前者是指人口系統內部各個要素之間協調發展,后者是指人口的發展與經濟社會發展水平相協調、與資源環境承載能力相適應。[①] 在此基礎上有學者指出了內部和外部系統之間相互影響和相互制約的關係。[②]

李建民則運用了「人口均衡發展」的概念,他將「人口均衡」分為廣義和狹義的均衡,這在本質上和翟振武等人的二分法沒有區別,但他更強調人口均衡是「動態平衡」,並且突出了「發展」的含義,將其表述為「向更高級動態平衡發展」。

人口長期均衡發展課題組 (以下簡稱「課題組」) 則採用了「三分法」認識「人口均衡」的內涵,認為人口均衡除了內部均衡和外部均衡之外,還有一個總均衡。課題組認為人口內部均衡和人口外部均衡分別有著不同的供求系統,這兩個系統之間的有效匹配就是總均衡。課題組還在明確人口均衡內涵的基礎上提出了「人口均衡發展」的概念,認為人口均衡發展是指隨著經濟社會的不斷發展和資源環境的持續變化,人口不斷由低級人口均衡轉變為高級人口均衡的躍遷過程,[③] 從而明確了「人口均衡」和「人口均衡發展」的區別和聯繫,比李建民對「人口均衡發展」

---

① 翟振武,楊帆. 解決人口問題本質上是追求人口均衡發展 [J]. 人口研究,2010 (3):41.
② 陸杰華,黃匡時. 關於構建人口均衡型社會的幾點理論思考 [J]. 人口學刊,2010 (5):7.
③ 人口長期均衡發展課題組. 以科學發展為主導構建人口均衡型社會 [J]. 人口研究,2010 (5):13-14.

也有不少學者從其他角度來認識「人口均衡」。比如，穆光宗認為，人口均衡的內涵是指人口系統自身要素變化處在一種動態協調和相對平衡的狀態。① 該觀點實際上狹義地將人口均衡限於人口系統範圍之內，沒有考慮人口與外在因素的關係，但他對「動態」和「相對」的強調，則突出了兩個人口均衡的重要本質特徵。楊宜勇則認為人口均衡發展包括時間均衡、空間均衡、經濟均衡、性別均衡、素質均衡、城鄉均衡、年齡均衡、種族均衡等多個維度。② 該觀念雖然理論不甚深刻，但增加了我們對人口均衡的全面理解和認識。

（二）人口長期均衡發展的測評

建立一套評估指標體系和模型來描述、評價和監測人口自身以及人口與其他系統之間的均衡狀況，是人口長期均衡發展理論在實踐中應用的前提，也是人口長期均衡發展研究之初學者們就一直努力的方向。

陸杰華、黃匡時對構建人口長期均衡發展指標體系提出了原則性的指導建議，認為人口均衡發展指標體系應該包括內部均衡指數、外部均衡指數和區域均衡指數，這些指數能夠通過比較得出「低級均衡和高級均衡」或者「極度不均衡、不均衡、極度均衡、很均衡」。③

有學者從人口變動、資源環境狀況以及人口與資源環境關係三個角度建立了用於比較測量中國在建設人口均衡型社會中的人口與環境均衡發展狀況和進程的指標體系——一級指標包括人口指標、自然資源與環境指標、人口與資源環境關係指標3個，二級指標9個，三級指標36個。這實際是構建反應人口外部均衡指標體系的一種嘗試。④

---

① 穆光宗. 人口優化論：實現人口長期均衡發展的必由之路 [J]. 人口研究，2010 (3)：48.

② 王欽池. 促進人口均衡發展建設人口均衡型社會——中國人口與發展諮詢會 (2010) 觀點綜述 [J]. 人口與計劃生育，2010 (7)：4.

③ 陸杰華，黃匡時. 關於構建人口均衡型社會的幾點理論思考 [J]. 人口學刊，2010 (5)：9.

④ 肖子華. 建設「人口均衡型社會」統籌解決人口問題——人口學會年會暨「人口均衡型社會」建設研討會綜述 [J]. 人口與計劃生育，2011 (9)：21.

王世巍在《城市人口均衡發展研究》一書中構建了城市人口均衡發展指標體系。該指標體系大體上分為人口自身狀況的指標和城市經濟、社會、資源、環境的指標兩大類，基本上具備了反應人口內部均衡和人口外部均衡兩個方面的內容。① 但是，這僅僅是個鬆散的指標體系，不能反應人口均衡發展的基本要求，也不能反應城市人口均衡的現狀和面臨的問題以及各個要素之間的相互關係和協調狀況，更不能反應人口均衡發展的程度和發展趨勢。

茆長寶、陳勇在對人口內部均衡發展進行理論思考的基礎上，從人口發展、人口內部均衡度、人口內部均衡發展梯度、人口內部均衡可持續發展度四個角度構建了非常詳細的人口內部均衡發展評價模型，並以之對西部地區進行了實證分析。這是目前在該領域最為先進的評價模型，是一次非常有意義的探索。但遺憾的是，該研究僅僅限於人口內部均衡發展一個方面而沒有對人口外部均衡展開研究。② 這與人口長期均衡發展不僅強調人口內部均衡也強調與外部系統的均衡的重要特徵明顯不符，導致其應用前景非常有限。

王穎等人構建了全面的人口長期均衡發展指標體系和評價模型。該研究將人口長期均衡分為人口內部均衡和人口外部均衡兩個方面，人口內部均衡包括人口數量、人口質量和人口結構三個維度，人口外部均衡包括人口與經濟、人口與社會、人口與資源、人口與環境四個維度；在此基礎上構建了人口長期均衡發展的指標體系和評價模型。採用2000—2007年31個省級單位的數據對該模型進行了驗證。該研究以設定2020年均衡目標值作為參照，分析中國各地區人口長期均衡發展態勢以及影響人口長期均衡發展的關鍵要素。③ 這項研究存在多個方面的不足：首先，以2020年均衡目標值作為參照，對中國各地區人口均衡發展態勢進行衡量，這就無法

---

① 王世巍. 城市人口均衡發展研究 [M]. 北京：社會科學文獻出版社，2008：157－158.
② 茆長寶，陳勇. 人口內部均衡發展研究——以西部地區為例 [J]. 人口研究，2011 (1)：82－92.
③ 王穎，等. 人口長期均衡發展及其評價監測模型的構建與應用 [J]. 中國人口、資源與環境，2011 (4)：169－174.

對人口長期均衡發展程度和階段作縱向比較。其次，實證研究中對於主要制約因素的判斷，似乎有些不妥，因為從理論上講，不同的地區、不同的生產力發展水平、不同的經濟發展階段，會有不同的影響因素。再者，在指標的選取上違背了簡潔性和獨立性原則，比如嬰兒死亡率和平均預期壽命都是反應人口質量的重要指標，平均預期壽命是通過嬰兒死亡率計算得出的，二者必然高度相關，從其中選取一個用來衡量人口質量即可；老年化指數和適齡勞動力人口在總人口中的比重這兩個指標，都是用來反應人口年齡結構的，而且二者高度相關，在指標體系這種強調簡潔性的情況下，只選擇其中一個即可。最後，該研究最大的問題是，文中構建的指標體系是否具備其題目上所標示的「評價監測模型」的作用是值得商榷的。本研究認為，模型需要體現的是不同要素或子系統之間的關係，人口長期均衡發展研究尤其如此，不僅體現人口內部諸要素的關係，而且還有人口與外部各個相關系統的關係，而指標只是測度的對象，指標體系是需要測度的對象的組合。比如，要衡量一個人的身體是胖是瘦，就需要測量一下身高和體重，但僅僅靠指標無法判斷一個人是胖還是瘦，還要有一個表示身高和體重之間比例的公式來計算，才能判斷是偏胖還是偏瘦。在這裡，身高和體重是指標，二者構成指標體系，而用來計算的公式才是模型。指標體系是無法體現關係的，關係只有通過模型來表達。因此，僅僅一套指標體系就名曰「評價監測模型」是不恰當的。

（三）人口長期均衡發展與相關問題研究

1. 人口長期均衡發展與建設人口均衡型社會

人口問題是社會最為基礎也是最為重要的問題之一，在經濟社會發展中始終處於基礎性地位。因此，站在社會建設的高度來認識人口均衡發展問題，致力於建設人口均衡型社會，是討論最為熱烈的問題。繼提出建設資源節約型社會、環境友好型社會的目標之後，提出建設人口均衡型社會，使原本就緊密聯繫的人口、資源、環境形成了一個統一的「三型社會」建設目標。「三型社會」共同構成了可持續發展社會建設，都是可持續發展的表現形式。有學者明確提出，人口均衡型社會是主體，在可持續

發展中居於核心地位。①

2. 人口長期均衡發展與人口城市化

當前城市人口與經濟、社會、資源、環境發展的非均衡問題，成為中國城市化進程中十分普遍的問題，而且如何迎接未來幾億農村人口快速進入城鎮就業、生活，並保持人口與城市經濟、社會、資源、環境的可持續發展，是中國將要面臨的艱鉅考驗。因此，人口均衡發展被當作反思城市「人口規模調控」的后果的視角。

王世巍借鑒適度人口理論、科學發展觀理論、可持續發展理論，將人口均衡分為城市人口的規模、質量、結構之間的均衡關係和城市資源、環境、經濟、社會分別與城市人口均衡發展之間的關係，研究了城市人口均衡發展問題。②

侯亞非從構建「人口均衡型社會」的大人口觀出發重新審視了城市人口規模與經濟社會資源環境的「非均衡」發展問題，主張城市政府應從被動的人口規模控製轉向主動構建人口均衡型社會發展目標，轉向積極的社會制度創新，實施一元化人口管理，進而從客觀上實現城市人口規模調控的可操作性、實效性，實現城市人口規模與經濟社會資源環境的協調、均衡發展。從單純、被動的人口規模調控轉向構建人口規模與經濟、社會、資源、環境均衡發展的積極目標。③

3. 人口長期均衡發展與區域發展研究

關於人口均衡發展的研究已經在國家、省域、市域等多個層次展開。中國國土面積廣大，東、中、西部地區在經濟社會發展、資源環境承載力方面有很大差異，不同的區域的產業結構和資源環境實情也有巨大差異，這些差異使得中國的人口問題變得更加複雜。緊密結合自己的實際情況和問題，並通過人口均衡發展的思路促進經濟社會又好又快發展已經成為學界和實踐部門的共識，不同的省（市、自治區）都根據自己的實際情況

---

① 陸杰華，朱薈. 建設人口均衡型社會的現實困境與出路 [J]. 人口研究，2010 (4)：21.
② 王世巍. 城市人口均衡發展研究 [M]. 北京：社會科學文獻出版社，2008.
③ 侯亞非. 人口城市化與構建人口均衡型社會 [J]. 人口研究，2010 (6)：3-9.

制定了相應的發展戰略。

張耀軍等認為人口均衡發展是主體功能區規劃順利實現的最關鍵因素，人口數量、人口空間分佈、人口質量等直接影響和制約著主體功能區的規劃。只有解決了區域人口均衡的問題，即人口數量適度、人口結構合理、人口質量優良、人口空間分佈優化的問題，才能真正做到科學合理地規劃主體功能區。他們還指出，結合區域資源環境條件，深入全面研究人口因素對區域主體功能區規劃的影響，對建立合理的區域分工體系，實現區域協調發展，構建人口均衡型、資源節約型、環境友好型社會具有重要的意義。①

章文彪基於浙江省經濟社會發展基本戰略，結合浙江人口的失衡問題，提出對策方案，即要根據浙江省經濟社會發展格局制定人口政策，調整人口分佈。② 蘇君基於甘肅省具體的經濟社會發展情況和自然資源情況，提出甘肅省必須通過加快城鎮化建設來引導人口合理分佈、調整人口結構、促進流動人口公共服務均等化、提高人口綜合素質、加快人口信息化建設，在人口均衡發展中實現全省經濟社會跨越式發展。③

上述研究根據不同區域的具體情況進行研究，給出的政策建議也非常有針對性，這樣的研究不僅對政府實踐部門的具體工作有重要作用，本身也形成了一個體系，各個地區之間可互相借鑒比較，實現不同地區全面協調可持續的發展。

4. 人口長期均衡發展與計劃生育工作轉型

中國長期以計生政策為主導的人口戰略規劃的整體性偏差，使得中國現階段暴露出種種人口問題，很可能引發新的社會問題。中國的計劃生育工作已經到了不得不轉型的時候，而人口均衡發展為我們的計生工作轉型提供了新的思路。陳義平提出，應將構建人口均衡性社會作為進一步完善

---

① 張耀軍，陳偉，張穎. 區域人口均衡：主體功能區規劃的關鍵 [J]. 人口研究，2010 (4)：8-19.

② 章文彪. 浙江省促進人口均衡發展的實踐與思考 [J]. 人口研究，2011 (12)：73-77.

③ 蘇君. 在加快城鎮化建設中，必須注重促進人口的長期均衡發展 [J]. 人口與計劃生育，2011 (15)：10-11.

生育政策的目標，並建議把總和生育率穩定在「適度的低生育水平」上。① 潘祖光從具體的實踐層面提出了計劃生育工作轉型的路徑——第一是提升人口均衡型社會建設的戰略地位；第二是建立統籌人口發展的部門協調體制和綜合決策機制；第三是完善適應人口均衡發展要求的公共政策體系；第四是加強人口計生機構和幹部隊伍能力建設，並舉出了一些省市進行體制實踐探索的案例進行說明。②

三、對已有研究的評價

眾多的研究深化了對人口長期均衡發展的理論認識，也對實證研究做出了有益探索，為人口工作提出了較多的政策建議。但是，總體來看，當前學術界對人口長期均衡發展的研究還較為膚淺，存在著較多的不足。

(一) 理論研究不夠深入

1.「人口均衡」術語的應用比較混亂

由於人口長期均衡發展研究尚處於初始階段，人們對人口均衡的認識存在著很大的差異，甚至目前學術界對「人口均衡」問題表述尚且不統一。已有研究成果中出現了「人口均衡」「人口均衡發展」「人口長期均衡發展」「人口均衡型社會」等術語共存混用的局面，明確命名為「人口長期均衡發展」的研究成果較少，甚至還存在一定程度上的混淆。比如，有學者在界定「人口均衡型社會」時，就是只表達了「人口均衡」的內涵。本研究認為，「人口均衡」「人口均衡發展」和「人口均衡型社會」以及「人口長期均衡發展」是不同的概念，它們雖然有著深刻理論聯繫，但同時也存在一定差別。目前的期刊文獻中，只有部分學者會給出其中兩者的區別，但這也僅限於兩個概念同時出現於同一篇文章時，整個學界整體來看在運用這些概念時是混亂的。本研究認為，首先厘清這些術語，明晰它們的區別和聯繫，是進行人口長期均衡發展理論研究的前提。

---

① 陳義平. 中國人口形勢與政策選擇 [J]. 中國黨政幹部論壇，2012 (11)：14-18.
② 潘祖光.「人口均衡發展」戰略選擇下人口計生工作面臨的困惑及對策 [J]. 人口與計劃生育，2011 (10)：27-28.

2. 對「人口均衡」內涵的認識不夠深刻

學者們一般都接受人口均衡包括內部均衡和外部均衡兩個層面，但各種因素之間的關係尤其是人口內外部均衡之間的關係，一般學者的認識和表達都比較膚淺。人口長期均衡發展課題組在這方面的研究較為細緻深刻，但其將「人口均衡」內涵三分法（人口內部均衡、人口外部均衡和人口總均衡）的做法，非但沒有體現出對「二分法」的創新和進步，反而由於人口總均衡的提出減少了對人口外部均衡的論述，並因此造成了人口內部均衡和人口外部均衡關係的混亂，有畫蛇添足之嫌。所以說，需要對「人口均衡」的內涵有更進一步的認識。

3. 沒有明確人口長期均衡發展與人口理論體系的關係

人口長期均衡發展作為一個新的理論增長點，和中國特色人口理論是一脈相承的，是理論不斷發展的結果，也是三十多年人口工作經驗的總結，同時必然也借鑒了國外人口思想。對人口長期均衡發展的理論淵源及其與中國本土人口理論關係的認識，有助於深化對人口長期均衡發展的認識，是構建人口長期均衡發展理論體系的重要前提。但目前學術界對這一領域的挖掘不夠深入，人口長期均衡發展與相關的人口理論之間的關係不夠明確。

（二）實證研究明顯薄弱

已有的對人口長期均衡發展以定性研究為主，定量研究較少。出現這種情況的原因可能是，人口長期均衡發展涉及的因素過於複雜，一時難以構建合理的人口長期均衡發展評價模型。目前，人口長期均衡發展的實證研究尚處於起步階段。在指標體系方面，或者只是提出了方向性建議，或者沒有經過充分的實踐驗證，或者存在明顯的不足。在評價模型方面，茆長寶、陳勇構建了非常細緻的評價模型，但明顯的不足是，其指標僅限於人口內部均衡，而忽略掉了另一個部分——人口外部均衡。這就無法衡量人口與經濟社會資源環境之間的協調程度，就會囿於就人口論人口的狹義人口問題研究之內，沒有體現人口長期均衡發展的本質。王穎等人的研究是目前學術界提出的相對完善的人口長期均衡發展指標體系，但它的缺陷也非常明顯。比如無法對人口長期均衡發展程度和階段作縱向比較、沒能

體現各個子系統之間的關係、均衡目標值主觀性太強等。

(三) 實踐價值有待深入發掘

「人口長期均衡發展」是一個制定了人口發展目標，指明了人口發展路徑，能夠指導人口工作實踐的系統理論。它不僅具有很強的理論價值，而且具有相當強的實踐價值。學術界對人口長期均衡發展的實踐研究與理論研究是同時進行的，不少學者利用人口長期均衡發展的理論來研究當前的一些人口熱點問題。尤其是人口工作部門將人口長期均衡發展作為工作目標和工作思路，以之作為解決人口問題和改進人口工作局面的指導思想。但是，人口長期均衡發展僅僅是作為一個認識問題的視角，甚至僅僅是一個「帽子」，在人口長期均衡發展名義之下對問題的解讀觀點膚淺，提出的政策建議也在一定程度上陷入了模式化的思維和語言之中，有「新瓶裝舊酒」之嫌。這其中難免有人口長期均衡發展理論研究不足的原因，但是更明顯的就是人口長期均衡發展僅僅是作為一個口號進入到人口計生實踐中，而沒有真正體現出其指導意義。這就使得原本實用性和適用性較強的政策研究變得空洞無力，對實際問題的解決作用有限。

四、下一步研究的方向

鑒於已有研究三個方面的不足，人口長期均衡發展研究需要在以下幾個方面做出努力：

第一，進一步完善人口長期均衡發展理論。厘清人口長期均衡發展的內涵，闡明「人口均衡」「人口均衡發展」「人口長期均衡發展」之間的區別與聯繫，梳理人口長期均衡發展理論與國內外經典人口學理論之間的關係。

第二，在分析人口長期均衡發展諸要素的基礎上，構建人口長期均衡發展的指標體系和評價模型，為實證研究提供科學有效的分析工具。

第三，選擇有代表性的地區，對其人口長期均衡發展狀況進行實證分析，剖析其存在的問題並提出具體的具有針對性的對策，充分挖掘該理論的實踐價值。

第二章　關於人口長期均衡發展的理論探討

一、人口的含義與本質

(一) 人口的基本含義

人口是生活在一定社會生產方式下，在一定時間與一定地域內實現其生命活動並構成社會活動主體的，具有一定數量、質量和構成的社會群體。[①]

人口範疇有兩重屬性，既有生物屬性又有社會屬性，但人口的本質屬性是社會屬性。人口的生物性體現在其出生、發育、成長、衰老以至死亡的生命活動過程，人口的性別、年齡、生育、死亡、壽命等現象，也是以生物屬性為自然基礎的。作為人口理論研究對象的主要是具有社會屬性的人口，是生活在一定社會生產方式下的社會群體，而不是脫離社會生產方式的超歷史的抽象的生物群體。

(二) 人口的本質

人口不是個人的機械加總，而是由具有社會關係總和的個人所構成的總和有機體，其本質就是社會關係。[②]

在人口這個有機體內部，個人與個人之間在相互交往中彼此形成一定的關係。這些關係有些是現實的，有些是歷史已經規定了的。只要是存活的個人，不論主觀是否承認，彼此之間都具有一定的關係。這是不以個人的意志為轉移的。歷史唯物主義認為，人類的第一個歷史活動是通過勞動

[①] 李競能. 人口理論新編 [M]. 北京：中國人口出版社，2001：11.
[②] 劉洪康，吳忠觀. 人口理論 [M]. 西南財經大學出版社，1991：71.

獲取生活資料。當人們開始生產他們必需的生活資料的時候，就結成了一定的關係。在此以後的產品分配與交換的過程中，彼此又形成了一定分配、交換關係，這些關係即生產關係。生產關係是人與人關係中最基本的關係，是其他一切關係的基礎。這種關係貫穿於人們創造物、分配物、交換物的全部活動之中。一開始就納入歷史發展過程的第二種人類活動是人類自身的再生產，這種活動使人與人之間形成了另外的新的關係，即血緣關係，其中包括夫妻關係，親子關係。從人類社會最初的時期起，從第一批人出生時，物與人的兩種再生產便同時發生，生產關係與血緣關係也就交織在一起。在兩種生產的行進過程中，隨著社會的進步，人們之間又逐漸形成了其他一些關係，如文化關係，宗教關係等。人們彼此之間的各種關係分別由不同的紐帶維繫著。如維繫生產關係的紐帶是利益，維繫血緣關係的紐帶是情感，維繫宗教關係的基礎是共同信仰等。總而言之，人們彼此之間的這種以生產關係為主要關係的各種關係複合形成了人口內部龐大的關係系統。

(三) 人口的內部系統和外部系統

馬克思主義關於「一個具有許多規定和關係的豐富的總體」[1] 的原理，為我們研究人口的多重屬性和多重關係提供了認識論和方法論的基礎。作為人口本質的社會關係，是一個龐大的有機系統，它可以分解為人口內部系統和人口外部系統兩個方面。把人口看作一個相對獨立的總體，把它的內部結構和外部環境有機地結合起來從而歸結為一個關係的複合體，就可以找出人口的本質所在。[2]

1. 人口內部結構

人口範疇是包括數量、素質、構成、分佈等各種規定性的統一體，數量、質量、結構和分佈是人口的四大要素。生活在一定社會的人口，既有量的規定性，也有質的規定性。人口總是一定數量的人的群體，任何社會的人口都不是單獨的個人，而是在一定時間、一定地域、由一定社會關係

---

[1] 馬克思恩格斯全集第 46 卷（上）[M]．北京：人民出版社，1979：38.
[2] 劉洪康，吳忠觀．人口理論 [M]．成都：西南財經大學出版社，1991：71-75.

聯繫起來的人群，人口數量考察的是一定時間和地域內的人口總數。同時，一定數量的人口總是由具有一定素質的人群組成，人口質量是指人口總體上的質的規定性，其最根本的是人口的身體素質、文化素質和思想素質。人口除數量和質量的規定性外，主要還有構成的規定性。人口結構是指一定時間和地域內按一定的質的規定性來劃分的人口各個組成部分的量上的比例關係，包括性別、年齡等自然構成和各種社會經濟構成。人口的這種結構在特定的歷史條件下形成一定的人口特徵，同經濟社會發展程度緊密相連，是人口學研究的一個重要方面。另外，人口分佈也是人口的基本範疇之一，它是一定時點人口在一定空間的集散狀態。人口的空間分佈是人類在改造自然、發展生產的過程中逐漸形成的，是自然、經濟、社會、歷史、資源環境等多種因素綜合作用的結果。

2. 人口外部系統

人口所包括的個人彼此之間的關係僅構成了人口內部的關係系統。然而，人口畢竟是一個總和體，它不僅具有其內部關係結構，而且也必然存在著這一總和體與外部的關係。總的來說，人口與外部的關係包括人口與經濟社會的關係、人口與自然的關係。

(1) 人口與經濟社會的關係

人口是社會生活的主體，是生產力的基本要素，又是生產關係的承擔者。馬克思指出，生產關係總合起來就構成為所謂社會關係，構成為所謂社會，並且是構成為一個處於一定歷史發展階段上的社會，具有獨有的特徵的社會。[1] 這段話表明了社會實質上是一種關係，主要是生產關係。這樣，人口與經濟社會的關係實質上即是人口與社會生產方式的關係。人口與經濟社會的關係主要體現在，人口發展要受到社會生產方式的決定性的制約，同時人口也會影響經濟社會。人類社會的發展史，實際上就是物質生產方式更替的歷史。歷史唯物主義已經科學地展示了社會生產方式對人口的決定性制約作用，它既包括社會的歷史對人口的決定作用，也包括社會的現狀對人口的決定作用。人口規模、人口結構以及人口再生產類型無

---

[1] 馬克思恩格斯選集：第1卷 [M]．北京：人民出版社，1979：363．

一不是社會歷史與現狀的產物,其中現實社會對於人口的決定作用最明顯的表現是,生產方式通過具體的婚姻家庭形式、法律、宗教乃至國家等形式制約人口狀況與人口發展。也影響經濟社會,體現在人口規模、人口質量、人口結構、人口再生產形式可以通過生產、分配、交換、消費等經濟活動以及其他非經濟活動去影響推動或延緩經濟社會的發展進步。

(2) 人口與自然的關係

人口的生存和發展離不開自然環境。人口與自然的關係主要表現在人口與資源環境之間的關係。資源為人類提供生產和生活的資料,環境為人類的生產和生活提供生存空間和活動場所,人口群體每時每刻都同自然界進行著物質交換和能量交換,並以此作為維持和發展自身的手段。人類的生活環境是人類按照一定的目的經過長期改造過的自然環境。自然環境作為人類生存條件,同樣直接影響著人類的活動與人口發展,如影響人口遷移、人口分佈等。

綜上所述,人口數量、人口質量、人口結構和人口分佈四大要素構成了人口內部系統,人口作為一個整體與經濟、社會、資源和環境的互相制約、互相聯繫的關係構成了人口外部系統。

二、均衡與均衡發展的內涵

(一) 均衡

「均」有「平,勻」的意思,「衡」有「平,不傾斜」的意思。均衡本意是指衡器兩端承受的重量相等,引申為一個系統的各個方面或一個事物對立的各方面在數量或質量上的相等、相抵或相適,是事物發展穩定性、有序性的標誌之一,是矛盾暫時的、相對的統一或協調。[①]

經濟學中的「均衡」概念最初是從物理學中借用來的。在物理學中,均衡指的是一個系統的特殊狀態:相互對立的力量同時作用於一個系統,且作用力相互抵消,合力為零,使系統處於穩定狀態。[②] 需要特別指出的是,這個定義中很關鍵的一個點是「相互對立的力量」,它指的是能動的

[①] 《辭海》。

[②] 張曙光. 論制度均衡和制度變革 [J]. 經濟研究,1992 (6):30-36.

力量，而不是靜態的力量。能動的力量是可能發生變化的，是變量，但在均衡狀態下，它們卻處於穩定的狀態，不再發生變化。也就是說，只有相互對立的能動力量（變量）中的任何一種力量在各種條件制約下不再具有改變現狀的動機或能力，才會達到均衡狀態。

1874年瓦爾拉斯在《純粹經濟學要義》中研究經濟要素變動趨於零的穩定狀態時第一次提出了一般均衡理論。一般均衡理論是理論性的微觀經濟學的一個分支，尋求在整體經濟的框架內解釋生產、消費和價格。一般均衡是指經濟中存在著這樣一套價格系統，它能夠使每個消費者都能在給定價格下提供自己所擁有的投入要素，並在各自的預算約束下購買產品來達到自己的消費效用最大化；每個企業都會在給定價格下決定其產量和對投入的需求，來達到其利潤的最大化；每個市場（產品市場和投入市場）都會在這套價格體系下達到總供給與總需求的相等（均衡）。當經濟具備上述這樣的條件時，就是一般均衡。這套價格就是一般均衡價格。總之，均衡發展理論主要認為經濟是有比例相互制約和支持發展的。

當「均衡」概念引入社會經濟領域時，被賦予了兩層含義：

第一，「變量均衡」，指的是系統中對立雙方（或各方）能動力量達到平衡與均等的狀態，它決定系統內各因素是否協調，指的是協調性。

第二，「行為均衡」，指的是系統中對立雙方（或各方）均不具有改變現狀的動機和能力，系統處於穩定狀態，它決定均等、平衡、協調的狀態是否可持續，指的是可持續性。①

簡而言之，均衡的兩層含義就是協調性和可持續性，協調性和可持續性是衡量均衡狀態的兩個坐標。均衡的狀態是一個系統中的各個要素力量相對平衡，而且變動的淨趨向為零。

(二) 均衡發展

「均衡發展」和「均衡」是有區別的。經濟學中，均衡是動態變化性和相對穩定性的統一。需要認識到，均衡是一種狀態，它可以看作一個變化的結果，也可以看做下一個變化的起點，但是這個概念卻沒有體現變動

---

① 樊綱. 論均衡、非均衡及其可持續性問題[J]. 經濟研究, 1991 (7): 13-20.

方向和變化過程。能夠體現變動方向和變化過程的概念是均衡發展，它表示一種不斷向前、向上的狀態。也就是說，「均衡發展」應該定義為：系統中各種力量（或因素）以平衡或協調發展的方式由非均衡狀態達到均衡狀態，以及由低級均衡狀態向高級以及更高級的均衡狀態演進的過程，具有發展或進步的含義。

三、人口長期均衡發展的含義

人口均衡、人口均衡發展和人口長期均衡發展是緊密聯繫而又存在明顯區別的一組概念。探討人口長期均衡發展的含義，首先要明晰人口均衡的內涵，並由此明確人口均衡發展的定義及其與人口長期均衡發展的關係，才能深刻認識人口長期均衡發展。

（一）人口均衡的內涵

人口長期均衡發展中「均衡」的直接來源是經濟學。人口均衡的內涵是經濟學中「均衡」特別是行為均衡和變量均衡兩層含義在人口問題上的應用。因此，人口均衡的內涵也包括變量均衡和行為均衡兩個方面，即包括人口內外部各子系統之間的相互協調和諸要素均不具有改變現狀的動機和能力而處於相對穩定的狀態這兩層含義。

（二）人口均衡發展的定義及狀態

1. 人口均衡發展的定義

從「均衡」和「均衡發展」的區別與聯繫可以看出，人口均衡和人口均衡發展也是兩個既有區別又有聯繫的概念。根據均衡發展的定義和人口均衡的兩層含義，「人口均衡發展」可以定義為：隨著經濟社會的不斷發展和資源環境的持續變化，人口內部各要素之間及其與外部各系統的關係，不斷打破原有均衡狀態，在新的平臺上構建新的均衡狀態，實現由低級人口均衡向高級人口均衡的躍遷過程。

2. 人口均衡發展的狀態

人口均衡發展的過程實際是變量均衡和行為均衡之間相互作用的過程。二者相互影響，不斷進步，其進步的過程屬於共同進步，但速度不一定會總是相同。由於它們之間相互影響，甚至一方面會出現一定的倒退，

因此，人口均衡發展的過程會在四種狀態下不斷變換、交替演進（見圖2-1）。第一種是人口不可持續非協調狀態，即人口變量、行為同時不均衡的狀態。第二種是人口不可持續協調狀態，即人口運行變量均衡，但行為不均衡，是變量達到均衡點后，由於行為主體利益不均衡驅動，均衡點可能轉瞬即逝，向非均衡轉變。第三種是人口可持續非協調狀態，人口運行變量不均衡，但行為均衡，人口內外部諸要素之間沒有實現協調，但在一定社會環境下，行為主體利益處在可接受區間，沒有改變現狀的意願和條件，具有可持續性，但這種情況下的人口會累積矛盾，造成人口均衡的倒退。第四種是人口可持續協調狀態，人口變量均衡和行為均衡同時實現，人口內外部諸要素之間不僅實現了協調，而且行為主體沒有改變現狀的動機和能力，使整個系統處於穩定狀態，即長期均衡發展狀態。

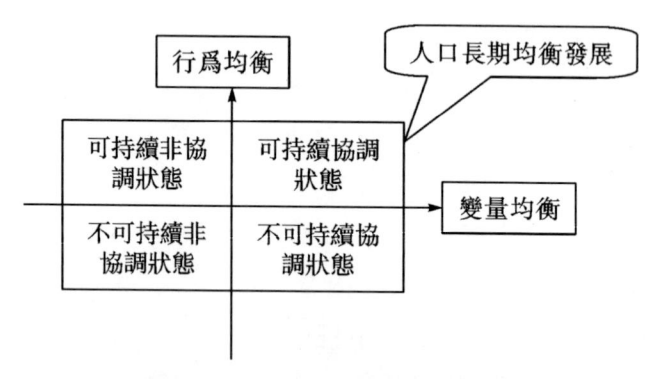

圖2-1　人口均衡發展的四種形態

（三）人口長期均衡發展的定義及內容

1. 人口長期均衡發展的定義

由人口均衡發展的四種狀態可知，人口長期均衡發展指的是這樣一種狀態：人口內部諸要素之間及其與外部的相關係統之間同時實現了變量均衡和行為均衡，即同時具備了協調性和可持續性，使得變動著的人口自身各要素及與其相關的各個系統達到力量相對平衡，而且變動的淨趨向為零。人口長期均衡發展是人口均衡發展的理想狀態，也是人口均衡發展的目標。

2. 人口長期均衡發展的內容

根據人口的基本範疇、人口的本質及人口豐富關係的認識，人口長期均衡發展應該包括三個方面的內容：

（1）人口內部長期均衡發展。它是指人口自身中即人口數量、人口質量、人口結構和人口分佈這四個基本要素都向其理想狀態發展，在相互作用過程中都處於協調狀態，並且不會由於其中某一個（或多個）要素的發展而使其他一個要素背離它（們）的理想狀態，能夠支撐人類的自身繁衍以及人口系統自我演進至更高的層次。這種人口自身的長期均衡發展狀態稱作內部均衡。

（2）人口外部長期均衡發展。它是指人口與經濟社會發展水平相協調，與資源環境承載能力相適應。人口因素既不落后於經濟、社會、資源、環境等因素的發展，也不超出經濟、社會、資源、環境等因素所能承受的範圍。這種人口外部長期均衡發展一般稱為外部均衡。

（3）人口總體長期均衡發展。它是指人口內部均衡系統與人口外部均衡系統達到可持續的協調狀況。人口的內部均衡和外部均衡是緊密聯繫的整體，內部均衡是外部均衡的前提和基礎，外部均衡是內部均衡的重要條件，二者相互影響，相互制約。內部均衡偏離穩定狀態后會對外部因素產生溢出效應，而人口外部因素一旦失衡，也會對人口內部均衡產生衝擊。因此，不存在沒有人口內部均衡的人口外部均衡，也不可能存在沒有人口外部均衡的人口內部均衡，二者的協調統一即為總體均衡。

具體來講，人口長期均衡發展的最終目標就是實現並長期保持人口總量適度、人口質量提升、人口結構優化、人口分佈合理、人口系統內部各要素之間協調發展，並且人口的發展與經濟社會發展水平相協調、與資源環境承載能力相適應的狀態。

（四）人口長期均衡發展的路徑

人口長期均衡發展水平不是一個固定的點，而是不斷變化的一種狀態。隨著人口自身發展水平的提升、經濟社會的不斷發展和資源環境的持續變化，人口長期均衡發展會實現由低位均衡向高位均衡演進。因此，人口長期均衡發展是一定社會生產方式條件下，一定歷史時期的協調、可持續的狀

態，其目標參照系標準是不斷發展變化的。當人口長期均衡發展的具體目標參照系發生變化，人口會從一種均衡態躍遷為另一種均衡態，這個過程會出現一個非均衡的過渡階段，但根本目標是實現更高層次的均衡。這也說明，人口均衡發展不是四種狀態的簡單輪迴，而是以人口長期均衡發展狀態為中心的螺旋上升的發展過程（見圖2-2）。

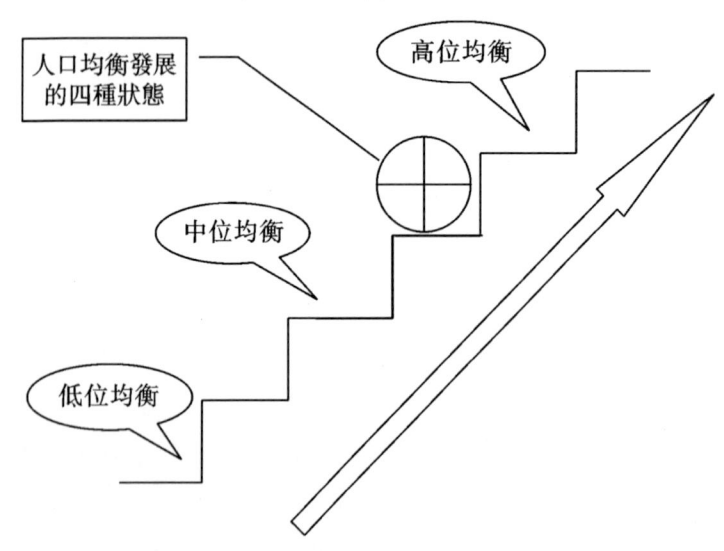

圖2-2　人口長期均衡發展演替示意圖

（五）人口長期均衡發展的基本特徵

1. 長期性

人口長期均衡發展不是短期的均衡，而是一個較長時期（中長期）的均衡。這是因為人口發展具有週期長、慣性大的特點，一項決策失誤，不會馬上或在短期內表現出來，而會悄悄地累積，有些人口問題往往需要幾十年才能暴露出來。同樣，要消除一個人口問題，也不可能在短時間內消除。

2. 動態性

人口長期均衡發展的目標參照系不是靜態的，而是隨著經濟社會的發展不斷變化的，人口長期均衡發展會不斷地由低位均衡向高位均衡演進。同時，隨著經濟社會的發展和主觀意願的改變，人們對人口長期均衡發展的理解和評價標準也會發生轉變，這也是一個動態過程。

3. 相對性

人口長期均衡發展是一種相對均衡，而不是絕對均衡，是相對於經濟、社會、資源、環境的均衡發展狀態。由於受歷史條件、具體國情和經濟發展階段的制約，人口長期均衡發展一般是不會在最理想狀態下實現的，因此是一種相對均衡。此外，人口長期均衡發展理論本身包含著價值判斷，其具體目標都會體現因文化背景和發展路徑的不同而帶有一定的差異，因而人口長期均衡發展的具體目標也是相對的目標。

4. 系統性

均衡理論本身就蘊藏著豐富的系統整體性思想。人口各個要素的發展都很重要，必須實現均衡發展，不能也不可能先發展其中一方面，然后再發展另一方面。人口長期均衡發展還強調把人口與經濟、社會、資源、環境系統作為一個不可分割的整體，力求實現整體最佳目標。

5. 矛盾運動性

從相對均衡到非均衡再到相對均衡，是人口均衡發展變化的一般過程。人口長期均衡發展由低位均衡向高位均衡的發展過程，也會經歷一個非均衡的過渡階段。這是因為人口的出生、死亡、遷移流動等，不僅給一定地域範圍自然環境造成這樣或那樣的影響，而且會對人口自身及其社會經濟建設等形成某種程度的壓力。因此，人口變遷總會或多或少改變既有的人口結構、人口流遷與經濟社會資源環境之間的均衡狀態。當然，任何人口長期均衡發展系統自身都有一定的調節能力，但這種調節能力是有一定限度的，如果超過一定限度，原來發展到成熟穩定階段的人口長期均衡發展狀態就會遭到破壞。那就必須經過一系列消極的相互影響，或經過人口數量與人口結構的調整，重新使人口內外部系統回到長期均衡發展狀態。如果人類社會不能主動地有效協調人口與經濟、社會、資源、環境之間的關係，則人口外部系統會通過各種形式的問題，如資源短缺、疾病、自然災害等，強制性地重構其與人口之間的關係，使之重新與人口的存在形式相調適。

（六）人口長期均衡發展的性質

1. 人口長期均衡發展是客觀規律

人口長期均衡發展作為一種客觀存在，其內在規律制約著人口發展運行，使人口與社會、經濟、資源、環境系統按規則運行、互動，構成龐大的人口發展關聯體系，推動人口均衡發展。雖然現實中人口自身往往不能自動實現均衡，甚至我們觀察到更多的是人口不均衡的現象，人口要素之間、人口與外部因素之間的矛盾比比皆是，但是人口總是圍繞人口長期均衡發展的參照系在一定區間、區域內波動，不斷逼近目標。

2. 人口長期均衡發展是一種價值取向

人口長期均衡理論本身包含著價值判斷，具有價值取向性。人口長期均衡發展追求人口發展而非僅僅人口增長，追求目標多元而非一元，追求總體均衡共贏而非單一最優。

3. 人口長期均衡發展是基本戰略目標

人口長期均衡發展是我們追求的一種理想狀態，其本質就是要在人口自身系統與經濟、社會、資源和環境四個外部系統的相互制約與促進中找到一個平衡點，作為目標參照系，為人口發展指明方向。

4. 人口長期均衡發展是與時俱進的

在不同的社會經濟發展階段，人口均衡發展的路徑和方式會有不同，人口長期均衡發展的具體目標參照系也會發生變化。當人口均衡的目標參照系發生質變，從而要求人口由一種人口均衡狀態躍遷為另一種更高層次的均衡狀態，這個過程中間會出現非均衡過渡階段，之後再次實現人口的長期均衡發展。

第三章　人口長期均衡發展的理論來源

儘管人口長期均衡發展的概念提出的時間很短，但是這種概念的提出卻有著深厚的思想土壤和較長的理論淵源。可以說，人口長期均衡發展的提出，既是人類歷來對均衡、協調、可持續等思想追求的體現，又是人口理論長期發展和累積的結果。

一、人口長期均衡發展的思想源泉

歷史上很多先進的思想家、經濟學家和人口學家，在論及人口問題時，在某些方面已經包含了關於人口長期均衡發展的科學認識，累積下了日益成熟的人口長期均衡發展思想成果。

（一）中國古代哲學思想

中國古代道家、儒家等學派都有豐富的均衡思想，最具代表性的是「天人合一」思想。老子提出「人法地，地法天，天法道，道法自然」[1]，強調人要以尊重自然規律為最高準則，以崇尚自然效法天地作為人類行為的基本依歸。莊子也強調人必須遵循自然規律，順應自然，與自然和諧，達到「天地與我並生，而萬物與我為一」[2] 的境界。《中庸》也有「致中和，天地位焉，萬物育焉」[3] 的觀點，這也是在強調天、地、人的和諧發展。漢儒董仲舒則明確提出「天人之際，合而為一」[4]，這成為兩千年來

---

[1] 《道德經》第二十五章。
[2] 《莊子・齊物論》。
[3] 《中庸》第一章。
[4] 《春秋繁露・深察名號》。

儒家思想的一個重要觀點，也成了中國思想史上的一個基本信念，強調人類只是天地萬物中的一個部分，人與自然是息息相通的一體。宋代張載提出了「民吾同胞，物吾與也」①的命題，意即人類是我的同胞，天地萬物是我的朋友，天與人、萬物與人類本質上是一致的。

中國古代哲人根據「天人合一」等觀念，不僅要求以和善、友愛的態度對待自然萬物，善待鳥獸草木，提出了豐富的保護自然資源的思想，還把自然和諧的思想與政治思想相結合。比如老子提出的「無欲」「無為」「無爭」，「去甚，去奢，去泰」「知止」「知足」等主張，都是要人們效法天道，實現相對均衡。孟子提出的「不違農時，谷不可勝食也；數罟不入池，魚鱉不可勝食也；斧斤以時入山林，材木不可勝用也。谷與魚鱉不可勝食，材木不可勝用，是使民養生喪死無憾也。養生喪死無憾，王道之始也。」②更是把人與自然和諧作為生存發展與社會安樂的基礎，即所謂「王道之始」。

中國古代「天人合一」等哲學思想給予我們這樣的啟示：人與自然之間存在著關聯性，共同構成了一個相對複雜、充滿辯證關係的系統，強調人與自然必須和諧共生。儘管當時還沒有明確樹立一個明晰的「均衡」理念，但也體現了古人內心深處對均衡及和諧的追求。

（二）西方古代人口思想

在西方，人口均衡思想也伴隨著古代人口思想同時出現。古希臘的柏拉圖、亞里士多德等思想家很早就提出了人口增長不利於維護古希臘城邦國家的穩定、要依靠國家力量限制人口規模、使人口適度發展的思想。柏拉圖在《法律論》中指出：「一個國家人口的有效規模只有在與其周圍國家的土地和城市聯繫在一起考慮時才能夠正確理解。就土地而言，需要確定的是供養適宜的公民數量需要多少土地——因為更多的人口是不必要的——但是，就人口數量而言，需要確定的是需要多少人方可抵禦周圍的部落。」亞里士多德認為，一個國家的人口數量應該保持在一定的範圍之

---

① 《西銘》。
② 《孟子．梁惠王上》。

內；保持適度人口的規模可以避免貧困，以及由此導致的叛亂和罪惡。

雖然歐洲中世紀人口思想因為宗教勢力的強大出現了以基督教為基點的鼓勵增加人口的鮮明特色，但在之後的17世紀末18世紀初，伴隨著人口問題的日益凸顯，許多思想家又一次從理論層面對人口均衡這一觀點進行了強調，形成了明顯的人口均衡思想的思潮。如英國牧師威廉・德漢姆就認為，人口數量與自然資源必須保持平衡，因為地球只能給一定數量的動物提供空間和食物，或者說地球所能承載的所有動物的數量是一定的，如果它們的數量加倍增長，超過這個數量，那麼它們就會陷於饑餓或毀滅。

二、馬爾薩斯的人口理論
（一）馬爾薩斯人口理論的主要內容

馬爾薩斯在《人口原理》一書中建立了以「兩個公理」「兩個級數」和「三個命題」為主體的人口理論體系，以及以「兩個抑制」為核心的人口控製論。

其一，關於兩個公理。馬爾薩斯的全部理論是從兩個永恆法則或者說兩個公理出發的：第一，食物為人類生存所必需；第二，兩性之間的情欲是必然的，而且幾乎會保持現狀。馬爾薩斯認為：「這兩條法則，自從我們對人類有所瞭解以來，似乎一直是有關人類本性的固定法則。」馬爾薩斯的全部觀點都是從這兩個前提中推理演繹得到的。

其二，關於兩個級數。馬爾薩斯認為：一方面，人口在無所妨礙的情形下，以幾何級數比率增加；另一方面，生活資料以算術級數增加。也就是說，人口的增長有超越生活資料增長的內在趨勢。馬爾薩斯自己也承認，現實生活中絕對存在人口不按幾何級數增長的情形，因此對兩個級數的觀點過分深究其合理性，因為這是馬爾薩斯對假設條件下一種自然傾向的概括性描述，我們要將馬爾薩斯的定量解說和定性結論善加區分。

其三，關於三個命題。「人口增加，必須受生活資料的限制；生活資料增加，人口必增加；占優勢的人口增加力，為貧窮及罪惡所限制，致使現實人口得與生活資料相平衡。」三個命題總結了人口增長與生活資料之

間的具體關係，實際就是人口與生活資料之間的均衡問題，即人口增長必須與生活資料保持均衡。

其四，關於兩種抑制。兩個抑制說是馬爾薩斯傑出的思想和理論貢獻，現實性抑制（Positive Checks）是他的事實判斷，發現的概括；預防性或者說道德性抑制（Preventive Checks or Moral Checks）是他的價值判斷，是思想的主張。

關於現實性抑制或者積極性抑制，是歷來馬爾薩斯受抨擊、詬病最多的觀點，但實際上很多批評者對馬爾薩斯的觀點有嚴重的誤解。馬爾薩斯並不是主張通過戰爭、饑荒、瘟疫、貧困等手段對人口增長進行抑制，而且說，戰爭、饑荒、瘟疫、貧困甚至死亡等現實性抑制是不可避免的，它們在歷史上、在社會現實中事實上發揮了抑制人口增長的作用。在馬爾薩斯看來，它們成為把人口和生活資料保持在相應水平上的直接原因，這實質上是對客觀性的一種承認，是馬爾薩斯的事實判斷而非價值判斷。

馬爾薩斯提出的預防性抑制或道德性抑制，指出了實現人口增長與生活資料供給之間關係均衡的可能性，是一個重要思想遺產。

(二) 對馬爾薩斯人口理論的評論

馬爾薩斯的人口理論有很多合理之處：

第一，馬爾薩斯從人類需求的角度出發來研究人口問題可以說是抓住了問題的根本。人口具有雙重屬性——自然屬性和社會屬性，其中人口的自然屬性和生物屬性是基本的，自然屬性是社會屬性存在的前提，沒有自然屬性，就不會有社會屬性。因此，從人類的本性出發思考人口問題的產生機制是深刻的。

第二，馬爾薩斯研究生活資料與人口增長之間的關係，這個著眼點符合客觀實際。人是生產者和消費者的統一，從消費者的角度來看，必然存在與消費資料之間存在著矛盾。從人的成長過程來看，人首先是消費者，然后才成長為生產者，后來衰老喪失了勞動能力，又變成單純的消費者。人首先成為消費者，然后才能成為生產者。沒有維持生命和撫育新生命的消費，生產自然也就不存在了。作為消費者要求有一定的消費資料來維持其生存和發展，而人們的消費在數量、質量和範圍等方面的狀況，取決於

物質生活資料生產的程度；同時，也和人口的數量、增長速度有緊密聯繫。因此，人口增長要和消費資料生產（特別是糧食生產）之間保持適當比例關係，是一種客觀必然性。

同時，我們也必須認識到，在討論人口與生活資料關係的時候，馬爾薩斯的論證和思考有以下不足：

第一，馬爾薩斯顯然對人口增長與生活資料供養的關係作了過於簡單化的分析。馬爾薩斯將人類所需要的生活資料僅僅看做土地所產出的糧食產品，顯然是片面的。歸根究柢，這是農業時代的人口問題觀，也是大陸內向的人口經濟觀。

第二，馬爾薩斯忽視了生活資料分配因素的存在和作用。「生活資料供給」和「生活資料佔有」是不同的概念，供給並不等於佔有，在一定的歷史條件下，因為社會制度的不同，人們對於社會財富的生產和佔有觀也很不相同。①

第三，馬爾薩斯只關注生活資料的數量，而沒有關注生活質量。人們對生活質量的追求，使人口增長還沒有接近生活資料供養的極限時，就被自覺地抑制住了。

第四，馬爾薩斯只關注人口數量問題。馬爾薩斯只關注了人口保持在能生存得下去的數量和生活資料保持在相應水平上的人口數量，而沒有關於人口結構和人口質量的論述。

（三）馬爾薩斯人口理論與人口長期均衡發展理論的關係

馬爾薩斯的人口理論，考察了人口與生活資料之間的需求與供給之間的關係，得出了它們之間存在一定均衡的論斷，並集中論述了人口數量增長對物質資料供給的非均衡影響。這是關於人口長期均衡發展最早的理論研究，為后世相關人口均衡理論的誕生奠定了初步的思想基礎和理論鋪墊，對於人口長期均衡發展理論的發展具有里程碑意義。

不過，受時代的限制，馬爾薩斯的研究範圍非常狹窄。在人口方面，

---

① 穆光宗. 還原馬爾薩斯和馬寅初人口思想的歷史價值［J］. 人口與發展，2010（1）：87-100.

馬爾薩斯只是關注了人口數量及其增長速度問題，在人口外部系統方面，馬爾薩斯只關注了經濟因素中的生活資料這一個方面。因此，可以說馬爾薩斯是對人口長期均衡發展的典型性研究。

三、馬克思、恩格斯的人口理論

（一）馬克思、恩格斯的人口理論的主要觀點

馬克思、恩格斯在創立無產階級革命理論的過程中，運用唯物辯證法和唯物主義歷史觀，繼承前人對人口問題研究的科學成果，對資本主義社會的人口問題和人口理論進行科學研究，並在批判馬爾薩斯反動人口論的基礎上，提出了一整套為認識人口、人口過程、人口發展以及人口與經濟辯證關係的基本方法和原則。雖然馬克思、恩格斯沒有論述人口問題的專著，但他們在許多著作中，都精闢地簡述了他們的人口思想，如《德意志意識形態》《資本論》《剩余價值理論》《＜政治經濟學批判＞導言》《政治經濟學批判大綱》《家庭、私有制和國家的起源》等，形成了深刻而獨具特色的人口理論。其主要觀點包括：

1. 人口是自然屬性與社會屬性的對立統一

所謂人口的自然屬性就是人的生物特徵，是人和一切生物尤其是高等生物所共有的，是人的各種共同的生理需要，生老病死、新陳代謝、遺傳變異等自然規律，以及人類對於陽光、空氣、土地、水分、自然條件和自然資源的依賴關係。所謂人口社會屬性指的就是生產力性質、生產力發展水平、生產關係以及生產資料所有制對人口的影響制約作用。例如，人類在從事物質資料生產和經濟活動過程中形成的職業關係、階級關係；在人類自身再生產過程中形成的家庭、親屬、宗族關係；在社會生活的其他方面如因受教育而形成的師生、同學關係；因居住地點相近而形成的街坊、鄰里關係等都屬於人口的社會屬性。這些屬性為其他生物所無，是人類特有的。馬克思認為，人口的自然屬性是物質基礎，不但會影響人的增殖和變動，而且還會影響人的生活，對人口過程的影響是不能忽視的，但是對人口過程不起決定作用。社會屬性居於主導支配作用，對人口過程起決定作用，自然屬性和社會屬性二者存在著對立統一的辯證關係。

2. 人口是生產者和消費者的統一

人既是生產者，又是消費者。作為生產者，人能創造財富；作為消費者，人需要消耗財富。人在社會經濟生活中的這二重作用，是正確認識人口和社會經濟相互關係的出發點。因此，人口增長與經濟增長相適應是一切社會都必須遵循的基本原則。

3. 兩種生產理論：社會生產是物質生產與人口生產的統一

「兩種生產理論」在《1848年經濟學哲學手稿》《德意志意識形態》《經濟學手稿》《資本論》中都有所體現，在《家庭、私有制和國家的起源》中有完整的表述。恩格斯在《家庭、私有制和國家的起源》一書第一版序言中指出：「根據唯物主義觀點，歷史中決定因素，歸根究柢是直接生活的生產和再生產。但是生產本身又有兩種：一方面是生活資料的生產和再生產，即食物、衣服、住房以及為此所必需的工具的生產；另一方面是人類自身的生產，即種的繁衍。一定歷史時代和一定地區內的人們生活於其下的社會制度，受著兩種生產的制約：一方面受勞動發展階段的制約，另一方面受家庭發展階段的制約。」①

馬克思主義認為，兩種生產存在著對立統一的辯證關係，可以概括為以下幾條原理：

第一，人口再生產和物質資料再生產是社會生產中對立統一的兩個方面，存在著互相依存、互相滲透、互相制約的辯證關係。②

第二，在兩種生產中，物質資料生產是主導方面，在社會發展中起決定作用，決定了人口發展變化的基本趨勢，人口發展歸根到底取決於物質資料生產的發展。

第三，以人口再生產為核心的人口發展，對物質資料再生產的發展也有強大的反作用力，能促進或阻礙社會發展；人口再生產對社會經濟發展，對生產、分配、交換和消費有十分重要的作用。

第四，兩種生產應當互相適應和協調發展，才能促進社會經濟的發

---

① 馬克思恩格斯選集：第4卷［M］. 北京：人民出版社，1995：2.
② 李競能. 人口理論新編［M］. 北京：中國人口出版社，2001：217 - 225.

展。兩種生產互相適應與協調發展，主要指人口再生產和物質資料再生產在發展速度、發展規模、發展水平以及相互的比例關係上，互相適應與協調發展。

4. 人口發展的規律性

馬克思和恩格斯對人口規律的基本看法，是建立在歷史唯物主義基礎之上的。其主要觀點是：人類社會存在著共同的人口規律，它對各個社會形態都有作用；在不同社會生產方式及同一方式的不同發展階段，不同地區，又有特殊的歷史起作用的規律。二者的關係是：人類社會的特殊人口規律及一般人口規律對人口發展都在起作用，前者是后者特殊的或補充的表現形式，后者則是各個特殊人口規律的合理抽象或科學抽象；同時，后者寓於前者之中，前者為后者所規定，它們互相依存，緊密相連。各種規律的作用都受制於同一基本條件，即物質資料的生產與人口生產必須是相互適應的。

5. 相對過剩人口理論

所謂相對過剩人口是指相對於資本對勞動力的需求而表現為過剩的勞動人口。馬克思指出，相對過剩人口是資本主義生產方式發展或資本主義基礎上的財富發展的必然產物，也是資本主義生產方式發展的必然結果。最大限度地追求剩餘價值和面對外在的激烈競爭壓力，資本家們必須不斷累積再累積，增加自己的社會財富。並且，資本主義生產方式所特有的規律在迫使工人們生產出產品、實現資本累積的同時，也以日益擴大的規模生產出迫使他們自身成為相對過剩人口的生產資料。因此，馬克思認為資本主義剝削制度是相對過剩人口產生的根本原因。

馬克思在《資本論》第二十三章「資本主義累積的一般規律」中通過分析資本累積、資本有機構成提高對勞動力供求關係的影響，深刻闡述了相對過剩人口產生的原因、形式和作用。馬克思指出，資本有機構成的提高是形成相對過剩人口的直接原因。資本家為了提高利潤、加速資本累積，不斷減少資本的可變部分而增加資本的不變部分，也就是通過改進技術、使用大機器，以提高社會勞動生產率。如此一來，原來需要由工人去完成的部分工序就變成了由機器來完成，那麼工人就失去了在這個崗位繼

續工作的意義，資本家為節省成本，必然會進行裁員。這樣一來，社會勞動生產效率的不斷提高就會導致失業的不斷擴大。在農村也是一樣，將先進的機器投入到農業生產中去，必然會導致大批農民失業的現象，產生的過剩人口又會向城市湧入，這又會增加城市的就業壓力，從而造成工人工資下降，進一步成全了資本家提高資本有機構成、實現資本增值的願望。

(二) 對馬克思、恩格斯的人口理論的評價

首先，馬克思、恩格斯的人口理論揭示了人口問題和人口規律的社會歷史性質，是最根本的人口理論。馬克思、恩格斯在研究人口發展和資本主義人口問題時，運用唯物辯證法的方法，聯繫社會生產方式和生產力與生產關係的關係，正確認識人口在社會生產中的作用。這是馬克思和恩格斯所遵循的最重要的方法論原則，也是他們在人口學方法論上的卓越貢獻之一。

其次，馬克思、恩格斯的人口理論帶來了較大的理論突破。從內容上，馬克思和恩格斯超越了馬爾薩斯只關注生活資料的局限性，轉而關注人口物質生產資料；也超越了馬爾薩斯對人口規律帶有強烈自然色彩的認識（即人口規律和社會特徵無關，是一切社會共有的、固定不變的和毫無差別的規律），強調人口規律的社會特徵，即社會生產方式決定人口規律、不同類型的社會有不同的人口規律。當然，馬克思、恩格斯也不否認自然環境對人口的限制，認為雖然一定空間範圍所能承載的人口數量可以隨生產條件的變化而變化，但是歸根到底受到自然條件的限制，從長遠來看自然條件是制約有限空間人口數量的基本因素。恩格斯在《自然辯證法》中以美索不達米亞、希臘、小亞細亞等地居民毀林開荒造成環境破壞為例，說明一定空間範圍內自然條件的改變會直接影響原有人口的生存，甚至引起他們的外逃。不過，在馬克思、恩格斯生活的時代，人口與資源環境和經濟社會發展的矛盾，雖然在局部已經有所顯露，但是總的來看問題並不突出，當時地球上許多地方尚未開發，因此自然條件對人口的限製作用並不是馬克思論述的重點。

最後，馬克思、恩格斯的人口理論還存在一定的局限性。比如，他們也沒有明確提出關於人口結構和人口質量方面的觀點，事實上他們關注的

人口，還僅僅是人口數量問題。

需要特別指出的是，自20世紀70年代以來，中國不少學者經過努力，對馬克思、恩格斯的「兩種生產理論」作了人口學的論證和闡發，從而賦予了「兩種生產理論」以特定的人口學意義。將經典作家的兩種生產原理引進人口學領域並確立為中國人口理論體系雛形的基礎，可以為人口政策的制定提供堅實的理論依據，已被公認為是中國人口學成長史的一塊里程碑。

（三）馬克思、恩格斯人口理論與人口長期均衡發展理論的關係

馬克思、恩格斯的人口理論，以辯證唯物主義和歷史唯物主義為理論基礎，科學分析了人口與物質資料生產的均衡關係，特別是兩種生產理論，系統考察了物質資料生產和人類自身生產的均衡關係，這是真正的關於人口長期均衡發展的科學認識，為后代人口長期均衡發展思想的進步提供了無限的啓迪和堅實的理論基礎。

四、人口轉變理論

人口轉變是指人口再生產模式由「高生育率→高死亡率→低自然增長率」的原始階段，經過「高生育率→低死亡率→高自然增長率」的過渡階段，轉變為「低生育率→低死亡率→低自然增長率」的現代階段的全過程。人口轉變理論是西方學者提出的關於人口再生產模式發展變化規律的理論。該理論運用歷史實證方法，對工業革命之後西方各國以出生率、死亡率、自然增長率的變動為標誌的人口再生產模式的變化過程、主要階段和演變規律進行總結描述，並結合社會經濟背景對這種規律做出解釋，來說明社會經濟現代化進程與人口再生產的內在聯繫。

（一）人口轉變理論的發展歷程及主要觀點

人口轉變理論以蘭德里（1909）對歐洲人口變化過程的描述為根據，經湯普森（1929）潤色加工，由諾特思坦（1945）引進「轉變」（Transition）一詞而逐步發展完善形成。

1. 蘭德里的三階段理論

法國人口學家蘭德里（Adolphe Landry）是最早關注人口發展變化規

律的學者之一。他依據西歐特別是法國的人口統計資料對比分析了人口出生率和死亡率的變動，闡述了人口發展的階段性，將人口發展過程分為三個階段，並認為經濟因素特別是生產力是影響人口發展過程的主要因素。人口發展的三個階段分別是：

第一個是原始階段：生產力發展水平很低，經濟發展十分緩慢，經濟因素決定了人口的變化直接與食物供應成比例，即人口增長受生活資料限制。生育完全是盲目的，經濟因素主要通過影響死亡率來影響人口發展。

第二個是中期階段：生產力所能提供的生活資料已不限於維持最低生活，人們為了維持較高的生活水平往往晚婚或不結婚，從而降低生育率並影響人口增長，節育方法達到普及的程度。

第三個是現代階段：經濟發展已經達到很高水平，較高的生活水準和伴隨經濟發展而來的社會心理變化，逐步地完成了人類生育觀的重新塑造，人們通常自覺地限制家庭規模，生育率普遍降到較低水平。

2. 湯普森的三類模式

在蘭德里之後，湯普森根據世界各國在 1908—1927 年的人口數據重新對人口增長模式進行總結，並試圖將歐洲人口轉變的歷程應用到對其他地區的理論解釋中。他按照出生率和死亡率發展水平和變動趨勢，並聯繫經濟發展和生活水平，可以劃分三類地區，體現人口發展的三個階段：

第一類：亞、非、南美國家——缺乏對生育、死亡的自願控製並保持在高水平上，人口隨生活資料的增長而增長。

第二類：義大利、西班牙和中歐等地——出生率、死亡率都開始下降，但死亡率下降速度快於出生率，將形成穩定或逐漸增大的自然增長率。

第三類：北歐、西歐和美國——人口自然增長率從 19 世紀后半葉至 1927 年逐漸由很高水平降到很低，且將形成靜止人口並最終達到人口下降狀態。

3. 諾特斯坦的人口轉變理論

1945 年，美國人口學家諾特斯坦在湯普森理論的影響下對其進行了發展。湯普森是從空間上劃分人口增長模式的，而諾特斯坦認為這種空間

的特徵實際是按時間進程發生的轉變過程，按經濟發展程度和出生率、死亡率發展狀況分為 A、B、C 三個類型，體現三個階段，來考察人口轉變。「人口轉變」一詞也由此產生。

C 類（第一階段）是處於轉變前期的人口，出生率和死亡率都保持在高水平上，但高死亡率有時圍繞高出生率而波動。

B 類（第二階段）是處於轉變中的人口，死亡率和出生率都已開始下降，但出生率的下降滯后於死亡率，因此人口自然增長率相對提高較快。

A 類（第三階段）是已經完成轉變的人口，出生率和死亡率都已降到很低的水平，死亡率相對穩定，出生率在波動中降到更替水平、甚至低於更替水平。

需要指出的是，與蘭德里不同，諾特斯坦把死亡率的下降作為他分析人口轉變的重要起點。

4. 現代人口轉變理論

通常把從蘭德里到諾特斯坦的理論稱為經典人口轉變理論，對這一理論，人們的評價褒貶不一。步入 20 世紀 60 年代，隨著越來越多的國家先後走上人口轉變的道路，人口轉變實踐存在的差異也越發凸顯，經典人口轉變理論受到來自各方面的不斷置疑；從而使經典人口轉變理論遭遇了挑戰，同時也極大激發了學者們對這一理論深入研究的熱情，繼而迎來了現代人口轉變理論研究的蓬勃發展時期。

現代人口轉變理論研究並沒有超越經典人口轉變理論的基本觀點，它突破了原有狹窄的研究視野，從更加廣闊的社會、經濟、文化、技術領域去尋求人口轉變產生和發展的原因，並試圖對各國人口發生的轉變做出科學的解釋。現代人口轉變理論的主要內容包括：

（1）探討人口轉變的標誌，如美國著名人口學家寇爾最早且較完整地對人口轉變過程進行數量界定。

（2）人口轉變的成因和機制研究，代表性觀點包括：戴維斯的多方

面反應理論①、赫茨勒的現代化緩慢影響論②、臨界值假說③、調適理論④、新發明擴散理論⑤，以及伊斯特林、萊賓斯坦、貝克爾、考德威爾等提出的關於生育率變化的經濟學解釋。

（3）提出第二次人口轉變理論。第二次人口轉變理論是關於生育率在達到更替水平后繼續下降的原因的研究，完成轉變后的人口走向問題，還有更多針對超低甚至是負人口增長水平現象背後所折射出的微觀層面變化的關注（如個人價值取向以及婚姻家庭模式的改變等）。

（二）對人口轉變理論的評價

人口轉變理論首次提供了一種視角，即考察了總人口發展過程和社會經濟發展過程之間的關係，將人口發展變化與社會變遷背景，特別是經濟因素相聯繫來描述和解釋人口變化規律，打破了以往人口研究長期限於考察總人口變動的局限。到目前該規律從一般的趨勢來看也並無錯誤，從人口統計資料看，世界許多地區和國家的人口變化形勢大都呈現出與西方學者總結出的人口轉變模式相似的特徵。第二次世界大戰後發展中國家人口發展的實踐，也大致上證實了人口轉變理論。

不過，人口轉變也存在一些明顯的不足：

第一，人口轉變理論有較大的局限性。人口轉變理論不同於一般的人口理論，它主要來自對歷史經驗和實踐的分析，而不是純理論演繹的結果。⑥ 該理論是對發達國家人口發展過程的經驗總結，整個理論（無論是經典人口轉變理論還是現代人口轉變理論）以西方發達國家的人口、社會、文化等情況為分析背景和起點，因此在解釋其他國家和地區的人口轉

---

① 多方面反應理論認為，家庭成員的壽命延長，意味著有更多的孩子將要長大成人，也意味著家庭養老的負擔加重。面對這樣的變化，人們自然會做出一系列旨在確保自身利益不受損害的反應——出現遷移、有意識地推遲婚育年齡以及有計劃地控製生育等。
② 現代化緩慢影響論認為生育率下降的快慢取決於人口城市化和生活優質化進程。
③ 臨界值假說認為存在一個經濟發展對生育行為產生顯著影響的臨界值，也就是說經濟發展水平一旦超過這個臨界值，生育率就可能出現明顯的下降。
④ 調適理論認為只有使家庭做出調適反應的社會經濟因素，才是生育率下降的決定性因素。
⑤ 新發明擴散理論強調新發明和新技術的出現和應用才是生育率下降的根本原因。
⑥ 李競能. 當代西方人口學說 [M]. 太原：山西人民出版社，1992：434-468.

變事即時存在局限。隨著越來越多的國家先后走上人口轉變的道路，人口轉變實踐存在的差異也越發凸顯，除了經典人口轉變理論所描述的歐洲模式，還有現代化與人口轉變並舉的日本模式，以及帶有鮮明政策性的中國模式等。尤其是發展中國家的人口轉變表現出鮮明的新特點：如發展中國家通過技術引進使死亡率迅猛下降，死亡率下降具有剛性，而生育率下降相對滯后，導致人口增長幅度較大，人口轉變週期仍然較長；死亡率與生育率下降的時滯在相關政策的推動下較發達國家大大縮短；政策推動的生育率非自願下降存在反彈的可能性。還有一些發展中國家則是死亡率快速下降的同時，生育率卻未像發達國家那樣出現相應的大幅下降。總之，適用於歐洲發達國家的人口規律並不能直接用來解釋世界其他地區的情況。

第二，人口轉變理論關於人口發展闡述歸因略顯簡單。人口轉變理論過於強調工業化和現代化對於人口發展的影響，以至於該理論暗含了這樣一種觀點：只要像發達國家那樣走工業化、現代化的道路，就會引發人口轉變，人口發展的模式將會沿著歐美發達國家歷史上已經歷過的總體路線發展。這種觀點，不僅忽略了會影響人口再生產模式的民族文化、價值觀念，也忽略了資源環境條件對人口發展的制約和影響。

第三，人口轉變理論存在較多的理論盲區。一是人口轉變理論只說明了發展將導致生育率下降，但未指明發展的程度，也沒有指明發展與下降的時間差。二是人口轉變理論沒有對生育意願和行為的變化機制做出進一步的理論分析和解釋，人口出生率下降原因的解釋理論形形色色，相互間頗多矛盾。三是人口轉變完成的標誌認定尚未達成一致。四是對轉變完成后的人口走向，人口轉變理論（包括現代人口轉變理論）至今沒有做出明確的回答，對生育率降低到低水平后的人口發展趨勢幾乎沒有合理的預測。

（三）人口轉變理論與人口長期均衡發展理論的關係

人口轉變理論對人口自然變動的內在因素（即出生率和死亡率）與經濟增長的關係做出了比較合理的解釋，把人口發展過程看做和社會經濟條件密切相關的過程，把經濟因素看做影響人口發展過程的主要因素。最重要的是，人口轉變理論提出了人口再生產總會維持在均衡狀態，「高生

育率→高死亡率→低自然增長率」是一種均衡,「低生育率→低死亡率→低自然增長率」也是一種均衡,人口轉變實質上是人口運行不斷打破原有均衡狀態,在新的平臺上構建新的均衡狀態,由低級人口均衡轉變為高級人口均衡的躍遷過程。

人口轉變理論還給出了一種啟示:人口運行不可能自動保持長期均衡發展,常常需要根據社會經濟發展條件進行宏觀調控,制定相應的政策,對人口進行調節,不斷尋求動態均衡,將人口再生產形成的供需矛盾控製在可承受的範圍內,避免人口變動出現大起大落。

五、適度人口理論

(一) 適度人口理論的發展歷程

適度人口理論主要研究一個國家或者地區的人口規模、人口增長率同生產規模、資源配置、經濟增長率的關係問題。所謂「適度人口」也就是「最優人口」,即最適宜、最理想狀態的人口。它經歷了一個較長的發展過程。

1. 適度人口理論的發端

「適度人口」思想發端於約翰・穆勒,他將「報酬遞減規律」應用於農業人口規模研究,提出了人口增長過快超過一定點之后會導致人均產量下降的觀點。

2. 早期適度人口理論

英國經濟學家坎南(Edwin Cannan)於19世紀末首先提出了適度人口的概念。坎南依據西方經濟學的報酬遞減規律,提出一個國家在一定時期內或特定的條件下,總是存在一個經濟上的最大收益點,此時人口數量正好恰當地適應環境,在這種情況下,無論是多於或少於這時的人口,收益(或勞動生產率)都會有所下降(遞減),這樣的人口數量被稱為「適度人口」。坎南的貢獻在於,他明確地從經濟學角度提出了適度人口的衡量標準,並且將適度人口與人口變動相聯繫。他所探討的適度人口是正常的人口運動過程中的一個變數,既考慮了產業的長期最大收益,也考慮了所有各代人口的利益。

和坎南同一時期的英國經濟學家威克塞爾（Johan Gustaf Knut Wicksell），運用一個國家的撫養能力作為衡量適度人口的標準，提出一國的適度人口規模應與該國的工農業生產能力及撫養能力相適應，人口增長應與本國經濟發展程度和技術進步相一致，並提議通過保持出生率及死亡率的平衡來實現適度人口規模。威克賽爾的觀點已經具有了動態適度人口的色彩。

英國社會學家桑德斯（Carr Saunders）進一步完善了坎南的適度人口理論，他認為考察一國適度人口規模的唯一標準是經濟福利，認為人口的「適度數量」是在全面考慮自然環境、採用的技術水平和風俗習慣等因素作用上，能夠提供最大人均受益的人口數量。桑德斯在討論人口與經濟關係時，還提出了適度人口密度理論。

3. 現代適度人口理論

現代適度人口理論是指20世紀中葉以來的適度人口理論，法國人口學家索維（Alfred Sauvy）是現代適度人口理論的代表人物之一。

索維認為，「適度人口就是一個以最令人滿意的方式達到某項特定目標的人口。」① 索維一方面繼承前人從經濟學的角度分析適度人口的傳統，提出了以獲得最大經濟福利為標準的經濟適度人口；另一方面把適度人口的概念擴大到非經濟領域，考察許多非經濟的社會因素同人口增長的關係，提出了以軍力來衡量的實力適度人口模型。他所說的實力適度人口是指一個國家達到最大實力時的人口。

在考察經濟適度人口時，索維提出了人口「適度增長」的概念，並分析了技術進步和生產率提高對適度人口的影響，從而由靜態經濟適度人口論推向動態經濟適度人口論，將適度人口理論推向新的發展階段。

索維把人口過程看做同經濟、社會等因素共同構成一個整體系統和相互作用的過程，把人口看成內在變量，這是后期適度人口論者的主要貢獻之一，為我們在經濟、社會、環境和資源整體框架內考察適度人口提供了

---

① 阿爾弗雷·索維. 人口通論（上冊）：增長經濟學 [M]. 北京：商務印書館，1983：53.

基礎和可能性。

適度人口理論在索維之後還得到了一定的發展。20世紀70年代以后，現代適度人口理論大多是以福利，特別是經濟福利來衡量適度人口的福利適度人口論。

（二）適度人口理論的基本觀點

適度人口理論的基本觀點包括：

1. 適度人口是人類追求的人口與經濟、資源及國力、軍力等因素的理想狀態，其標誌是人口充分就業、平均生活水平高、均衡的人口構成和豐富的資源（潛力）等。

2. 適度人口是個彈性概念，是動態的，它會隨著經濟、社會、資源與環境等各個方面的因素變動而變化。

3. 適度人口是個相對的概念，它是相對於人們的生活水平而言的。適度人口是個難以量化的指標，很難得到驗證，是表示人類的生活水平不會下降時的人口規模。

（三）對適度人口理論的評價

適度人口理論的提出是人口研究史上的又一座里程碑。如果說馬爾薩斯人口理論喚醒了人類對人口無節制增長的擔憂，那麼適度人口理論則指出了人口發展的重要方向，為人口問題的解決提供了一個重要的方案。適度人口也常常被用作一個國家人口發展長期規劃的最優目標。但是，適度人口理論還面臨較多不足：

1. 適度人口理論存在較多的理論缺陷

首先，適度人口理論的理論模型忽視了社會制度對人口發展的決定性影響。適度人口理論把經濟標準作為衡量適度人口的唯一尺度，雖然現代適度人口理論已經將部分非經濟因素（如技術進步）引入分析過程，但是其分析方法仍然是經濟分析，還是以收益遞減規律為理論依據。

其次，適度人口理論片面強調人口的數量和增長速度，忽視了人口結構和人口地域分佈，幾乎從未考慮過人口素質。

最后，適度人口理論主要是建立在分析發達國家工業化過程與人口發展的關係的基礎上的，忽視了發展中國家人口增長過快和存在大量相對剩

余勞動力的現實。

2. 適度人口理論的實用性較差

在研究適度人口的過程中，通過分析自然系統、社會系統各個側面對人口的制約關係，將現實適度人口的複雜關係加以抽象；然而這僅僅是理論上的「成果」，在將其運用到現實的過程中存在較大難度。在理論上分析與某種個別因素相適應的適度人口，還具有一定的可行性。但加入的因素愈多，理論模型構成因素愈複雜，實現的可能性愈小。歷代學者不斷擴大和豐富適度人口理論的內涵，反而導致適度人口理論的實用性不斷下降。

由於適度人口理論不是實證研究的產物，加之適度人口本身的不確定性，比如封閉條件下的適度人口和開放條件下的適度人口、不同發展模式和消費水平下的適度人口都有太大的差異甚至完全相反，因而「適度人口」更多的時候只是一個理論架構。

（四）適度人口理論與人口長期均衡發展理論的關係

適度人口理論認為應該從經濟學、社會學、生物學等方面的有關標準確定最優人口，它體現了人口與經濟、資源、環境的關係，是人類追求人口與經濟、資源和環境關係的理想狀態。因此，適度人口理論是人口長期均衡發展的重要理論淵源。

適度人口理論把人口過程看做同經濟、社會等因素共同構成一個整體系統和相互作用的過程，把人口看成內在變量，這是后期適度人口論者的主要貢獻之一，為我們在經濟、社會、環境和資源整體框架內考察適度人口提供了基礎和可能性。

六、可持續發展理論

（一）可持續發展理論的演變歷程

可持續發展思想到可持續發展理論和實踐，是一個漫長的過程。可持續發展思想的提出源於人們對環境問題的熱切關注以及對環境和發展之間聯繫的逐步認識和研究。

自 18 世紀工業革命以來，追求經濟增長雖然給人類社會帶來了巨大

財富，但也釀造了嚴重的環境生態危機，並危及人類的生存與發展。20世紀六七十年代以後，隨著「公害」的顯現和加劇，以及能源危機的衝擊，人們幾乎在全球範圍內開始對單純追求經濟增長的發展道路進行反思，開始尋求一種建立在環境和自然資源可承受基礎上的長期發展模式。

1972年在斯德哥爾摩召開的聯合國人類環境研討會是一次具有標誌性意義的盛會。這次會議上，人類第一次共同關心我們共同的家園——地球，並以聯合國的名義制定了第一個環境保護公約。這次會議雖然沒有提出可持續發展的概念，也沒有提出可持續發展的思想，甚至這次會議關注了環境而沒有討論關於發展的話題，但是自這次會議之後，世界各國更加關注環境問題以及環境與發展的關係，極大地推動了可持續發展思想的發展和可持續發展概念的誕生。

1980年國際自然保護同盟的《世界自然資源保護大綱》提出：「必須研究自然的、社會的、生態的、經濟的以及利用自然資源過程中的基本關係，以確保全球的可持續發展。」這是首次使用「可持續發展」的概念。

1983年11月聯合國成立了世界環境與發展委員會。在接下來的四年裡，以挪威首相布倫特蘭夫人為首的世界環境與發展委員會成員們，於1987年出版了名為《我們共同的未來》報告。這個報告正式將可持續發展定義為：「既能滿足當代人的需要，又不對后代人滿足其需要的能力構成危害的發展。」這成為到目前為止關於「可持續發展」最為權威的定義。該報告明確提出了可持續發展的定義與原則，系統闡述了可持續發展的思想，是可持續發展理論的一次總結。

1992年6月，聯合國在里約熱內盧召開的「環境與發展大會」通過了以可持續發展為核心的《里約環境與發展宣言》《21世紀議程》等文件。這些文件有力地推動了可持續發展的實踐，這次會議也是可持續發展從理論走向實踐的全新標誌。

中國較快接受了可持續發展的思想並且大力推行了可持續發展的實踐。里約熱內盧會議之後不久，中國政府編製了《中國21世紀人口、資源、環境與發展白皮書》，首次把可持續發展戰略納入中國經濟和社會發展的長遠規劃。1997年召開的中國共產黨第十五次全國代表大會把可持

續發展戰略確定為中國「現代化建設中必須實施」的戰略。在中國的社會主義建設過程中，中國逐步形成了以可持續發展為基本要求之一的科學發展觀，並且在 2007 召開的中國共產黨第十七次全國代表大會上將其寫入《中國共產黨章程》，在 2012 年召開的十八上進一步將其確定為黨的指導思想。

（二）可持續發展理論的基本觀點

可持續發展的內涵極其豐富，到目前為止，對可持續發展概念的表述形式已有幾十上百種，涵蓋經濟、社會、資源、環境等領域，對這一概念的內涵也形成了一些共識，包括：

1.「發展」與「經濟增長」是不同的概念。發展是可持續發展的核心，可持續發展也強調滿足全體人民的基本需求和給全體人民機會以滿足他們的需求，尤其強調不僅滿足當代人的需求，還包括後代人、世世代代的需求。如果在經濟建設和社會發展中，盲目追求增長的速度，忽視生態與社會效益，在發展中過分依賴資源和能量的投入，用高消耗、高增長、高污染的粗放型生產方式來滿足高消費、高浪費的生活方式，那麼其結果只能是資源的迅速消耗和環境的迅速惡化，最終造成發展無以為繼。因此在發展過程中不能簡單追求經濟的數量上的增長，而是要節約資源、降低消耗、減少廢物、提高效率、增加效益，改變傳統的生產和消費模式，實現清潔生產和文明消費，走內涵型、質量型、效益型、開放型的集約化發展道路。

2. 人是可持續發展的中心主體。可持續發展強調以人為中心，滿足人的需求，以達到人的全面發展。

3. 可持續發展強調發展的公平性。在縱向上，可持續發展強調代際間的公平發展，強調在滿足現代人需要的同時，不能損害後代人的利益，達到現代與未來的統一。在橫向上，可持續發展強調整體與局部、局部與局部的協調發展，也強調人口、經濟、社會、資源、環境各系統間的平衡協調。

4. 可持續發展是一個動態過程。在這個過程中，經濟、資源、人口等多種因子的相互協調、相互促進是可持續發展的關鍵。人類社會與自然

環境的協調、人類社會各系統之間的協調、人口數量和增長率與不斷變化的生態系統生產潛力的協調、國家或地區社會經濟各領域的協調、國際範圍內的協調等是可持續發展必不可少的內容。

總之，可持續發展揭示的是人口、經濟、社會、資源、環境等各個子系統協同並進的整體發展。

(三) 對可持續發展理論的評價

可持續發展作為現代人類發展觀，已被人們廣泛認同和接受。然而，人們在探討可持續發展問題時，往往把注意力集中在保護自然環境、建立生態平衡和資源的合理配置、提高效率等可持續發展的經濟意義方面，對其在人的全面發展方面的意義重視程度相對不足。

(四) 可持續發展理論與人口長期均衡發展理論的關係

正式提出可持續發展概念以來，人口問題及其理論被賦予了新的內容。可持續發展的核心是人的全面發展，是在控制人口數量、提高人口素質和保護環境、資源永續利用的前提下進行經濟和社會的發展。適度的人口規模、合理的增長速度、優化的人口結構和優良的人口素質都是可持續發展的客觀要求。

可持續發展將人口的外在環境由經濟社會延伸到資源環境。可持續發展理論要求從環境和資源的供給能力出發，來理解經濟建設和社會發展，正確理解人類經濟活動與發展行為在自然中的位置，全面認識自然資源的生態、經濟，環境等方面的價值和功能。它要求人們在環境容量允許的範圍內，盡可能提高自然資源的利用效率，保護自然資源的存量。即改變高消耗、高增長、高污染的生產方式，盡可能地少投入多產出；改變高消費、高浪費的生活方式，盡可能地多利用、少浪費，提高生活質量；最有效地利用資源和最低限度地消耗能源，以保證資源的可持續利用，促進經濟和社會的發展。

可持續發展對於社會各因素間的橫向平衡協調，以及代際間的縱向協調給予了最為全面的界定，這就使人口問題研究由橫向研究發展到了縱向研究。需要指出的是，人口轉變理論雖然具備人口隨時間而發展的特點，但是它主要是不同時間段上幾種人口與經濟社會因素的關係在理論上的聯

繫，即人口轉變理論主要是人口與經濟社會因素的橫向關係，因此難以算作人口問題的縱向協調研究。只有可持續發展理論才真正將人口理論推向了人口縱向協調的研究階段。

七、「兩個統籌」思想
（一）「兩個統籌」思想的基本觀點

「兩個統籌」分別是指統籌人口與經濟、社會、資源、環境的協調發展和統籌人口自身（數量、質量、結構和分佈）的協調發展。

「兩個統籌」是在解決中國實際人口問題過程中產生的一種本土理論。進入21世紀，中國人口規模龐大並持續增長的現狀沒有改變，而同時人口老齡化進程加快，出生人口性別比持續偏高，人口流動與遷移更趨活躍，人口發展態勢更趨複雜。新時期中國人口不僅面臨單一的數量問題，而且人口質量、結構、分佈將逐漸成為影響經濟社會協調和可持續發展的主要因素。就是在這種背景下，中國提出了「兩個統籌」的思想，即統籌人口數量、質量、結構、分佈之間的關係，統籌人口與經濟、社會、資源、環境的關係。具體思路是：堅持和完善現行生育政策，切實穩定低生育水平；提高人口素質，促進人口大國向人力資源強國轉變；綜合治理出生人口性別比偏高問題，積極、健康、和諧應對老齡化挑戰；引導人口有序流動與合理分佈。

總之，「兩個統籌」思想是針對具體問題提出的帶有較強的實踐色彩的一種觀點，較好地指導了21世紀人口計生工作的開展，取得了明顯的成效。

當然，從「兩個統籌」思想身上，我們可以清晰地發現「兩種生產」理論的影響。「兩種生產」反應的是人口系統與社會生產系統的辯證關係，「兩個統籌」反應的是人口系統與其外部系統的相互關係。同時「兩個統籌」對「兩種生產」進行了一定的發展，「兩種生產」只論述了人口再生產或者說人口數量與物質資料生產或者說社會生產的關係，而「兩個統籌」思想論述了整個人口系統和外部的經濟、社會、資源、環境等幾個系統的關係。可以說，「兩個統籌」思想也是中國本土人口理論的

進步。

(二)「兩個統籌」思想與人口長期均衡發展理論的關係

「兩個統籌」思想指明了人口均衡發展的兩大重要方面,即人口自身系統和人口外部系統,這已經是具備了人口長期均衡發展理論的雛形,是人口長期均衡發展理論的初步理論基礎,對人口長期均衡發展理論的完善具有重要意義。

統籌解決人口問題,針對我們的面臨的問題,提出了「統籌兼顧」的解決思路,但這個理論的全部內容幾乎都是在如何解決問題。如果有人問我們統籌解決人口問題的目標是什麼?我們只能夠從另外的地方找答案——實現人口資源環境可持續發展。而人口長期均衡發展理論,不僅包括如何解決問題,而且明確提出了目標,此目標不是解決人口問題的目標,而是整個人口發展的目標。正因為如此,統籌解決人口問題,主要是關於方法、手段這個層次的理論,而人口均衡發展則是既有方法又有目標的理論。統籌解決人口問題,主要是在應對面臨的問題,被動的色彩比較濃,而人口均衡發展不僅要應對,而且是有目的地應對,帶有較強的主動性色彩。雖然我們現在面對的人口問題是歷史長期累積的結果,但是我們有信心通過認識並把握人口發展規律,不僅成功解決現在的問題,而且順應規律,實現人口長期均衡發展的目標。從理論上講,科學發展觀強調的第一要義是發展,根本方法是統籌兼顧。人口長期均衡發展不僅強調統籌兼顧的根本方法,又強調均衡發展的這一人口發展目標,比統籌解決人口問題的表述更能體現科學發展觀這一指導思想。總之,人口長期均衡發展相對於統籌解決人口問題而言是一種理論上的進步。見表3-1。

表3-1 統籌解決人口問題與人口長期均衡發展的區別與聯繫

	統籌解決人口問題	人口均衡發展
理論對象	人口問題	人口問題+人口發展目標
理論基礎	統籌兼顧	統籌兼顧+均衡發展
理論內容	手段(過程)	手段+目標(過程+結果)
理論特點	被動性(應對問題)	主動性(解決問題+追求發展)

八、人口安全理論

2003 年，在經歷突如其來的「非典」之后，人們開始從安全的角度審視和反思人口問題。2003 年 6 月，在中國人民大學舉辦的「人口、社會與 SARS」學術討論會上，國家人口和計劃生育委員會前主任張維慶在總結與「非典」鬥爭經驗的基礎上，從安全的角度重新考察各種人口問題的性質、影響和后果，首次明確提出「人口安全」的概念。「人口安全」概念一出，立即引起了熱烈的反響，學者們對人口安全的理論內涵及其產生的背景、表現形式、人口安全的性質、人口安全的理論定位以及人口安全的實現途徑等方面都展開了全面研究，進行了極有價值的探討，認識也在不斷豐富和深化。

（一）人口安全理論的主要觀點

研究者們從不同的角度著眼，對人口安全概念的理解還存在著一些分歧。國內文獻中對人口安全的定義有數十種，關於人口安全的內涵、外延的確定還存在很多爭議。儘管如此，學術界對人口安全已經形成了一些基本共識：人口安全不僅指人口系統內的一種穩定狀態，同時也意味著人口系統與經濟社會系統之間的一種穩定狀態，其主要內容包括一個國家在一定時期內人口數量、人口質量、人口結構、人口分佈以及人口遷移等因素與經濟社會的發展水平、發展要求相協調，與資源、環境的承載能力相適應，能夠實現可持續發展以及人的全面發展。[①]

從人口安全的定義可以看出，人口安全理論有著三個鮮明的特點：

第一，人口安全問題具有多樣性。人口安全的內涵中，既包括人口自身的數量、質量和結構發展變化的安全，也包括由於作為社會主體性因素的人口自身的不安全因素（如規模不合理、素質不高及結構不合理）所引致的其他國家安全問題，其中前者稱為系統內的人口安全，后者稱為系統間的人口安全。

---

① 翟振武，明豔. 定義「人口安全」[J]. 人口研究，2005（3）：42.

第二，人口安全問題具有動態性。一個國家面臨的人口安全問題排序會隨著時間的變化而不斷變化，一個國家在一定階段的首要人口安全問題是人口數量，而在另一個階段可能以人口質量或者其他人口問題為突出的矛盾。

第三，人口安全問題具有累積性和延續性。人口問題的一個顯著特徵是其發展的慣性和向未來延伸的代際延續性，人口安全問題的凸顯是一個由量的累積導致質的飛躍的過程。由於人口再生產本身具有慣性作用，現在的人口狀況是過去人口的結果，也是未來人口發展的基礎。人口問題的出現，不可能在短時間內一下子得到解決，必然要延續一定的時間，從而必然會呈現人口安全的延續性。

（二）對人口安全理論的評價

首先，人口安全理論在理論上具有創新性。不僅在由點到面、由局部到全面，使人口問題的橫向認識更為詳盡；而且更加突出了人口問題的動態性、多樣性和累積性，使得人口問題的縱向認識更加深刻，體現了人口理論的發展與進步。

其次，人口安全理論也具有一定的實踐價值。在宏觀層面，學者們從關注人口安全的立足點出發，主要從宏觀的層面提出了人口發展戰略和人口政策的構想。在局部，比如一定區域或一個城市，主要是提出區域性的人口安全指標體系，構建區域性的人口安全預警系統。

不過，人口安全理論仍處於探索進程之中，仍存在較多不足。比如，現有研究對於人口安全問題的定義及其內容和表現形式的界定存在含混、脫節的現象。很多學者在研究中，主要是將人口安全與通常人們所憂慮的人口問題融合在一起進行考慮，將凡是與人口相關的問題都列入人口安全問題範疇，人口安全問題泛化傾向比較嚴重。再者，人口安全研究中，人口變量內部的分析多、外部系統的分析少，且對外部系統的分析主要集中於強調人口發展變化對外部支持系統的單向壓力，而對於人口系統內部各要素、社會經濟外部系統各要素以及兩類系統及其要素之間的相互影響和制約的關係更為全面和系統的研究較少。

（三）人口安全理論和人口長期均衡發展理論的關係

人口安全理論為人口長期均衡發展理論的提出奠定了堅實的理論基礎，對人口長期均衡發展理論的形成產生了直接影響。這不僅體現在人口安全理論對人口系統內外各要素及其之間關係的論述為人口長期均衡發展理論的協調性（變量均衡）的研究提供了豐富的內容，也體現在人口安全理論對動態性、累積性和繼承性的論述為人口長期均衡發展理論中可持續性（行為均衡）的研究提供了豐富的理論啟迪。

但同時，人口安全理論和人口長期均衡發展理論也存在明顯的差異。偏離了人口最佳狀態的情況都是人口問題，但不是所有的人口問題都是人口安全問題，人口安全是一種最嚴重的人口問題，只有當某些人口問題的影響膨脹到足以嚴重威脅到人口自身的生存與發展，或威脅到國家和社會的發展與存在時，才會被認定是一種人口安全問題。而人口長期均衡發展則相反，它更強調人口的現實狀態離最佳狀態還有多遠，如何才能走向最佳狀態。因此，人口安全理論是一種強調「防線」的理論，重視預防，而人口長期均衡發展是一種強調方向的理論，重視目標。

九、科學發展觀

（一）科學發展觀的基本內容

科學發展觀的具體內容分為五個方面：以人為本、全面、協調、可持續發展和統籌兼顧。科學發展觀的第一要務是發展，核心是以人為本，基本要求是全面協調可持續發展，根本方法是統籌兼顧。其中統籌兼顧包括「五個統籌」：統籌城鄉發展、統籌區域發展、統籌經濟社會發展、統籌人與自然和諧發展、統籌國內發展和對外開放。科學發展觀內涵極為豐富，對人口長期均衡發展理論的建構和完善具有重要指導意義。

（二）科學發展觀與人口長期均衡發展理論的關係

人口是社會生產行為的基礎和主體，落實以人為本的科學發展觀，人口問題處於十分重要的位置。人口、資源、環境是一個國家最基本的國情，是影響經濟社會可持續發展最基本的因素。科學發展觀要求在人口、資源、環境約束的條件下，實現經濟社會健康快速且可持續的發展。因

此，人口長期均衡發展是科學發展觀的本質要求。

十、人口長期均衡發展理論的發展脈絡

人口長期均衡發展理論的提出是各種相關理論不斷發展的結果。不難看出，自馬爾薩斯以來的上述理論，都在一定程度上論述了關於人口長期均衡發展的理論。對它們可作如下簡單概括：馬爾薩斯論述的是人口數量與生活資料的均衡；馬克思、恩格斯的人口理論論述的是人口數量與生產資料的均衡；人口轉變理論、適度人口理論論述的是人口與經濟、社會之間的均衡；可持續發展論述的是人口、經濟、社會、資源、環境之間的均衡；「兩個統籌」思想和人口安全理論論述的是人口自身的數量、結構、質量和分佈與經濟、社會、資源、環境之間的關係。因此說，人口長期均衡發展理論是長期發展的結果。

從上述各種理論的述評也可以看出，自馬爾薩斯以來，關於人口長期均衡發展的論述經歷了一個不斷深化的過程。

首先，研究的要素不斷擴展。在人口自身系統方面，從只關注人口數量擴展到關注人口的數量、質量、結構和分佈等幾個因素，如馬爾薩斯、馬克思和恩格斯的人口理論、人口轉變理論以及適度人口理論都只著重強調人口數量問題這一方面。隨著經濟、社會的迅速發展，人口研究已經不再局限於人口規模，而是有了更為全面、豐富的內容，尤其在「兩種統籌」、人口安全理論中有明顯的體現，人口數量、質量、結構和分佈四大要素都被列入了研究對象。外部系統方面，則從僅僅關注生活資料擴展到關注經濟、社會、資源和環境幾大系統。如馬爾薩斯關注的是生活資料，馬克思、恩格斯關注的是生產資料和物質生產，這二者都屬於經濟範疇；人口轉變和適度人口理論開始在關注經濟的同時也開始考慮社會因素；可持續發展則又進一步擴展到了資源與環境領域；其後的「兩種統籌」思想和人口安全理論則都繼承了可持續發展的合理成分，都同時關注經濟、社會、資源和環境幾大系統。

其次，研究的關係不斷拓寬，從只關注橫向關係到不斷重視縱向關係。橫向關係主要是指人口與外部因素的協調性，縱向關係是指人口與外

部因素關係的可持續性。可持續發展理論之前的幾種理論，基本上都屬於只研究橫向關係即協調性的類型，包括人口轉變理論也沒有真正研究縱向關係，因為人口轉變只是不同時間段上幾種人口與經濟社會橫向關係之間的變化，而沒有突出幾個階段之間的制約與影響。需要特別說明的是，「兩種統籌」思想也沒有突出對於縱向關係的關注，但是人口安全理論明顯突出了縱向關係研究的內容。

　　總之，自馬爾薩斯以來的漫長時期，經過一次又一次的突破和創新，關於人口長期均衡發展研究的要素和要素之間的關係研究都得到了豐富和拓展，才發展成為了如今的人口長期均衡發展理論。

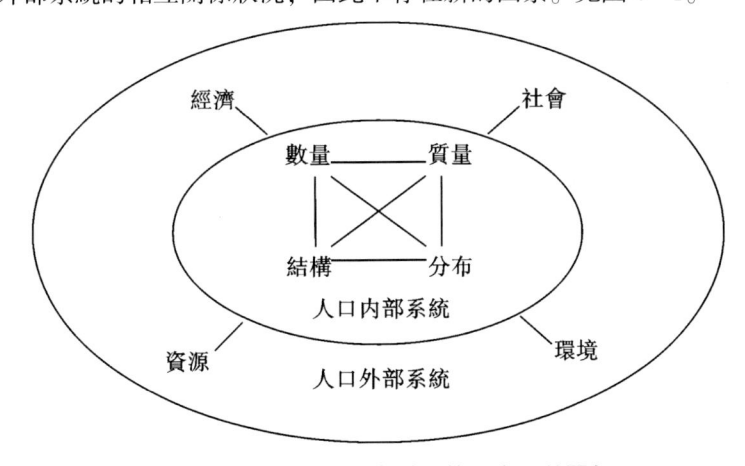

第四章　人口長期均衡發展的要素及其關係

　　根據人口長期均衡發展的定義，在吸收人口學、經濟學等學科的相關理論合理成分的基礎上，本部分內容將深入分析人口長期均衡發展內外部系統各要素之間的關係，形成關於人口長期均衡發展的理論框架，為構建人口長期均衡發展指標體系和測度模型提供理論基礎。

一、人口長期均衡發展的要素

　　人口長期均衡發展系統是由人口自身的數量、質量、結構與分佈這四個基本要素和外在的經濟、社會、資源與環境系統構成的。其中前者稱為人口內部系統或人口自身系統，后者稱為人口外部系統。當然，人口長期均衡發展的內容還包括人口總體長期均衡發展，但它指的就是人口自身系統和人口與外部系統的相互關係狀況，因此不存在新的因素。見圖4-1。

圖4-1　人口長期均衡發展的要素及其關係

(一) 人口內部系統的要素

人口內部系統包括人口數量、人口質量、人口結構和人口分佈這四個基本要素。人口四大要素之間相互影響、相互制約，關係十分密切，這種關係既存在於兩個因素之間，也體現在多個因素共同的複合作用上。人口長期均衡發展首先需要實現人口規模適當、人口質量優良、人口結構優化、人口分佈合理，四者相互協調，能夠支撐人類的自身繁衍以及人口系統自我演進至更高的層次。

1. 人口數量

人口數量是指一定時間、一定空間範圍內人口自身繁衍所達到的規模。它是計算各項人口統計數量指標的基礎，並且是反應一個國家或地區人口資源的基本指標。在中國，人口數量不僅是制訂人口計劃、人口發展目標的依據，也是制定社會經濟發展規劃和有關政策的重要依據。

人口出生率、死亡率和自然增長率這三個變量之間的數量關係，直接決定著人口再生產的規模、速度和發展趨勢。事實上，出生率和死亡率又受其他人口因素的制約。拋開人口總量這個因素不論，出生率取決於育齡婦女生育率和人口年齡構成，死亡率則決定於分年齡別死亡率和人口年齡構成。人口出生率、生育率、死亡率、自然增長率以及人口性別年齡構成等，都是決定人口再生產數量變動的主要因素。出生率和死亡率的非正常變動，都會引起人口總體或局部的巨大改變，如果這種改變是長期的，將給人口發展帶來嚴重后果。比如人口膨脹或銳減、人口年齡結構的斷層、性別結構偏差導致的婚姻擠壓等，都將使人口自身的可持續發展面臨挑戰。

表示人口數量動態變化的術語是人口增長。人口增長通常包括人口自然增長與人口遷移增長。在封閉人口的條件下，人口增長完全決定於人口的自然增長。若是開放人口，在大多數情況下也主要取決於人口自然增長，只有當該國或地區原有居民人口自然增長不能滿足經濟發展對勞動力的需要時，人口遷移增長才可能成為人口增長的重要源泉。無論是人口自然增長還是遷移增長，歸根到底，社會經濟條件特別是社會生產發展水平是影響人口增長的決定性因素。

2. 人口質量

人口質量又稱為人口素質，是指在一定的社會生產力水平、一定的社會制度下，人們所具備的身體素質和思想、文化素質的水平，它包括三個方面的內容，分別是人口的身體素質、文化素質和思想素質。

人口質量（人口質量）不是一成不變的，恰好相反，它是在人類社會發展歷史過程中逐步形成和發展，並且不斷提高的。作為人口質量的主要內容，無論是身體素質還是文化素質與思想素質，都是人類社會歷史發展的產物，都具有歷史的和時代的特徵。因此說，人口質量是個歷史範疇，是具有歷史時代特徵的社會現象。換言之，不同歷史時代的人口質量有不同的社會本質特徵，體現著不同的發展階段或者發展程度。就人口質量的三個主要成分而言，身體素質不但要受生物學規律的支配，也要受社會規律的制約，因為人口身體素質決不能離開一定的社會而存在和發展；至於人口的文化素質和思想素質，更是完全受制約於一定的社會生產方式與一定的社會發展規律。從歷史上看，人口質量是隨社會生產方式的發展而逐步提高的。

生殖健康、優生優育對人口的身體素質有著十分重要和直接的影響。教育是提高人口文化素質和思想素質的最根本和最重要的途徑。判斷一個國家的人口文化素質的高低，首先要看這個國家學校教育的發展情況，特別是義務教育普及程度和高等教育發展情況。識字率或文盲率、有文化人口占總人口的比重、人口的文化程度構成、特別是受過大學及以上高等教育人口的比重等，是常用來衡量一個國家人口文化素質發展狀況的主要指標。

人口質量可以分為已開發的素質和潛在的素質，人口質量提高的過程就是由潛在的素質轉變為已開發素質的過程，這種轉變的實現程度，除人們自身的努力程度外，歸根到底取決於人們所處的社會經濟地位和條件。因此，人力資本投資對人口質量的提高有十分重大的影響，人力資本投資是提高人口質量的必不可少的有效措施。

3. 人口結構

人口結構又稱人口構成，主要著重於探討人口內部結構的特點與變動

趨勢。一般說來，人口結構可以按照其結構所具有的質的規定性分為兩大類，即人口的自然結構和人口的社會結構（或人口的社會經濟構成）。人口的自然結構主要包括人口的性別構成和年齡構成。

人口自然結構的變動，是人口自然變動即出生和死亡變動的結果，但是，反過來它的變動又對人口再生產的規模與速度有重大影響，從而成為引起新的人口自然變動的重要原因之一。

人口的社會結構是根據人口的社會經濟特徵來劃分的，它反應人口的社會屬性的各種質的規定性，是按一定的經濟特徵或者社會特徵來劃分和組合的人口結構比例關係。

各種人口結構之間並不是彼此隔絕和完全孤立的，恰好相反，它們之間在不同程度上存在著互相聯繫、互相依存、互相滲透、互相制約的關係，有些甚至是密不可分的關係。以人口性別結構和年齡結構為主要內容的人口自然結構，實際上是其他各種類別的人口結構的自然基礎；換言之，不論是哪一種人口構成，都滲透著人口的性別結構和年齡結構。

人口結構的形成及其變動和人口變動有密切的關係。在人口發展的歷史過程中，人口結構既是以往長期的人口變動的結果，同時又是今后人口變動的基礎和重要因素。例如，人口的性別結構和年齡結構是在人口的自然變動和遷移變動的交互作用下形成的，反過來又對人口自然變動和人口再生產過程，以及人口遷移交動和社會變動有十分重要的影響。人口的地域結構和社會經濟結構，也都在不同程度上和人口的自然變動、遷移變動與社會變動相互關聯。人口結構一方面制約著未來人口變動和人口發展的速度、規模和類型，從而在人口正常變動的條件下，使我們有可能對未來人口的規模、增長速度和發展趨勢進行預測；另一方面，它對社會經濟發展也產生重要影響，在一定程度上影響著國民經濟結構和經濟發展的速度和規模。

人口性別結構的均衡，特別是婚育年齡人口性別結構的均衡，可以說是人口過程正常運轉的自然基礎。婚育年齡男女人口性別結構的均衡，一方面為維持人口再生產的良性運行和實現人口的可持續發展所必需，另一方面又為維持良好的婚姻家庭模式與社會穩定所必需。婚育年齡人口性別

比如果長期失調，勢必會造成婚姻市場供求關係嚴重失調，並將出現尖銳的婚姻擠壓現象，從而影響社會穩定。

人口的年齡結構是按年歲順序排列和逐年變動的，因此人口年齡結構的各個組成部分存在著相互依存和相互制約的關係，並且有按相應的一定的比例變動的規律性。人口年齡結構的這種變動如果過於迅猛，各個年齡段之間的比例關係就有可能失調，如果嚴重失調就會產生一定的人口問題和相應的社會經濟問題。正由於人口年齡分佈是按年歲順序排列逐年變動的，因此它的變動顯現出長週期性和階段的對應性。

4. 人口分佈

具有一定數量、質量和構成的人口，必然是生活在一定的地域中的人口，因此有人口就必然存在著一定的人口在地域間的分佈狀態。人口分佈既有反應人口居住地的自然環境的特徵的一面，又有反應其社會經濟環境的特徵的一面。一般說來，主要有三個方面的因素影響人口分佈及其變動：一是人口數量及其變動，二是自然環境及其變動，三是社會經濟條件和發展水平。

人口遷移是人口分佈變動的最主要的原因。影響人口遷移的客觀因素主要有兩方面：一個是人口規模和自然環境的相互關係所形成的人口環境容量，另一個是由人口規模和社會經濟的相互關係所形成的人口經濟容量。前文已指出，自然環境對人口分佈及其變動有極其重要的影響，它對人口遷移也一樣。人口對自然環境的選擇，一般是從較差環境或者原來好但現已惡化的環境，遷移到較好環境。所謂人口環境容量，是指環境負載能力對可能承受的最大人口規模的限量。當人口規模及其增長超過自然環境的負載能力而相對飽和時，或者環境惡化使原有人口相對過剩時，都表示人口對環境的壓力有可能或已經超過環境容量，從而存在人口遷移的客觀原因和條件。社會經濟環境對人口遷移也有極其重要的影響，甚至是決定性的影響。這種客觀條件的影響主要表現為人口規模如果超過人口經濟容量所允許的限度，形成相對過剩人口，就會產生人口遷移的動力，人口將會從社會經濟條件較差的地方遷移到條件較好的地方。所謂人口經濟容量，是指一定的社會經濟條件所形成的負載能力對可能承受的最大人口規

模的限量。這個人口經濟容量，是隨社會經濟條件特別是生產力水平的變動而變化的。以生產力水平、人均收入水平和物質生活方式為標誌的社會經濟發展水平，歸根到底對人口遷移變動有決定性影響。人口遷移的動因、能力、地區的選擇，最終取決於一定的社會經濟條件。

（二）人口外部系統的要素及其與人口的關係

1. 經濟及其與人口的關係

一般說來，人口和經濟發展的相互關係，主要體現為互相聯繫、互相依存的辯證關係。簡單說來，經濟是人口存在和發展的物質基礎，沒有一定的經濟條件，人口就不能存在和發展；而人口則是社會經濟活動的主體和必要的前提，沒有一定數量、素質、密度和構成的人口，社會經濟活動也不可能存在和發展。

經濟是人口存在和發展的物質基礎。經濟發展通過生產、分配、交換和消費等各個環節，滲透到人口發展的各個主要方面，如通過物質資料生產提供消費品，這些消費品通過一定的分配和交換關係提供給人口，社會的個人消費過程也就是人口的生產和再生產過程。

人口是經濟活動的主體。首先，人口是一切物質財富的生產者，同時也是一切最終產品的消費者，人口以其生產活動的投入及對產品的需求，決定了社會經濟發展所能達到的規模。其次，經濟發展的許多範圍和內容都直接或間接同人口發展有關，其中最為直接的聯繫就是勞動力人口。所以，應當把人口看作經濟發展的內在因素，使人口和經濟發展相互協調、相互適應、相互促進。

在人口與經濟發展的關係中，勞動力人口與經濟發展的關係最為直接。勞動力是生產力中最活躍的因素，勞動力資源是直接影響經濟發展的重要資源。人口的數量和結構決定了勞動力的數量，進而決定了經濟發展所能達到的規模。人口質量決定了勞動力的素質，進而對勞動生產率的提高、產業結構的優化升級和經濟的可持續發展產生直接影響。勞動力的數量和質量直接促進或延緩著社會經濟的發展。人口分佈在一定程度上決定著能否做到勞動力的優化供給與配置，很可能成為未來經濟能否實現可持續發展的關鍵。

2. 社會及其與人口的關係

社會系統是人口的生產和發展必須具備的外在條件。人口與社會的關係：人口是社會存在和發展的基本條件，同時社會發展的狀況又制約著人口發展與人口問題的解決。

人口是社會存在和發展的基本條件，體現在：一方面，一定數量、質量和結構的人口是社會存在與延續的基本條件，沒有一定的最低限度的人口，就不可能有人類社會的存在。另一方面，「作為現實中的人口數量、人口構成、人口質量和人口密度等人口現象以及人口自身的增殖繁衍都會對人類社會的發展產生影響作用」①。人口各個組成部分只有保持一定範圍的動態平衡和組織結構，才能保證社會正常運行和相對協調發展。過快或過慢的人口增長始終是制約和影響整個社會系統正常運行和協調程度的關鍵因素。

社會發展的狀況又制約著人口發展和人口問題的解決，體現在：作為社會主體，人口的生存和發展除必須具備一定的物質條件之外，還必須具備一定的社會條件。人口自然變動除受自然的生理的因素制約之外，還要受經濟、政治、法律、軍事、文化、道德、風俗習慣、宗教信仰等社會因素的制約。② 人口再生產「是受到各種社會因素的制約和影響的處於一定歷史階段的社會現象」③。

3. 資源及其與人口的關係

自然資源是人口生存和發展的必要條件。人口與資源的相互關係是一種辯證關係，亦即二者相互依存、相互制約和相互滲透的關係。

自然資源是人類賴以生存和發展的所有資源的物質基礎和前提條件。自然資源是生活資料或生產資料的天然來源，人類所有的生產、消費活動就是對自然資源的使用和開發利用的過程。人口的存在與發展以自然資源的存在與開發為前提，人口離開自然資源就不可能生產出有價值的產品來維持自身的存在與發展。

---

① 吳忠觀. 當代人口學學科體系研究 [M]. 成都：西南財經大學出版社, 2000：240.
② 張純元. 人口經濟學 [M]. 北京：北京大學出版社, 1983：58.
③ 吳忠觀. 當代人口學學科體系研究 [M]. 成都：西南財經大學出版社, 2000：239.

人口是開發和利用自然資源的主體。自然資源價值的存在與開發是以人口的存在與發展為必要條件的，自然資源離開人口的社會經濟活動就無從開發、無法實現其價值。即使是以自然天賦的形式存在的自然資源，如果離開人類的開發與使用也無法實現其有價值的存在。

需要指出的是，在考察人口和自然資源的關係時，不能忽視社會生產力的決定性影響。因為任何自然資源都是在被人們認識、開發、利用以後，才能體現它們的存在和真實價值的。而人們認識、開發和利用自然資源的程度與水平，則取決於社會生產力的發展水平。隨著社會生產力水平的逐步提高，人們認識、開發、利用自然資源的程度與水平也逐步深入和提高，自然資源的開發和使用的範圍也逐步擴大，其質量也逐步提高。

另外，由於人們生存和發展所必需的許多自然資源，具有稀缺性、非可再生產性，以及遭受破壞后不可逆轉性。相對於不斷增長的人口來說地球資源是稀缺的，即便是可再生資源可承載的人口和人類活動也是有限的。資源的稀缺性限制了人類的各項活動，而巨大人口規模又會反作用於這些因素，形成人類社會發展的外部制約。因而，在一定生產力條件下，人口增長、人口規模要受自然資源的負載能力的限制，不能超過負載能力所限定的人口容量邊際。

4. 環境及其與人口的關係

自然環境既為人類提供了基本的活動場所，又為人類提供了天然的生產勞動對象。人口與其生存環境形成了一個多層次、多單元的複合系統。人根據自己的意願影響、改變生態環境，而生態環境反過來又影響人口的分佈、人口的素質與人類生活的質量，日益惡化的環境也對人類的生存空間和生存質量產生威脅。如果沒有人口這個主體，自然生態環境作為客體就失去了存在的意義和價值；反之，如果沒有自然生態環境作為生存的自然基礎，人口也就喪失了生存和發展必要的客觀條件。

人口對生態環境的影響方式包括兩方面，表述為「吞吐量」的增加：一是人口規模的擴大造成對自然環境空間佔有數量的增長，進而影響自然環境的質量和水平；二是人口總量的增加必然導致全社會排入自然環境的污染物總量的增長，引發環境污染。人口對於生態環境也存在一些重要的

間接影響，比如龐大的人口規模使得農業生產不得不靠高強度耕種和使用化學肥料來保證糧食產量，這必然導致土地肥力降低、土壤受到污染、耕地退化等生態惡果。人口在這個方面的作用，主要表現在人口容量效應上。人口容量效應，是指總人口規模同資源、環境負載能力相比的容量效應。在生產力水平既定的條件下，環境的負載能力所能承受的人口容量也是既定的，如果總人口規模不斷增大，就有超過上述負載能力所限定的人口數量邊際的危險，那個時候環境就會出現生態危機，直接威脅人口再生產。

二、人口長期均衡發展諸要素之間的「變量均衡」關係

所謂探討人口長期均衡發展諸要素之間的「變量均衡」關係，就是考察人口長期均衡發展諸要素之間如何實現協調性，因此要分別考察人口內部諸要素之間相互影響的機制及如何實現協調性、人口與外部的經濟、社會、資源、環境之間的作用機制。

（一）人口內部諸要素的「變量均衡」

人口數量、人口質量、人口結構和人口分佈是人口的四個基本要素，「變量均衡」即這些要素之間合理匹配、協調發展，實現人口自身長期均衡發展。由於人口是一個非常複雜的系統，四大要素之間也會相互影響，它們之間任何因素的變動都會對其他因素產生影響，都會對它們之間的平衡關係提出新的要求。

1. 人口數量與人口質量的關係

首先，人口數量和質量是人口範疇的兩個最基本的方面：一是量的方面，一是質的方面。兩者既相互依存，又相互制約，還存在相互轉化（替代）的關係。

人口數量和質量是互相依存的關係表現為：任何時代的人口數量都是具有一定的質的數量，離開一定的人口質量（或者說，沒有人口質量）的人口數量是並不存在的。另一方面，任何時代的人口質量都是具有一定的人口數量的質量，離開一定的人口數量（或者說，沒有人口數量）的人口質量也是不存在的。在人口生產和再生產過程中，人口的數量和質量

是並存的，它既是人口數量的再生產，同時也是人口質量的再生產。

人口數量和質量的相互關係，又表現為互相制約的關係。在一定的社會經濟條件下，人口數量的多少和人口質量的高低常常是互相制約的。一方面，人口數量的過多或是過少不利於人口質量的提高，甚至會阻礙人口質量的正常發展，因為人口過多或過少都不利於生產力的發展和生活水平的提高，從而不利於身體素質和文化科技水平的提高；另一方面，如果控制和調整人口數量使其與社會經濟發展相適應，必然有利於人口質量的提高。

人口的數量和質量的相互關係，還可以表現為互相轉化、互相替代的關係。從微觀的角度來看，在一般情況下，當一個家庭的收入（資源）既定時，如果它的生育抉擇傾向於增加孩子數量，能用於提高孩子素質的資源必然相對減少，在一定程度上量的增加替代了質的提高；反之，如果家庭的生育抉擇傾向於提高孩子素質，能用於增加孩子數量的資源必然相對減少，在一定程度上質的提高替代了量的增加。從宏觀上來看，人口質量尤其是文化素質的高低，以及相應的生育觀現代化程度的高低，同生育率的高低具有反向發展趨勢，從而有抑制或促進人口數量增長的趨勢。因此，人口質量低下不利於控制和調整人口數量，難以使人口發展同社會經濟發展相適應；反之，人口質量的不斷提高特別是能夠達到現代化水平，必然有利於控制人口數量增長，使它能夠同社會經濟發展相適應。

2. 人口結構與人口數量的關係

人口結構的形成及其變動，和人口變動有密切的關係。人口年齡性別結構是具體的人口出生率和死亡率變動以及人口遷移流動共同作用的結果。因此，可以說，人口變動在形成人口數量的同時，也在形成人口結構。

同時，人口結構對人口數量也有影響。在人口發展的歷史過程中，人口構成既是以往長期的人口變動的結果，同時又是今後人口變動的基礎和重要因素。人口結構對人口數量的影響主要是通過對生育和死亡的影響實現的，生育旺盛期的群體比重較大的人口，會形成較高的人口生育率，而老齡化水平較高的人口會造成較高的死亡率，二者都會影響到人口數量的

增長速度。當然，人口結構還會影響到婚姻結構，進而影響人口生育率。

3. 人口分佈與人口數量、質量和結構的關係

人口分佈，主要是指人口數量的分佈狀態，一定數量的人口，不僅承載著年齡、性別等結構因素，同時還承載著其所具有的質量。比如，人口遷移對年齡、性別、學歷和職業有較強的選擇性。遷移的選擇性模式還會隨著經濟發展的階段而不斷變化。因此，考察人口地理分佈狀態時必須將人口的數量、質量、構成以及地理位置結合在一起，進行綜合分析，才能深入瞭解其內在聯繫。

（二）人口與外部因素的變量均衡

人口與經濟、社會、資源、環境等外在系統相互作用形成的複雜系統是一個自主調節、循環往復的有機整體，各要素之間存在著廣泛而豐富的耦合關係，包括各種直接和間接的相互聯繫。

1. 人口與經濟之間的變量均衡

人口和經濟發展的互相制約的關係，主要表現為二者的發展水平、規模和速度是互相制約的。

經濟對人口有決定作用，經濟發展、生產力和生產關係的發展，制約著人口再生產類型的轉變，制約著人口的數量、素質、密度和分佈等。其具體關係表現在：

第一，經濟對人口自然變動的決定性影響。人口的出生和死亡固然是一種自然的生理現象，但同時是一種在一定社會關係中、特別是一定的家庭關係中的社會行為。它必然要受社會經濟條件，主要是生產力和生產關係的決定性影響。一定的生產方式決定著社會對勞動力的需求，從而決定了人口再生產的速度、規模和類型，決定了人口自然變動的基本趨勢。社會經濟對人口自然變動的決定性影響，還表現為在不同的社會經濟條件下出現差別生育率。不同階級、不同階層、不同社會集團、不同職業的人口所處社會經濟地位和生活條件不同，出現了差別生育率。在不同階級、不同經濟地位和不同生活水平的人口中，還存在著差別死亡率，也反應了社會經濟對人口變動的決定性影響。無論是生育率還是死亡率，一般都和人們的經濟地位、收入與生活水平成負相關變化。從人口發展的基本趨勢來

看，一個社會、國家或地區的人口自然增長率往往同其經濟發達程度成反比。

第二，經濟對人口遷移變動的決定性影響。前文已經指出，自然環境只是人口分佈和遷移變動的自然基礎，經濟發展水平才是最終決定人口分佈和遷移變動的社會因素。人口分佈及其發展趨勢，明顯地取決於生產力水平和生產力的分佈。人口流動的流向和規模，歸根到底也取決於經濟條件。

第三，經濟對人口社會結構變動的決定性影響。這不僅體現在經濟基礎制約著人口發展和人口變動的基本趨勢，而且體現在人口社會結構變動是經濟條件、經濟結構變動的結果。

第四，經濟決定著人口質量的基本水平。人口的科學文化水平歸根到底取決於社會經濟發展水平，特別是取決於社會生產力的性質和水平，沒有現代化的社會經濟條件就不可能有現代化的科學文化水平。即使是人口的身體素質，由於它受制於生活條件、營養條件和醫療衛生條件，而人口的生活條件、營養條件和醫療衛生條件則取決於經濟條件，因此可以說，它歸根到底也取決於經濟基本條件。

同時，人口對經濟有一定的反作用，一定數量、素質、結構和分佈的人口是物質生產和社會經濟發展的必要條件，它們的變動會促進或延緩物質生產和社會經濟的發展。

第一，人口是全部社會生產行為的主體。沒有一定的最低限度數量和密度的人口，就不可能有物質資料生產。

第二，人口的數量和素質在一定的生產條件下對提高勞動生產率有極為重要的作用。一定數量的人口，是通過分工、協作來提高勞動生產率的必要條件。同時，生產越是現代化，越是需要人口素質高的人才，對人口質量要求就越高。

第三，人口的結構變動也會影響生產。作為生產者的勞動適齡人口，必然受人口的年齡結構的制約。

第四，人口分佈和人口遷移對生產和經濟發展也有不容忽視的影響。在一定的生產條件下，人口的合理分佈能夠促進生產力的合理分佈，人口

由已開發的人口密度高的地區遷移到未開發的人口密度低的地區，是開發落後地區的重要前提。但是，大量有技術的勞動力人口的外流，往往又成為遷出地區經濟停滯的重要原因之一。

總之，人口與經濟的相互影響和協同機制，要求人口的數量、質量、結構、分佈等同產業結構的調整、勞動生產率的提高以及就業人口的吸納和增長保持適度，從而不斷滿足人們的生活消費增長需求和推動人類社會發展進步。

2. 人口與社會之間的變量均衡

人口數量與社會發展的關係體現在，社會結構合理和社會基本建設完善最終會表現為一定數量的人口在文化、教育、衛生等社會事業方面得到全面發展，生活質量和生活水準得到不斷提高。而人口與社會的非均衡狀況，最嚴重的會表現為貧困人口數量巨大和不斷增長，貧困的普遍化。

人口質量的提高是社會發展的結果，人口質量狀況是社會發展程度與水平的重要標誌，而人口質量提高的成果最終將被社會吸收並轉化為社會經濟的發展，人口質量對社會發展起主導作用。

人口結構方面對社會事業發展有直接影響。人口年齡結構也會影響到教育事業和衛生事業的發展，年齡結構不同，對教育和衛生事業的壓力也有差異，年輕型的人口對教育的壓力較大，而老年型人口對衛生事業的壓力較大，教育和衛生事業的發展必須要以人口結構為依據。人口的產業結構和文化素質結構影響人口的生活水平和生活質量。人口產業結構和文化素質結構合理可以提高勞動生產率、提高經濟發展水平，進而促進人口生活水平和生活質量的提高。

作為社會的細胞組織，家庭具有特定的性質、職能、類型與規模。而且在不同的社會經濟條件下，它們具有不同的表現形式與特點。一般說來，家庭最主要的職能有：生育職能、生產職能、消費職能、教育職能。人口的變動會影響到家庭的規模和類型，同時家庭的規模和類型也對人口的再生產和人口質量有重要影響，進而影響到人口發展。

3. 人口與資源之間的變量均衡

人口與資源之間的變量均衡是指人口和自然資源的相互依存，人口對

資源的消耗和資源的供給之間應該是平衡的。

人口和自然資源的相互依存關係，不僅表現在人口數量、素質、構成同自然資源的開發、使用的相互關係上，也表現在人口分佈和自然資源富源分佈的相互關係上。歷史上，在農業社會，那些耕地多、土壤肥沃、水源充足的地方，人口就比較密集，農業資源也得到比較充分的利用；而在工業社會，那些礦產資源豐富並易於開發的地方，人口就比較密集，工業資源也得到比較充分的利用。

在人口和自然資源之間必然存在一定的數量（內含質量）的對比關係。這種對比關係，人口在這個方面的作用，主要表現在人口分母效應上。人口分母效應是指對產品產值、資源等（分子）按人口（分母）平均的量的變動效應；人口規模及人口數量越大，人口增長速度越快，人口的分母效應也越大。在分子的量為既定時，分母越大，人平均量就越小。人口分母效應通常用人均自然資源數值（或人均自然資源佔有量）來表示，最主要的有：人均耕地面積、人均森林面積、人均淡水占用量、人均石油、煤炭等能源儲量、人均礦藏儲量等。在一定的時期和一定的生產技術條件下，各種自然資源的量是相對穩定的，如果人口迅速增長，勢必造成自然資源人均數值的快速下降；當人均自然資源數值下降到足以阻礙有關生產的人均產量的增加時，就意味著人口經濟效益的下降。

4. 人口與環境之間的變量均衡

人口與環境是一個完整的、具有一定結構和功能的系統，兩者都是一定的生產力和生產關係的產物。生活在環境總體中的人口，從各種不同環境中取得生存所必需的各項資源，不時與環境中的不利因素相抗衡又相適應，並通過勞動作用著、改變著環境。因此，環境既是人口賴以生存的條件，又是人口勞動創造的產物，是變化了的「人工化的自然界」。人類無法脫離自然界而獨立生存，但人口的發展不是單純依靠自然界的賜予的，而是一直在適應和改造自然。

不過，人口與環境也存在相互制約的關係。人們不可能超越自然規律和社會規律而任意地改變環境；否則，改變的能量越大，所受的懲罰也越大。長期以來，人們對人口與環境的相互依存、相互制約的關係認識不

足，重視不夠。在改造環境上，往往為了局部的、眼前的利益而損害整體的和長遠的利益，導致生態危機。當前時期人口對環境的壓力不僅由於人口數量的增加，還由於人均消費水平的提高，兩者結合對環境造成了強烈的衝擊。

人口與環境的關係總是處在平衡到不平衡再到平衡的過程之中。人類無時無刻不對自然施加影響，或大或小地打破原有的生態平衡，要求環境提供新的發展條件，以建立新的生態平衡。人口和生態環境的均衡關係，要求實現人類生產生活系統與生態系統的良性循環，人口規模及增長必須維持在環境的承載能力之內，使人口規模與環境相協調。

5. 人口數量與外部因素的變量均衡

人口數量是人均意識形成的基礎。人均意識實際上是指人口數量的分母效應。如果只對人口規模及其與經濟規模等因素的相互關係進行考察，基本上是對人口數量的靜態分析，從經濟、社會、資源和環境的協調發展與可持續發展的觀點來說，重視人口數量問題，有助於樹立比較全面的人口觀點和人均意識。許多人均社會經濟指標已經成為社會經濟發展水平的重要標誌，最受重視的如：人均國民生產總值、各種主要產品的人均產量等。通過這些人均統計指標，我們才能正確衡量社會的生產效益、經濟效益、社會效益和環境效益，以至一國的生產力、國力和人民生活水平。

要保持適度的人口規模，使人口規模及增長率維持在資源和環境的承載能力之內，與經濟發展和社會進步相協調發展的狀態，能給本地區的經濟社會發展提供足夠、穩定、可持續的勞動力，並且人口總體出生、死亡保持穩定，從數量上能實現長期均衡發展。

6. 人口質量與外部因素的變量均衡

人口質量與經濟、社會、資源、環境之間的關係體現在：經濟方面，提高人口質量既能夠提高生產力和生產水平，增加產出，同時也能夠降低經濟社會發展成本，增加效益。社會方面，提高素質本身也是社會發展的主要內容和標誌之一。資源方面，人口質量的提高有利於新技術的開發，推動能源替代，實現人口與資源的均衡。環境方面，人口質量與環境緊密相關，人口質量越高越容易開發環保的生產方式和堅持綠色環保的生活方式。

7. 人口結構與外部因素的變量均衡

人口結構會對社會經濟發展產生重要影響，在一定程度上影響著國民經濟結構和經濟發展的速度和規模。實現人口結構與經濟社會的協調發展，就是要使國民經濟結構和社會公共服務等滿足人口結構的需求。同時，人口結構會通過經濟社會對資源環境提出要求，這就要求人口結構的變動對資源環境的要求不超出資源環境承載能力。

8. 人口分佈與外部因素的變量均衡

人口分佈狀況會受經濟條件和資源環境決定。自然環境是人口分佈的自然基礎，自然資源的分佈與豐富程度，自然環境的優劣，氣候的寒熱下濕，地勢的高低和地形的崎嶇程度，水體的分佈，動植物和微生物的分佈，無不直接或間接地影響著人的出生和死亡，影響著人口的增值和分佈。社會經濟條件和發展水平是人口分佈的社會經濟基礎和人口分佈發生變動的決定性力量。這兩方面的因素對人口分佈的影響，不是互相割裂孤立地發生作用的，它們是彼此聯結在一起綜合地發生作用的。合理的人口分佈應該根據各地區資源環境承載力制定經濟社會發展戰略，由資源環境狀況決定產業分佈，然后由經濟條件和資源環境共同決定人口分佈，形成人口與經濟發展資源協調的區域開發格局。

人口分佈與經濟、資源、環境的協調關係中，經濟和人口分佈之間的協調是首要的、直接的，人口與資源環境承載力的協調是次要的、間接的。在后工業時代，一個地區的經濟發展水平及就業狀況而非自然條件是區域人口承載力的直接決定因素。①

(三) 人口總體長期均衡發展的變量均衡關係

人口總體長期均衡發展的變量均衡關係，不涉及如上述兩部分一般的具體關係，它包含的是人口自身系統的協調狀況和人口與外部系統的協調狀況之間的關係。人口自身的協調狀況是人口與外部系統協調的前提和基礎，人口與外部系統的協調是人口自身系統協調的重要條件，二者相互影

---

① 王欽池. 促進人口均衡發展建設人口均衡型社會——中國人口與發展諮詢會 (2010) 觀點綜述 [J]. 人口與計劃生育, 2010 (7): 4.

響、相互制約。人口自身系統的偏離協調狀態后會對人口與外部系統的關係產生溢出效應，而人口與外部系統的關係一旦失衡，也會對人口自身系統的均衡狀況產生衝擊。

三、人口長期均衡發展諸要素之間的行為均衡關係

人口長期均衡發展諸要素之間的行為均衡關係，就是考察人口長期均衡發展的內外部各要素之間的關係狀態是否具有可持續性。人口長期均衡發展的內外部各要素對其可持續性的影響並不相同，每個因素具體影響的大小既和它與其他因素的關係性質有關，又和該要素自身的活躍性有關。就關係性質來講，一般被動性的因素，並不會對行為均衡或可持續性產生多大的影響；就活躍性來講，越活躍的因素對可持續性的影響越大。

（一）人口自身諸要素的行為均衡

1. 人口數量

人口數量變動包括人口自然變動和人口機械變動，其中，在一般情況下，人口自然變動都是人口變動的主要原因（封閉人口情況下還是全部原因），而人口機械變動一般是次要的原因。

人口自然變動的核心關係就是生育率和死亡率的變化，其中死亡率是最基本的變量。但由於健康和長壽是人類的追求，也是人類的普適價值，降低死亡率是一種剛性需求。換言之，人類不會用提高死亡率的辦法來平衡其他人口變量。因此，死亡率水平是人口長期均衡發展的自然基準，也是調節其他人口變量的基準。

與死亡率相比，生育率是一個更具彈性的變量，也是調控人口變化的重要槓桿，因此生育率一直是生育政策調節的對象。在當今世界上，一些國家因人口壓力而鼓勵國民降低生育率，而另一些國家則因「低生育陷阱」而面臨高度老齡化和人口縮減的危機而鼓勵國民生育，都是在利用生育率這個槓桿。需要指出的是，在人口系統中，存在著「均衡生育率」，當某一生育率水平使人口再生產達到某種均衡狀態時（比如穩定人口或靜止人口，或者適度人口），該生育水平就是均衡生育率。從人口長期均衡發展的角度看，均衡生育率水平應該是圍繞著更替水平波動。

2. 人口質量

人口質量是個比較活躍的變量，對人口其他要素均存在影響。首先，人口質量對人口數量的影響體現在：一是人口文化素質的提高尤其是育齡期婦女文化水平的提高會導致生育率降低是人口學的共識；二是生育數量和質量之間也存在替代關係，對子女質量的重視也會降低生育水平；三是人口身體素質的改善，即平均預期壽命的提高會導致人口自然增長率的提高。人口質量對人口結構的影響是和其對人口數量的影響相關聯的，人口質量提高導致的生育率降低和平均預期壽命提高，會導致快速的人口老齡化。而人口質量對人口分佈的影響則體現在人口文化素質的提高有利於加速人口遷移流動，尤其是從農村向城市的遷移流動，改變人口城鄉分佈格局。

3. 人口結構

人口數量和人口年齡結構是兩個相互關聯的變量，人口年齡結構對人口數量的變動有較大影響。一個穩定的相對年輕的年齡結構必然是人口數量不斷增長的人口。根據穩定人口理論，當年齡別生育率和年齡別死亡率保持不變，最終將實現恒定出生率和死亡率，人口處於穩定狀態。然而，如果人口的平均預期壽命不斷延長，年齡別死亡率不斷降低，這種狀態下人口要想保持一個年輕的年齡結構，就必須提高生育率，這樣人口規模就必然處於持續增長狀態，人口不可能處於穩定狀態。如果平均預期壽命不斷增長的同時，生育率保持不變或持續降低、人口規模受到控製甚至減少，那麼人口的年齡結構必然是一個老齡化的狀態。而年齡結構的過度老化會帶來複雜的問題，如勞動力老化、老年人口供養壓力加大等。

這裡需要特別強調一下人口轉變過程中的人口結構變動問題。人口轉變的完成以人口「低出生率—低死亡率—低自然增長率」模式的形成為標誌，這一模式能不能形成相對平穩的人口總量，最為主要的是低生育水平和人口年齡結構在經歷了前一期「高出生率—低死亡率—高自然增長率」的非均衡的年輕化后開始步入老齡化進程生育水平能否維持在更替水平（至少差距甚小）。如果能，那麼人口就會處於低出生率和低死亡率的均衡狀態。然而，如果生育率水平大大低於更替水平，就必然導致出生

率的大幅度下降和由於年齡結構老化而導致的死亡率上升，人口出現較快速的減少，人口處於一個出生率和死亡率非均衡的狀態，而人口規模將是不穩定的。換言之，在人口實現「低出生率—低死亡率—低自然增長率」之后，如果生育率持續降低，則人口將步入低出生率、相對高死亡率、人口負增長的人口再轉變階段。

人口性別結構問題影響也非常大。從人口學角度來看，性別嚴重失衡會造成婚姻市場的失衡。如果一個國家或地區出現了出生性別比長期偏離正常範圍，那麼在未來婚姻關係中會形成男性總量過剩，產生婚姻擠壓，部分男性公民的婚姻權、配偶權得不到保證。從社會角度來看，性別嚴重失衡將可能衝擊傳統穩定的婚姻結構，導致社會關係失衡，引發社會、道德問題。

4. 人口分佈

人口分佈是一個比較被動性因素，對人口其他因素的影響比較小。從宏觀來講，當前人口分佈主要是人口城鄉分佈和人口區域分佈兩種情況。人口城鄉分佈對人口其他因素的影響比較有限，最多就是新遷入城市的人口生育率會有所降低。但是如果具體到某一個區域，人口遷移流動對人口數量、人口質量和人口結構的影響就會比較明顯。一個人口遷出區域，不僅會造成人口數量減少，青年勞動力的外出還會造成人才流失，人口結構上也會出現以留守的兒童、老人和婦女為主的「空心化」現象。

（二）人口與外部因素的行為均衡

人口長期均衡發展關係中包括了五大系統：人口系統、經濟系統、社會系統、資源系統和環境系統。在這五個系統中，人口系統變量具有「惰性」，它的變化相對比較緩慢，變動週期也較長。資源、環境系統的天然成分比較多，比較剛性。經濟系統的變量較為活躍，並且由於經濟因素在各個系統中具有基礎性作用，對其他因素的影響較大，而且比較直接。社會因素的彈性也比較強，對人口長期均衡發展具有至關重要的影響。因此，經濟和社會系統中的變量往往引起其他系統要素的變化，從而使人口與外部諸要素的均衡關係具有動態性，也會改變人口長期均衡發展的「均衡點」。

1. 人口與經濟的行為均衡

最根本的經濟因素就是社會生產方式，人口發展狀況會受到社會生產方式的決定性制約。人口轉變實際上就是在社會生產方式的影響下實現的人口再生產類型從低水平均衡向高水平均衡發展的過程。與傳統的人口再生產類型性質不同，現代人口再生產類型是一種社會均衡，即人類憑藉社會經濟發展和科學進步的力量使人口自然增長達到一種高級的均衡狀態。

社會生產方式中，生產力發展特別是科學技術進步對於人口發展有決定性的影響。社會生產力的發展特別是科學技術進步客觀上要求人口的發展與其相適應，這包括人口數量的變化、人口質量的提高與人口結構的變動要與其相適應。正是由於生產力發展和科學技術的推動，對人口質量提出了更高的要求，人口質量才得以逐步提高，特別是進入現代社會以後明顯地出現了生育決策由傾向孩子數量增加轉向重視孩子質量提高的趨勢。生產力水平的提高和科技水平的進步也提高了人口預期壽命，同時由於重視人口質量導致的出生率水平降低，共同導致了人口結構變化——人口老齡化。

人口對經濟的影響，主要體現在人口數量、人口結構作用下形成的勞動力數量和結構對經濟發展的影響。「人口紅利」能夠加快經濟發展的速度，而人口撫養比的提高又會加重經濟發展負擔。

2. 人口與社會的行為均衡

一個社會的文化教育水平、醫療衛生條件、婚姻家庭形式以及政策、法律都影響和制約著人口發展狀況。

文化教育方面，從社會長期發展來看，文化教育對人口再生產的影響是深遠的。一個社會的文化教育水平越高，從而科學知識水平越高，人們的生理知識、生育知識、衛生保健知識也越普遍化和現代化，那麼就越能實行優生優育，並且越能增強體質，減少疾病，延長壽命。發展文化教育還是使人們樹立現代生育觀的必由之路。在現實生活中，育齡人群的文化教育水平越高，越能實現人口再生產的良性運行，一方面可以降低死亡率，特別是嬰兒死亡率，另一方面可以使人們更加注意人口質量，要求自身及后代實行德、智、體的全面發展。

醫療衛生條件方面，醫學進步和醫療衛生事業的發展，無論對生育或是死亡都有非常直接的影響。現代醫療衛生條件，在一定意義上說，是實行計劃生育和優生優育的必要前提與物質基礎。它的進步與發展，還可以增強人們的抗病能力，降低發病率、疾病致死率和死亡率，延長人口的平均壽命。

國家、政府、制度、法律、政策等，特別是和婚姻、家庭、生育有關的各種制度、法律與政策，無疑會對人口發展產生重要影響。不同的生育政策和人口政策也會對人口再生產有不同影響。同時，婚姻觀和生育觀，宗教信仰和倫理道德，甚至人口理論等意識形態，也會在不同程度上對人口發展產生影響。中國傳統社會的生育觀，特別是傳宗接代、重男輕女、多子多福等舊思想對計劃生育和人口發展的影響，就是突出的例證。

政治環境對人口再生產的影響尤其明顯，戰爭與和平的影響截然不同。一般說來，戰爭環境必然會減少生育和增加死亡，而和平環境則利於增加生育和減少死亡。在中國封建社會時期，人口再生產的發展趨勢常同王朝更替運動密切相關：在王朝建立之初，剛從戰爭轉向和平，通常採取與民休養生息和獎勵多育的政策，有利於人口增殖，人口發展趨向擴大再生產；而王朝衰落和陷於動亂與戰爭，自然不利於人口增殖，人口發展趨向縮減再生產。

應當指出，經濟、社會、科技、教育、政策、政治環境等因素，固然對人口發展有不容忽視的影響，有時甚至是決定性的影響，但它們往往要通過對出生率與死亡率等制約人口再生產的基本變量才能發生作用。

人口對社會因素也有較多的影響，最主要的是體現在人口要素對社會的需求，人口數量的增多會加重對社會公共服務的需求，對人口質量的重視會提高對醫療和教育的需求；而人口結構的變化也會影響對社會服務和公共服務資源的需求，比如人口老齡化會增加對社會保障和養老服務事業的需求。

3. 人口與資源、環境的行為均衡

自然環境自始至終影響著人類活動，資源與環境狀況對人口的數量、質量、分佈等產生重要的影響。相對於不斷增長的人口來說，地球資源是

稀缺的，資源是有限的，且絕大多數資源是不可再生的，即便是可再生資源，可承載的人口和人類活動也是有限的。環境是一定的，良好生態系統的形成是一個長時間的過程。日益惡化的環境會對人類的生存空間和生存質量產生威脅，甚至人類會被迫遷移他鄉。換言之，我們必須面對資源的人口承載力、環境的人口承載力的約束。人口的規模和分佈必須在區域的資源承載能力和環境承載能力的限度內。超出這一限度，則會導致更多的資源和環境成本，導致超出資源環境的承載能力，使人口與資源、環境處於失衡狀態。

而人口的數量、素質、分佈又反作用於資源與環境。人口和生態環境的平衡遭受嚴重破壞的因素主要是：第一，人口增長過多、過快，人口規模過大，超過了生態環境的負載能力；第二，人口生活水平的提高增加了對資源和環境的人均消費需求量；第三，非可持續的生產（技術）和消費模式，浪費、污染和破壞自然環境，甚至使自然資源達到枯竭和生態環境惡化的危險境地。人口自身要素之間關係的失衡對資源節約、環境友好也具有重要的影響，例如人口年齡結構和人口性別結構都會影響到對資源的利用及保護。如果男女性別比過度失衡，則會引起社會的不和諧甚至社會緊張，進而影響到資源利用及環境保護。年齡與資源利用也有關係，如老齡化導致家庭規模變小、能源消耗的經濟效益降低並增加溫室氣體的排放。

（三）人口總體長期均衡發展的行為均衡

人口總體長期均衡發展的行為均衡關係包含的是人口自身系統和人口與外部系統之間關係狀況的可持續性。二者是相互影響、相互制約的關係。人口自身系統關係的可持續狀況是人口外部系統關係可持續的前提和基礎，人口與外部系統關係的可持續性是人口自身系統關係可持續性的重要條件。如果人口自身系統的關係狀況不具有可持續性，那麼就會對人口與外部系統關係的可持續性產生連鎖效應，而如果人口與外部系統的關係不具有可持續性，也會直接對人口自身系統關係的可持續性產生衝擊。

第五章　人口長期均衡發展評價指標體系與測度模型

人口長期均衡發展的評價是人口長期均衡發展從理論階段進入到操作和實施階段的前提。運用科學的方法和手段來描述與評價人口長期均衡發展的運行狀況、實現的程度和取得的效果，監測人口長期均衡發展的變化趨勢，才能為指導人口長期均衡發展提供決策依據，更好地指導人口長期均衡發展的具體實踐。因此，人口長期均衡發展評價指標體系和測度模型是不可缺少的工具。人口長期均衡發展評價的內容應該包括：評價指標體系的構建、指標權重的確定、測度模型的建立、評價標準的確定四個部分。

一、指標體系的設計

指標體系是人口長期均衡發展評價的基礎，是綜合反應人口長期均衡發展狀況的依據。構建指標體系的最終目的是對人口長期均衡發展狀況做出全面、客觀、公正的評價，分析人口長期均衡發展的基本狀況和面臨的問題。

（一）人口長期均衡發展評價指標體系的結構

指標體系不能是指標的簡單堆積，而應該既要能夠反應出概念的內涵，又要能夠反應出系統內各要素之間的相互影響和作用關係。根據人口長期均衡發展的內涵及理論框架，人口長期均衡發展評價指標體系應該分為兩大子系統：一類是人口內部系統，即人口數量、人口質量、人口結構和人口分佈四個方面；另一類是人口外部系統，是人口作為一個整體與外部各方面因素的關係，即人口與經濟、社會、資源和環境四個系統之間的

關係。另外，人口內部系統與人口外部系統之間也存在著相互影響、相互制約的關係。根據這些關係狀況，我們可以設計出人口長期均衡發展評價指標體系框架，如圖5-1所示。

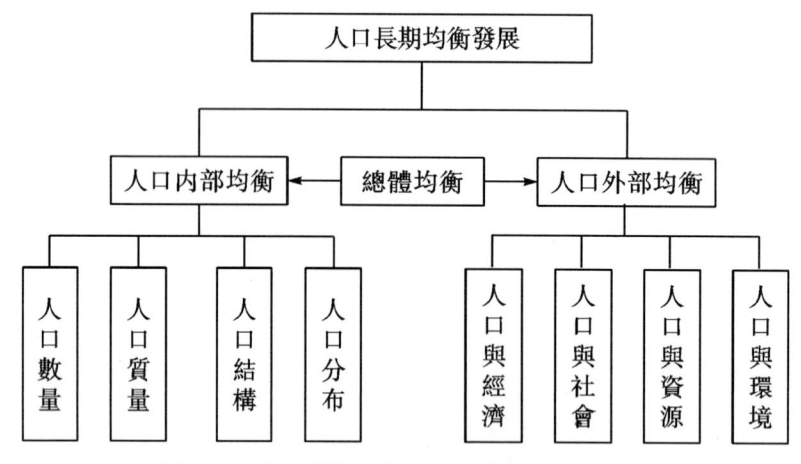

```
                        人口長期均衡發展
                               │
        ┌──────────────────────┼──────────────────────┐
    人口內部均衡  ←──────  總體均衡  ──────→  人口外部均衡
        │                                              │
  ┌─────┼─────┬─────┐                    ┌─────┬─────┼─────┐
 人口   人口  人口  人口                 人口   人口  人口  人口
 數量   質量  結構  分布                 與經濟 與社會 與資源 與環境
```

圖5-1　人口長期均衡發展評價指標體系框架

(二) 人口長期均衡發展評價指標的選定原則

1. 科學性

科學性是構建指標體系的第一要義。科學性，一是要求所構建的人口長期均衡發展評價指標體系要能夠科學全面地反應人口長期均衡發展的內涵與特徵；二是要求指標的選取要有科學依據，指標目的清楚，定義準確，界定清晰，能夠量化並能滿足對數據進行處理的要求；三是要求複合指標的處理要有理論依據。

2. 客觀性

可靠的統計數據是人口長期均衡發展評價指標體系研究必須注意的重要環節。客觀性要求每項指標的數據來源必須要可靠、準確。為此，人口長期均衡發展評價指標體系盡可能選用正式出版的《中國統計年鑑》或各省（市、縣）統計年鑑等綜合性統計出版物以及相關部門和產業的權威性出版物中能夠直接得到或者間接推算出來的指標。

3. 系統性

指標體系的構建過程，絕不是一定數量指標的隨意堆砌、機械合成，

而是一個對現實系統的模擬，也就是對實際問題的一種抽象。因此，建立指標體系需要重點考慮指標體系所要反應的系統層次、系統結構與系統關係的問題。人口長期均衡發展評價指標體系必須是在緊緊把握住人口長期均衡發展的內涵和原則的基礎上，全面反應人口內部各要素之間以及人口與經濟、社會、資源、環境之間有機、有序的互動關係，而且各指標之間具有層次性和不重複性，同時還應確定一定的權值，使各個指標在總體評價體系中具有科學的定位、發揮合理的作用。

4. 動態性

人口長期均衡發展是一個不斷發展變化的動態過程，既有狀態之間的變化，也有從低級階段向高級階段的變化。因此所建立的指標體系應考慮動態變化的特點，要能較好地描述與度量未來的發展或發展趨勢，在指標的選取上，要有靜態指標也要有動態指標。從長遠來看，考量人口長期均衡發展的不同發展階段應採用不同的指標體系。

5. 獨立性

反應人口長期均衡發展狀況的指標較多，這些指標間彼此可能存在著非常密切的關係，在挑選一組指標構成指標體系時，要注意所選指標間的相關性問題。變量之間高度相關意味著它們所反應的信息高度重合，信息重合指標的引入會造成指標體系的臃腫，衝淡所要表達的主題，也會給實際操作造成困難。

6. 可比性

評價的實質是比較，有了具有可比性的指標，才能夠提供準確的比較信息資料，才能夠發揮評價指標體系的作用。因此各項指標應該具有縱向可比性和橫向可比性，這就要求評價指標的口徑、範圍必須一致。另外，一般用相對數、比例數、指數和平均數等進行比較，因為這些指標才具有可比性。

7. 可操作性

在構建人口長期均衡發展指標體系時，對一些評價對象要解決好理論上的重要性與實際操作的可行性之間的矛盾。要充分考慮數據及其指標量化的難易程度，同時還要兼顧計算方法的通俗易懂和便於理解掌握，最終

形成一個科學合理、簡明直觀、便於操作的指標體系。

8. 目標導向性

人口長期均衡發展的根本目的就是在穩定人口系統內部諸要素均衡發展的基礎上，實現人口發展與經濟發展、社會穩定、資源承載和環境保護之間協調平衡的社會發展模式；其本質就是可持續發展，最終目標是實現人的全面發展。因此，指標的內容和要求，應當體現提高可持續發展能力和實現人的全面發展。

9. 簡潔性

建立人口長期均衡發展評價指標體系應選取相對重要、代表性較強的典型指標，盡可能以最少的指標包含最多的信息，避免選入意義相近、重複、關聯性過強或具有導出關係的指標，力求使指標體系簡潔易用。否則，會給信息收集和實際操作帶來許多困難。

10. 描述性

指標體系應該研究重點突出，內容務實。設計人口長期均衡發展評價指標體系的主要目的就是真實而準確地反應人口長期均衡發展的客觀狀態，為政策制定者提供有用的依據。描述是該指標體系的主要功能，對評價功能的要求並不高，因此在指標的選擇中會多選擇描述性指標，而較少涉及評價性指標。

（三）人口長期均衡發展指標的選取

根據人口均衡發展的內涵及指標體系的基本框架，在對人口自身發展特徵和經濟、社會、資源、環境發展基本要素進行分析的基礎上，本書把指標體系設定為三級。一級指標包括人口內部系統和人口外部均衡兩個方面。第二級指標由八個部分組成，分別是由人口數量、人口質量、人口結構、人口分佈四個部分構成對人口內部均衡的細化，人口與經濟、人口與社會、人口與資源、人口與環境這四個部分構成對人口外部均衡的具體化。三級指標是二級指標的具體體現，對於第三級指標的選取與考量，本研究利用層次聚類分析中的R型聚類對指標進行篩選。具體過程是：依據二級指標分別設置指標群（見表5-1），然後列出所有指標可以收集到的歷年數據，按二級指標的類別分別進行R聚類；根據結果，遵循國內外通用的指標代表性和

可測得性標準，最終確定指標體系。在此，以四川省為例，根據上述選取過程，選擇27個三級指標構成了人口長期均衡發展指標體系，如表5－2所示。下面將對選取的部分重要過程及依據進行描述。

表5－1　　　　　　　人口長期均衡發展各系統指標群

一級指標	二級指標	指標群
人口內部均衡	人口數量	人口總量、出生率、死亡率、人口自然增長率、總和生育率
	人口質量	平均預期壽命、嬰兒死亡率、文盲率、人均受教育年限、出生缺陷發生率、每萬人在校大學生數
	人口結構	出生性別比、性別比、少年兒童負擔系數、老年負擔系數、人口撫養比、少年兒童所占比重、老齡化系數
	人口分佈	人口密度、人口淨遷移率、城鄉人口比
人口外部均衡	人口與經濟	人均GDP、城鎮登記失業率、第三產業就業所占比重、城鎮人均住房面積、農村人均住房面積、恩格爾系數、勞動適齡人口在業率
	人口與社會	社會養老保險覆蓋率、人均社會保障與就業支出、社會保障與就業支出占GDP的比重、人均社會保險繳納額、城鄉收入比、家庭平均人口數、離婚率、人均教育財政投入、教育財政投入占GDP比重、人均醫療衛生財政投入、每千人醫療機構病床數
	人口與資源	人均糧食產量、人均耕地面積、人均水資源擁有量、人均能源消費量
	人口與環境	人均公共綠地面積、森林覆蓋率、人均污水排放量、人均環境保護財政投入、城鎮污水處理率、工業廢氣處理率、垃圾處理率

表 5-2　　　　　　　　人口長期均衡發展評價指標

系統	一級指標	二級指標	三級指標	單位	備註
人口長期均衡發展	人口內部均衡	人口數量	人口總量	萬人	適度指標
			總和生育率	-	適度指標
			人口自然增長率	‰	適度指標
		人口結構	出生性別比	-	適度指標
			老齡化系數	%	逆指標
			人口撫養比	%	逆指標
		人口質量	平均預期壽命	歲	正指標
			嬰兒死亡率	‰	逆指標
			人均受教育年限	年	正指標
			每萬人在校大學生數	人	正指標
		人口分佈	人口密度	人/平方公里	適度指標
			人口淨遷移率	‰	適度指標
	人口外部均衡	人口與經濟	人均 GDP	元	正指標
			居民人均消費水平	元/人	正指標
			人口城鎮化率	%	適度指標
			勞動適齡人口在業率	%	正指標
		人口與社會	社會養老保障覆蓋率	%	正指標
			城鄉收入比		適度指標
			家庭平均人口數	人	適度指標
			每千人醫療機構病床數	張	正指標
			教育財政投入占 GDP 比重	%	正指標
		人口與資源	人均糧食產量	千克/人	正指標
			人均水資源擁有量	立方米/人	正指標
			人均能源消費量	千克標煤/人	逆指標
		人口與環境	森林覆蓋率	%	正指標
			環保投資指數	%	正指標
			人均污水排放量	噸/人	逆指標

1. 關於人口內部均衡評價指標的選取

（1）對於人口數量的統計指標，人口長期均衡發展更加關注人口數

量的變動狀況及其對人口的其他方面和經濟、社會、資源、環境的影響。因此在人口數量的指標選取上，除了對人口總量的考察，更重要的是選擇反應人口數量變動的統計指標。人口數量變動指標一般有人口出生率、人口死亡率、人口自然增長率、總和生育率等。總和生育率是一個具有標準化年齡構成的指標，亦即是一個消除了年後結構因素影響的指標，另外還具有反應生育水平的綜合性和計量單位的確切性與直觀性的特點，是表徵人口數量的較好指標之一。而人口出生率、死亡率和人口自然增長率都是反應人口增量的統計指標，具有很強的相關性，在 R 聚類分析中具有非常強的一致性，因此本研究只選取人口自然增長率指標。如此一來，反應人口數量的指標就包括人口總量、總和生育率和人口增長率三項。

所選擇的三個指標均為適度指標，均需要設置上限和下限。本研究按照《四川省 2020 年資源環境人口承載力研究》設定的標準，將人口總量適度值的下限規定為 5,953 萬人，上限規定為 9,234 萬人；人口自然增長率的下限為 0，這是國際通用標準，而上限選取 5‰ 是根據西方發達國家人口轉變實現階段的自然增長率水平設置的；總和生育率上限 2.1 是更替水平，下限 1.3 是四川政策生育率水平（詳見表 5-3）。

(2) 人口結構，在這裡講的是人口的自然結構，主要包括人口年齡結構和人口性別結構。老年人口系數、少年兒童人口系數和人口撫養比都是測量人口年齡結構的常用指標，能夠用來判斷人口年齡結構類型和計算人口負擔系數，而老年人口系數和少年兒童人口系數是計算人口撫養比的基礎性指標，這三個指標緊密相關；但 R 聚類分析發現，少年兒童人口系數與人口撫養比的一致性非常強，而老齡化系數與人口撫養比的一致性並不強，因此只選取老齡化系數和人口撫養比來反應人口年齡結構類型。對於人口性別結構，關注較多的是出生嬰兒性別比和婚配性別比，出生性別比決定著未來分年齡性別比及總人口性別比，而婚配性別比決定著社會婚姻市場的平衡狀況，對社會有較大影響。總人口性別比反應的是總體人口結構，不同於出生性別比相對穩定的恒定值（105~107）[①]，R 聚類也發現出生性別比和性別

---

① 李永勝. 人口統計學 [M]. 成都：西南財經大學出版社，2002：37.

比具有較強的一致性，而且出生性別比的代表性更強，因此本研究選取出生性別比一項作為反應人口性別結構的指標。

（3）人口質量包括身體素質、文化素質、思想素質。常見的衡量人口身體素質的指標有平均身高體重、出生缺陷率、殘疾人口占總人口的比重、機能與體力等，其中最有價值的是嬰兒死亡率和平均預期壽命。它們都能夠綜合地反應一個國家或地區的醫療衛生條件、社會經濟實力、人民生活水平以及科學技術水平的高低等各個方面的國情、國力狀況，是體現一個國家人口健康素質高低的定量描述。嬰兒死亡率和平均預期壽命在 R 聚類分析中的一致性並不強，而且由於出生缺陷發生率數據缺乏較多，因此只選嬰兒死亡率和平均預期壽命兩項反應人口身體素質。

反應人口教育素質的指標一般都用平均受教育年限或 15 歲及以上人口平均受教育年限，但是目前統計年鑒資料並沒有公布該指標數據，根據已公布人口統計年鑒中各層次受教育程度的人數計算得出了這個指標的歷年數據。歷年統計年鑒均有每萬人中在校大學生人數的統計數據，該指標能夠直接表示教育發展水平，間接體現人口教育素質的進步狀況，因此也將其納入人口長期均衡發展指標體系。人口思想素質因難以量化，無法納入評價指標體系。

（4）對於人口分佈，人口密度是反應人口分佈現狀的主要指標。而人口遷移變動是改變人口分佈狀態的重要因素，尤其是人口遷移流動相當活躍的社會，更加應該注意遷移流動對人口分佈的影響。人口遷移研究的計量指標有遷入率、遷出率、總遷移率和淨遷移率，它們分別從不同的側面反應一個地區一定時期內人口的遷入和遷出程度。總遷移率反應了一個地區人口遷移流動的活躍程度，而淨遷移率則最能體現人口遷移流動對一個地區人口的實際變動的影響，因此選取人口淨遷移率作為衡量人口遷移狀況的指標。城鄉人口對比是反應人口城鄉分佈的數據，但聚類分析發現，該指標和人口淨遷移率一致性很強，考慮到人口與經濟評價中有人口城鎮化率這個指標，因此在此捨棄城鄉人口對比，而只採用人口淨遷移率和人口密度兩個指標。

這兩個指標也都屬於適度指標，人口密度的上限定為 190 人/平方公里，下限為 125 人/平方公里，是對應著人口規模的上下限計算而來的；人口淨

遷移率的國際通用標準是 −2‰~0，但是考慮到人口淨遷移率必須是 0 以上才算均衡發展，因為人口遷出意味著人才流失、勞動力資源流失。但太高了會導致人口增長過快，因此最終將其上限定為 2‰（詳見表 5−3）。

綜上所述，人口內部均衡的評價中的人口數量、人口結構、人口質量、人口分佈，分別以人口總量、人口自然增長率、總和生育率、出生性別比、老齡化指數、人口撫養比、嬰兒死亡率、平均預期壽命、平均受教育年限、每萬人中在校大學生人數、人口密度和人口淨遷移率 12 個三級指標表徵。

2. 人口與外部系統均衡評價指標的選取

（1）衡量人口與經濟關係的指標

經濟社會發展的最終目的在於提高人的生活水平，而就業參與是連通「經濟發展」與「提高生活水平」的橋樑。因此，人口與經濟關係可以從經濟總體狀況、就業參與和生活水平三個方面來考察，如此一來反應人口與經濟關係的備選指標就非常多。除人均 GDP 之外，其他指標的一致性比較強，但考慮到需要衡量的幾個方面，因此除了人均 GDP 這一指標之外，還選取了其他幾個指標。

城鎮化水平是綜合反應經濟發展水平的重要指標之一，同時，由於城鎮化過程也是低效率的農業經濟向高效率的第二、三產業經濟轉變的過程，產業吸納就業能力的差異導致了產業結構會直接影響就業參與狀況，因此，城鎮化水平也會影響到就業參與狀況；同時，職業的改變又會引起的生產方式與生活方式的演變。因此說，城鎮化水平不僅是反應人口與經濟關係的指標，而且一定程度上也是反應人口與社會關係的指標。具體將其歸入哪一類，對總體指標體系並無影響。

但是，城鎮化水平並不是越高越好，應與工業化進程相適應，與發展水平和經濟實力相匹配。因此，測量城鎮化水平的核心指標人口城鎮化率，應該和第二產業的水平大體一致。有學者研究指出，改革開放以來，中國城鎮化水平和就業結構變化的相關性較強，人口城鎮化率和第二產業就業比重的相關係數為 0.714，和第三產業就業比重的相關係數為 0.938，和非農產

業就業比重的相關係數為 0.911①。因此，人口城鎮化率應該是一個適度指標，其適度值應該是隨非農產業就業比重變化而浮動的。根據人口城鎮化率與非農產業就業比重的關係計算，人口城鎮化率大概占非農產業就業率的 0.77 ~ 0.83；根據這個數據，利用 1982—2010 年四川非農產業就業比重的數據計算，1995 年四川人口城鎮化率應該在 27.23% ~ 29.50%；2000 年應該在 33.31% ~ 36.08%；2005 年應該在 36.77% ~ 39.83%；2010 年應該在 43.31% ~ 46.91%。

就業參與狀況是一個國家勞動力參與經濟活動程度的直接表現，真正反應了勞動力資源的開發與利用程度。勞動適齡人口在業率是直接反應勞動力資源開發與利用程度的指標，在現有統計年鑒中，分別有「勞動力資源總數」和「就業人員」兩個指標，就業人員對勞動力數量之比即為勞動適齡人口在業率。

人均消費水平是國際上普遍採用的反應居民生活質量，評估一個國家或地區生活水平高低的一個指標。統計年鑒中每年人均消費水平的數據，可以人均消費水平納入指標體系作為衡量生活質量的指標。

（2）衡量人口與社會關係的指標

人口與社會的關係涉及的方面非常多，主要涉及家庭結構狀況、公共服務狀況、社會公平（主要是貧富差距狀況），備選指標也非常豐富，R 聚類分析發現可以聚集的類型也比較多。根據分析結果選擇如下指標：

家庭是溝通個人和社會的橋樑，是兩者的中間單位。② 家庭變化很好地反應了社會和個體之間的互動關係。家庭的規模與結構是家庭的最重要的兩個方面，同時家庭的規模和結構之間有著緊密的關係。由於家庭結構測量相對複雜，因此選擇平均家庭規模作為衡量家庭狀況的重要指標。家庭人均數量也是個適度指標，家庭小型化是現代化的標誌之一，但是一旦社會上家庭平均人數不足 3 人，就表示從整個社會來看，已經無法實現一對夫婦擁有一個孩子的穩固的「三角」模式，因此家庭平均人口數的下限設為 3 人。和

---

① 鄭長德，劉曉鷹. 中國城鎮化與工業化關係的實證分析 [J]. 西南民族大學學報：人文社科版，2004（4）：106.

② 佟新. 人口社會學 [M]. 北京：北京大學出版社，2003：274.

生育更替水平相對應，可以認為從全社會平均來看，一個家庭最多是一對夫婦和2個子女，因此將其上限設為4人（詳見表5-3）。

社會公共服務與人口關係緊密的方面主要集中在醫療、養老和教育等。反應醫療、養老和教育每個方面的指標都比較多，為了簡化指標體系，根據R聚類的結果，利用每千人醫療機構病床數來表示醫療服務狀況，利用教育財政投入占GDP的比重來表示教育服務狀況，利用養老保險覆蓋率來表示社會保障狀況。

收入差距也是人口與社會關係的重要內容。從理論上講，基尼系數是測量收入分配的最好指標，基尼系數越大，說明社會收入分配越不平均，多數財富集中在少數人手裡；基尼系數小，表明社會收入分配比較平均。但限於數據的類型，無法計算嚴格意義上的基尼系數，不過城鄉居民收入的數據非常容易得到；而且改革開放尤其是市場經濟體制改革以來，城鄉居民的收入差距不斷擴大，已經成為當今社會面臨的嚴重問題。城鄉居民收入差異也是凸顯社會公平的重要指標，因此改為計算的是城鄉居民的可支配收入比。城鄉收入比也是適度指標，其下限即理想狀態應該為1，至於上限，當前中國城鄉收入比高達3.3，有專家表示這個水平即將達到臨界值，因此將其上限設為3.5（詳見表5-3）。

（3）衡量人口與資源關係的指標

資源是促進一個國家或地區發展的重要物質基礎，通常都是用人口和資源對比來說明人口和自然資源的關係及其變化。由於自然資源性質不同，情況各異，因而都是分別用人均某一種資源量作為衡量各國人口擁有該資源的豐富程度。由於其中耕地、淡水和能源是最為基礎的資源，備選指標中人均耕地面積和人均糧食產量具有高度一致性，而且用來反應的是同一內容，因此衡量人口與資源的關係主要就是分別考察人口與耕地、淡水和能源的關係狀況，分別採用人均糧食產量、人均淡水資源量、人均能源消費量三個指標。

（4）衡量人口與環境關係的指標

長期以來，憑藉對環境資源的無償或低價佔有獲得超額利潤，造成生態破壞、環境污染，忽視生態功能的恢復與治理，環境資源沒有得到補

償。同時，人類行為對環境的破壞也與日俱增，最終威脅人類的生存環境。從生態系統的完整性、穩定性來看，植被狀況是生態系統存在的關鍵，而人類對環境的影響則體現在污染物的排放，這兩個方面分別選取一個指標來衡量。同時人類也在加強對環境的治理，「三廢」處理率和環保投資指數存在較高的一致性，本研究選擇環保投資指數作為指標。因此，人口與環境關係的評價中選取人均生活污水排放量、森林覆蓋率、環境投資系數3個指標。

表5-3　　　各適度指標的適度區間及確定依據

指標名稱	單位	下限	上限	確定區間的依據
人口總量	萬人	5,953	9,234	四川省2020年資源環境人口承載力研究結果。
人口自然增長率	‰	0	5	下限為0是國際通用標準，上限選取5‰是根據西方發達國家人口轉變實現階段的自然增長率水平確定。
總和生育率	-	1.3	2.1	下限1.3是四川政策生育率水平，上限2.1是更替水平。
出生性別比	-	103	107	人口出生性別比通用衡量標準。
人口撫養比	%	35	70	國際上通行的人口紅利臨界值。
人口密度	人/平方公里	125	190	根據適度人口規模計算。
人口淨遷移率	‰	0	5	人口遷出淨遷移率在0以下可能意味著人才流失，因此下限設為0。至於上限，太高了會導致人口增長過快，故將上限設置得和人口自然增長率一樣。
城鎮化水平	%	-	-	根據人口城鎮化率與非農產業就業比重的關係計算，人口城鎮化率大概占非農產業就業率的0.77%~0.83%。
城鄉收入比	-	1	3.5	中國現在城鄉收入比高達3.3，據稱「將達到臨界值」，故將上限設置為3.5。

表5-3(續)

指標名稱	單位	下限	上限	確定區間的依據
家庭平均人口數	人	3	4	下限3表示一對夫妻一個孩子的核心家庭人口數，上限4是一對夫妻按更替水平生育的家庭人口數。

二、指標權重的確定

指標體系中的指標內涵不同，對人口長期均衡發展的重要性也不同，在對其進行綜合評價時，需要確定指標權重的大小。合理地分配權重是量化評估的關鍵，權重的構成是否合理，直接影響到評估的科學性。確定權重的方法一般有主觀賦權法、客觀賦權法和組合賦權法三種。主觀賦權法主要用專家諮詢法、德爾菲法、層次分析法確定指標權重；客觀賦權法主要採用一些數理統計法，如均方差法、主成分貢獻率法、熵權法、結構方程模型法等；組合賦權法是主觀賦權法和客觀賦權法的結合。對於這三種方法，應根據實際情況選用。為了使所確定的指標體系權重更符合客觀實際，盡量剔除主觀成分，本研究採用客觀賦權法。根據人口長期均衡發展指標體系內容的特徵，熵權法和結構方程模型法都適合對其進行賦權。本研究分別詳細闡述這兩種方法的運算過程，實際操作中選擇其一即可。

(一) 熵權法

熵權法又稱熵權賦值法，是在信息熵理論的基礎上發展起來的用於多對象指標體系的綜合評價方法，主要根據各指標傳遞給決策者的信息量大小來確定體系中各指標的權重。熵權法最大的優點是可以很好地反應評價指標的客觀權重，使得評價體系更科學合理。具體步驟是：

1. 對各指標進行無量綱化處理

依據人口長期均衡發展指標體系進行綜合核算要以計量單位的統一為前提條件，但由於所採集的基礎指標的數值是按各種不同的計量單位來計量的，而各個不同指標往往具有不同的量綱，為了確保評價指標的可度量性，在進行指標度量時，須對評價指標進行無量綱化處理。

首先構造指標體系的樣本矩陣，設定 R 為一個人口長期均衡發展對應於 m 年 n 個指標的矩陣，r_{ij} 是第 i 個評價對象第 j 個評價指標值，則 $R = (r_{ij})_{m \times n}$。為了確保評價指標的可度量性，須對評價指標進行無量綱化處理，並構建標準化矩陣。

無量綱化處理需要的具體方法為：對每個判斷矩陣中的各指標的原始數據 (r_{ij}) 按照以下 3 種情況進行標準化處理，得到新的指標：

（1）當 r_{ij} 是正向型指標，即指標越大表示的狀態越優的時候，

$$b_{ij} = \frac{r_{ij} - r_{\min}}{r_{\max} - r_{\min}}$$ 公式（1）

（2）當 r_{ij} 是逆向型指標，即指標越小表示的狀態越優的時候，

$$b_{ij} = \frac{r_{\max} - r_{ij}}{r_{\max} - r_{\min}}$$ 公式（2）

（3）當 r_{ij} 是適度指標時，假設 (a, b) 為最優適度區間，當 $r_{ij} \in (a, b)$ 時，則有 $b_{ij} = 1 - \frac{\max(r_{ij} - a, b - r_{ij})}{\max(r_{\max} - a, b - r_{\min})}$； 公式（3）

當 $r_{ij} \notin (a, b)$ 時，$b_{ij} = 0$。其中，$r_{\max}$ 和 $r_{\min}$ 分別為同一評價指標下不同對象中最優者和最差者。

由此可以得到標準化矩陣：

$B = (b_{ij})_{n \times m}$，$b \in [0, 1]$。

假如，研究某地區 1982—2010 年人口長期均衡發展狀況，根據研究的需要，依照指標體系選取 1982—2010 年的數據，共計 29 年的數據，涉及 27 個指標，那麼 $m = 29$，$n = 27$。因此就會形成 $R = (r_{ij})_{29 \times 27}$ 的樣本矩陣，然后按照上述步驟進行無綱量化處理，得到關於人口長期均衡發展指標的 $B = (b_{ij})_{29 \times 27}$ 的標準化矩陣。

2. 在標準化矩陣的基礎上，計算指標的熵值

信息熵 H_j 可用來度量 j 項指標的信息的效用價值，如果某項指標的效用價值越高，說明其對評價的效用就越大，該指標的權重就越大。H_j 的計算公式為：

$$H_j = -\left(\sum f_{ij} \ln f_{ij}\right)/\ln m$$ 公式（4）

其中，($i=1, 2, \cdots, m$; $j=1, 2, \cdots, n$)，且 $f_{ij} = \dfrac{b_{ij}}{\sum\limits_{i=1}^{m} b_{ij}}$。

需要指出的是，標準化數據為 0 的情況的熵值計算，在熵權法中規定，當 $f_{ij}=0$ 時公式（4）H_j 的結果也為 0。

3. 計算指標的權重

$$w_j = \dfrac{1-H_j}{n-\sum\limits_{j=1}^{n}H_j} \qquad 公式（5）$$

且滿足 $\sum\limits_{j=1}^{n} w_j = 1$。

通過以上步驟可以得出人口長期均衡發展指標體系中每個三級指標對所對應的二級指標的權重，指標的權重越大，表示該指標對人口長期均衡發展的影響程度就越大，反之則影響程度越小。而一二級指標的權重根據第三級指標的重要性來決定。

（二）結構方程模型法

結構方程模型（Structural Equation Modeling，SEM）是應用線性方程系統表示測量變量與潛變量（難以直接測量的變量），以及潛變量與潛變量之間關係的一種統計方法。

在結構方程模型中包含兩種主要變量：潛變量和顯變量，潛變量（Latent Variable，又稱隱變量）是指實際中無法直接測量的變量，顯變量（Manifest Variable，又稱測量變量）是指實際中能夠直接觀察和測量的變量。一個潛變量往往對應著若干個顯變量，潛變量可以看作其對應顯變量的抽象和概括，顯變量可視為特定潛變量的反應指標。潛變量可以分別用一組顯變量表示，是某幾個顯變量的線性組合，其目的是通過顯變量的測量推斷潛變量。比如，人口質量就是潛變量，平均預期壽命、嬰兒死亡率、人均受教育年限、平均每萬人中大學生人數這四個變量就是顯變量。

作為實證研究的一種方法，用結構方程模型技術建構指標體系可以分解為以下幾個步驟：

（1）概念的澄清與界定。弄清概念定義的範圍，並決定一個定義。

本研究在理論部分完成了該步驟的研究。

（2）發展測量指標，形成指標體系。本研究已在本章完成了此步驟。

（3）根據已有的理論或邏輯關係定義有關的潛變量以及各潛變量對應的顯變量。本研究中，一級指標和二級指標都是潛變量，三級指標都是顯變量。

（4）在上述基礎上設定一個特定的模型結構，通過路徑圖的形式清晰描述模型中潛變量與顯變量以及潛變量之間的相互關係。

（5）數據採集：按照指標體系形成問卷，概率抽樣，採集一個大樣本，並將數據輸入 SPSS 中，應用 Amos16.0 軟件進行計算。

（6）選擇適當的估計方法估計模型參數。結構方程模型參數的估計方法較多，其中最常用的是最大似然法（ML 法）。

（7）模型判定。關於模型的總體擬合優度的判定有許多測量標準。常用的指標主要有：擬合優度的卡方檢驗（x^2/df）、規範擬合指數（NFI）、比較擬合指數（CFI）、增量擬合指數（IFI）、擬合優度指數（GFI）、調整后的擬合優度指數（AGFI）、相對擬合指數（RFI）、均方根殘差（RMR）、近似均方根殘差（RMSEA）等。學術界普遍認為，在大樣本情況下，x^2/df 小於 5，NFI、CFI、IFI、GFI、AGFI、RFI 大於 0.9，RMR 小於 0.05，RMSEA 小於 0.08，表明模型與數據的擬合程度很好。

（8）權重分配。根據運算后的路徑圖，我們可以得到模型中每一個潛變量和顯變量的路徑系數。通過歸一化處理可以確定權重。

三、人口長期均衡發展的測度模型

人口長期均衡發展的定義是構建人口長期均衡發展測度模型的理論依據。從人口長期均衡發展定義看，「協調性」和「可持續性」是人口長期均衡發展的兩個維度，對人口長期均衡發展的測度就是對其協調性（即協調度）和可持續性（即可持續度）的測度。由於人口長期均衡發展既包含各因素之間的協調性和可持續性，同時也是在人口長期均衡發展的不同階段中四種均衡狀態螺旋上升的過程，因此，對人口長期均衡發展的測度，應該首先計算人口長期均衡發展水平。

從內容上講，人口長期均衡發展包括人口內部均衡、人口外部均衡和人口總體均衡三個部分。人口總體均衡不等於人口內部均衡和外部均衡的簡單相加；無論是人口內部均衡、人口外部均衡，還是人口總體均衡，或者三者之和，都不能等同於人口長期均衡發展。人口長期均衡發展是一個包括了人口內部均衡、人口外部均衡及它們之間關係的一個綜合概念。因此，構建人口長期均衡發展的測度模型，要分別從人口內部長期均衡發展、人口外部長期均衡發展和人口總體長期均衡發展三個方面進行測度。

綜上所述，人口長期均衡發展的測度應該從三個方面構建關於發展水平、協調度和可持續度的模型，所以共應該設計九個模型（見圖5-2）。

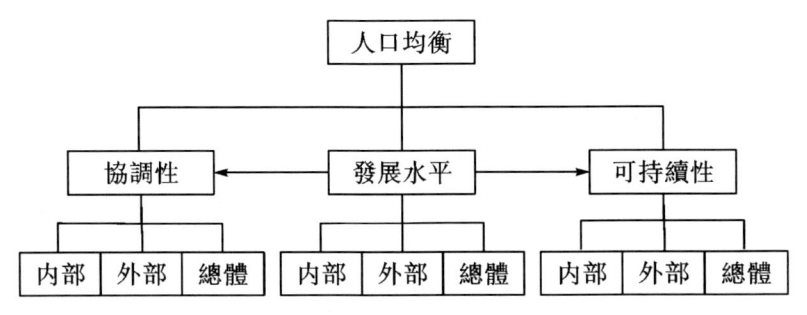

圖5-2 人口長期均衡發展評價的基本結構

(一) 人口長期均衡發展水平的測度模型

人口長期均衡發展水平測度模型的主要作用是用來測度人口長期均衡發展狀態所達到的水平，它實際上要測量的是人口長期均衡發展評價指標的綜合得分。在進行測度計算之前，依然要對人口長期均衡發展的指標進行無量綱化處理，以消除各指標單位不同的影響。

1. 人口內部長期均衡發展水平測度模型

$$E_n = \alpha \cdot P_s + \beta \cdot P_j + \chi \cdot P_z + \delta \cdot P_f \qquad 公式\ (6)$$

其中 $\begin{cases} P_s = \sum_{i=1}^{m} \alpha_i P_{si} \\ P_j = \sum_{i=1}^{n} \beta_i P_{ji} \\ P_z = \sum_{i=1}^{k} \chi_i P_{zi} \\ P_f = \sum_{i=1}^{l} \delta_i P_{fi} \end{cases}$

上式中 E_n 為人口內部發展水平，P_s 為人口數量發展水平，P_j 為人口結構發展水平，P_z 為人口質量發展水平，P_f 為人口分佈發展水平，α、β、χ、δ 分別為人口數量、人口結構、人口質量、人口分佈因素的權重。

P_{si} 為影響人口數量的第 i 個指標，P_{ji} 為影響人口結構的第 i 個指標，P_{zi} 為影響人口質量的第 i 個指標，P_{fi} 為影響人口分佈的第 i 個指標，α_i、β_i、χ_i、δ_i 分別為影響人口數量、人口結構、人口質量、人口分佈的第 i 個指標的權重。

2. 人口外部長期均衡發展水平測度模型

人口外部長期均衡發展水平的計算與上述方法相同：

$$E_w = \varepsilon \cdot Q_j + \phi \cdot Q_s + \varphi \cdot Q_z + \gamma \cdot Q_h \qquad 公式（7）$$

其中 $\begin{cases} Q_j = \sum_{i=1}^{m} \varepsilon_i Q_{ji} \\ Q_s = \sum_{i=1}^{n} \phi_i Q_{si} \\ Q_z = \sum_{i=1}^{k} \varphi_i Q_{zi} \\ Q_h = \sum_{i=1}^{l} \gamma_i Q_{hi} \end{cases}$

上式中，E_w 為人口外部發展水平，Q_j 為人口與經濟之間關係的發展水平，Q_s 為人口與社會系統的發展水平，Q_z 為人口與資源之間關係的發展水平，Q_h 為人口與環境之間關係的發展水平，ε、ϕ、φ、γ 分別為人口與經濟、人口與社會、人口與資源、人口與環境關係在系統中的權重。

Q_{ji}為影響人口與經濟關係的第i個指標，Q_{si}為影響人口與社會的第i個指標，Q_{zi}為影響人口與資源關係的第i個指標，Q_{hi}為影響人口與環境關係的第i個指標，ε_i、ϕ_i、φ_i、γ_i分別為影響人口數量、人口結構、人口質量、人口分佈的第i個指標的權重。

3. 人口總體長期均衡發展水平模型

至於人口總體長期均衡發展達到的水平應該用如下模型：

$$E = \eta \cdot E_n + \iota \cdot E_w \qquad 公式（8）$$

其中η、ι分別代表二級指標中人口內部均衡和人口外部均衡的權重。E_n是人口內部長期均衡發展所達到的水平，E_w是人口作為一個整體與經濟、社會、資源、環境等系統之間的長期均衡發展所達到的水平，E代表的是人口內部系統與人口外部系統的長期均衡發展所達到的水平，三者的結果都會在[0，1]，值越大說明水平越高，值越小說明其水平越差。

（二）人口長期均衡發展系統協調度的測度模型

建立反應協調度模型的理論基礎是效益理論與平衡理論。所謂效益理論是指各子系統必須同步發展，使綜合效益最大。平衡理論是指任一子系統效益的增加都不能以另一種效益的降低為代價，它表現出的是一種複合效益。通常以各個子系統效益之和表示綜合效益，各子系統效益之積表示複合效益，協調的目標就是在綜合效益最大的基礎上求得最大的複合效益。因此，複合效益和綜合效益存在如下關係：綜合效益大於或等於複合效益，只有在各子系統的效益相等時才相等，即實現了完全協調的狀態。[①] 據此我們可以構建以下模型：

$$D = \frac{P_1 \cdot P_2 \cdot P_3 \cdot P_4}{[P_1 + P_2 + P_3 + P_4]^4}$$

用平均效益指數代替綜合效益指數，對D進行標準化處理，如下式所示：

$$D = \left| \frac{P_1 \cdot P_2 \cdot P_3 \cdot P_4}{\{[P_1 + P_2 + P_3 + P_4]/4\}^4} \right|^k$$

---

① 王玉梅. 可持續發展評價[M]. 北京：中國標準出版社，2008：34-41.

其中 k 為調整系數（一般 $K \geq 2$）。

依據上述模型，可以構建出測度人口長期均衡發展系統協調度的模型，分別是：

1. 人口內部長期均衡發展協調度模型

$$D_n = \left| \frac{P_s \cdot P_j \cdot P_z \cdot P_f}{\{[P_s + P_j + P_z + P_f]/4\}^4} \right|^k \qquad \text{公式（9）}$$

2. 人口外部長期均衡發展協調度模型

$$D_w = \left| \frac{Q_j \cdot Q_s \cdot Q_z \cdot Q_h}{\{[Q_s + Q_j + Q_z + Q_f]/4\}^4} \right|^k \qquad \text{公式（10）}$$

3. 人口總體長期均衡發展協調度模型

$$D = \left| \frac{E_n \cdot E_w}{\{[E_n + E_w]/2\}^2} \right|^k \qquad \text{公式（11）}$$

其中 D_n 代表人口內部長期均衡的協調度，D_w 代表人口外部長期均衡的協調度，D 代表人口總體長期均衡的協調度。三者的結果都會在 [0, 1]，值越大說明人口長期均衡發展的要素及系統之間的協調性越好，值越小說明其協調性越差。作為調整系數，一般 $k \geq 2$，多數文獻將其設置為 4 或 6，由於本研究採用年度數據逐年計算，所得結果較為密集，為使計算出的協調度拉開距離，便於觀察分析，我們將其值定為 6。

（三）人口長期均衡發展可持續度的測度模型

人口長期均衡發展的可持續度是衡量人口均衡協調關係可持續性的指標。可持續性分析的理論基礎是系統自組織演化理論，根據該理論，複雜系統會隨著時間的推移經歷由無序向有序、由低級向高級的演化，而這個演化過程中總是存在多種可能性，或可持續發展的，或循環發展的，或停滯不前的，或倒退的。可持續性指的就是系統能夠維持正常運轉和繼續增長而不會被迫衰退的能力。根據系統自組織演化規律，系統的協調發展能夠促進可持續性的發展，[1] 系統的可協調發展度越高，可持續性就越強。

---

[1] 曾珍香，顧培亮. 可持續發展的系統分析與評價 [M]. 北京：科學出版社，2000：57-65.

因此，學者用「協調發展度」來衡量系統的可持續性，並認為協調發展度的值就是可持續發展水平和協調度的平方根。[①] 那麼，人口長期均衡發展可持續度的測度模型，就可以計算人口長期均衡發展水平（E）和人口長期均衡的協調度（D）的平方根。因此，人口長期均衡發展可持續度的測度模型就分別是：

1. 人口內部長期均衡發展可持續度測度模型

$$S_n = \sqrt{E_n \cdot D_n} \qquad \text{公式（12）}$$

2. 人口外部長期均衡發展可持續度測度模型

$$S_w = \sqrt{E_w \cdot D_w} \qquad \text{公式（13）}$$

3. 人口總體長期均衡發展可持續度測度模型

$$S = \sqrt{E \cdot D} \qquad \text{公式（14）}$$

S_n 代表的是人口內部長期均衡發展的可持續度，S_w 代表的是人口外部長期均衡發展的可持續度，S 代表的是人口總體長期均衡發展的可持續度。三者的結果都會在 [0，1]，值越大，表明人口長期均衡的可持續發展能力越強，進一步發展的基礎越好；值越小，表明人口長期均衡發展的可持續性越弱，即進一步發展的基礎越差。

四、人口長期均衡發展的評價尺度

人口長期均衡發展水平 E、人口長期均衡發展協調度 D、人口長期均衡發展可持續度 S 的結果均屬於 [0，1]，三者一般都會分別處在兩個極端之間的某個水平之上。對人口長期均衡可持續發展的評價，除了縱向對比不同年份的水平高低之外，還應該對其發展階段有個基本的評價，人口長期均衡發展的評價尺度就是對人口長期均衡發展水平、人口長期均衡發展協調度和人口長期均衡發展可持續度發展階段的評價標準。

評價尺度的等級一般不宜劃分得過細，否則容易導致每個等級之間區別不夠明顯，這樣分類的意義不大。由於 E、D、S 三者均屬於 [0，1]，

---

① 王維國. 協調發展的理論與方法研究 [M]. 北京：中國財政經濟出版社，2000：79.

而且均為數值越大表示的水平就越高。因此，只需要將它們分出低、中、高三個等級，低等屬於不可接受的區間，中等屬於不好但可接受區間，高等屬於良好區間；至於各等級內部的高低，不同年份縱向數據比較的意義更大，在評價程度上沒有必要進行細分。

　　三個等級的區間不宜等分，按照一般的發展規律，較低階段容易實現，越往上實現的難度越大，因此，對低等區間的設置應該幅度較寬，中等次之，高等最窄。本研究將低等的區間設定為 [0, 0.5)，中等的區間設定為 [0.5, 0.8)，高等的區間設定為 [0.8, 1]（見圖5-3）。這種劃分符合劃分的一般慣例，而且與部分學者的劃分一致。比如，楊世琦等將生態經濟社會系統系統等級平均劃分了十等，但0.5之前的五個等級，均為不同程度的失調，0.5~0.8為中低程度的協調，而0.8以上為高度和極度的協調[1]。虞春英、吳開將協調度分為7個等級，0~0.39為失調、0.4~0.49為瀕臨失調，0.5~0.59為勉強協調，0.6~0.69為初級協調，0.7~0.79為中級協調，0.8~0.89為良好協調，0.9~1.0為優質協調；也可以劃分為三類，0~0.5為失調，0.5~0.8為中低程度的協調，0.8~1表示高度的協調[2]。

　　低等的區間設定為 [0, 0.5)，屬於不可接受區間，在這個區間內的人口長期均衡發展水平屬於不均衡狀態（啓蒙階段）；這個區間內的協調性屬於失調狀態，這個區間內的可持續性屬於不可持續狀態，總之現狀不理想而且前景堪憂；這種局面下只有依靠強有力的社會政策才能推動人口均衡發展的演進。中等的區間設定為 [0.5, 0.8)，屬於過渡區間，這個區間內的人口具備了一定長期均衡發展的特徵，但是不夠理想（發展階段），這個區間內的協調性屬於一般協調狀態；這個區間的可持續性屬於一般可持續狀態，這種局面下的人口還不具備向更高層次演進的條件，依然需要一系列規劃的指導和社會政策的推動。高等的區間設定為

---

　　[1] 楊世琦，等. 湖南資陽區生態經濟社會系統協調度評價研究 [J]. 中國人口. 資源與環境經濟學，2005（5）：68.
　　[2] 虞春英，吳開. 經濟—環境—資源系統的協調度定量分析 [J]. 經濟研究導刊，2010（36）：7.

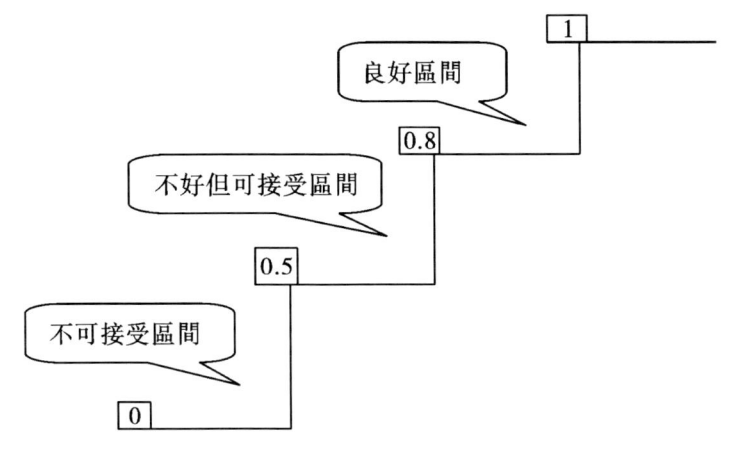

```
                        ┌─1
              ╭─────╮   │
              │良好區間│──┤
              ╰─────╯   │0.8
                        │
    ╭──────────────╮    │
    │不好但可接受區間│────┤
    ╰──────────────╯    │0.5
                        │
       ╭─────────╮      │
       │不可接受區間│────┤
       ╰─────────╯      │
                        └─0
```

圖 5-3　人口長期均衡發展的評價尺度示意圖

[0.8，1]，屬於良好的深化發展區間，表示人口長期均衡發展基本實現（實現階段），達到這個水平的協調性屬於高度協調，達到這個水平的可持續性屬於發展局面良好。這種發展局面，在沒有強大的外力干涉的情況下，人口長期均衡發展基本上可以實現自我演進的理想狀態（見表 5-4）。

表 5-4　　　　　　　人口長期均衡發展的評價尺度

		人口長期均衡發展水平（E）	人口長期均衡發展協調度（D）	人口長期均衡發展可持續度（S）
良好區間	均衡類型	實現階段	高度協調	可持續性良好
	區間	[0.8，1]	[0.8，1]	[0.8，1]
不好但可接受區間	均衡類型	發展階段	一般協調	可持續
	區間	[0.5，0.8)	[0.5，0.8)	[0.5，0.8)
不可接受區間	均衡類型	啓蒙階段	失調	不可持續
	區間	[0，0.5)	[0，0.5)	[0，0.5)

第六章　四川人口長期均衡發展實證研究

　　四川省是人口大省，人口發展也面臨著前所未有的複雜局面。人口基數大，人口總量繼續慣性增長，人口的數量壓力依然非常很大。同時，人口結構複雜、人口質量有待進一步提高、出生人口性別比偏高、人口老齡化加速等問題日益凸顯。另外，流動遷移人口規模龐大對農村經濟發展和人口管理帶來了巨大挑戰，人口城市化進程的加速對資源環境產生了巨大壓力。

　　當前，四川省經濟社會開始進入以經濟結構轉型升級為核心的發展轉型時期，經濟由以「數量」為中心的粗放型發展向以「質量」為中心的集約式發展轉變。社會發展由城鄉二元體制向城鄉一體化轉變。在此背景下，人口與經濟社會也面臨諸多不均衡問題，例如：勞動力素質較低與產業結構升級不匹配，就業不足使潛在「人口紅利」難以兌現，社會保障無法滿足快速老齡化的需求，人口城鎮化加速推進但制度障礙使得滯後發展特徵明顯。

　　四川資源相對不足、環境整體脆弱，現在又處於生產發展和居民生活水平快速提升的階段，各項人均消費指標不斷提高，對資源、環境提出更多、更高的要求，資源環境面臨的壓力日益沉重。而四川位於長江流域上游，擔負著保障長江上游生態安全的重大使命，有限生態空間競爭更加激烈，人口與資源環境的關係將更加緊張。

　　總之，四川人口長期均衡發展任重道遠，具有一定的典型性。對四川人口長期均衡發展的實證分析，能夠為人口長期均衡發展理論應用於實踐提供有益的探索。

一、四川人口長期均衡發展現狀

四川人口長期均衡發展的現狀，就是對四川人口發展自身及外部條件的發展變化過程和當前基本狀況進行描述，對四川人口長期均衡發展的歷史和當前狀況作一個系統歸納，為下一步實證分析奠定基礎。

（一）四川人口自身發展狀況

1. 四川人口自然變動狀況

四川人口的自然變動與全國平均狀況基本同步。根據歷年《四川統計年鑒》的人口統計數據，新中國成立以來四川人口出生率大幅度下降，從1952年的41.4‰降至2003年的10‰以下。之后數年雖時有波動，但基本保持下降態勢，2010年出生率降低到8.9‰，生育水平已經進入低生育水平階段，人口快速增長的勢頭得到有效控製（見圖6-1）。2000年第五次人口普查時四川總和生育率僅為1.53，2005年總和生育率為1.57，並已連續10年保持在1.6以下，處於持續低生育狀態（見圖6-2）。四川人口死亡率也大幅下降。1952年四川人口死亡率高達18.2‰，1982年下降到6.9‰，最近30年一直保持在6‰~7.5‰波動，呈現較為平穩趨勢。人口自然增長率在60年間也發生了巨大的變化，從22.8‰下降到了5.1‰（見圖6-1）。

從四川省人口出生率、死亡率與自然增長率變動來看，新中國成立以來三者均發生了顯著的下降。尤其是從「五普」到「六普」的十年間，四川人口出生率、死亡率與自然增長率均保持了較為平穩的趨勢（見表6-1），人口出生率下降到並保持在10‰以下，死亡率如果排除2008年5.12汶川大地震的影響則全部保持在6.3‰~7.2‰，人口自然增長率也保持了平穩下降的趨勢。這說明四川人口再生產類型已經從「高出生率、低死亡率和高自然增長率」的過渡模式轉變為「低出生率、低死亡率和低自然增長率」的現代模式。

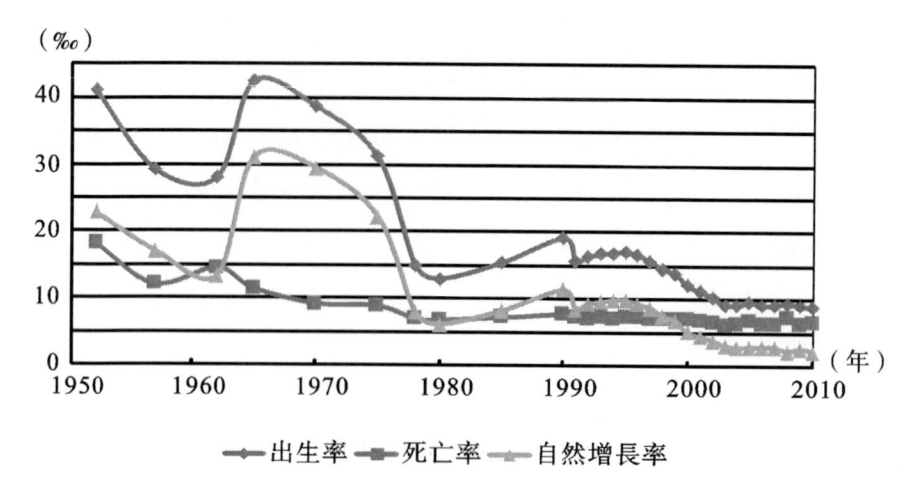

图 6-1　四川省主要年份出生率、死亡率和自然增长率（1950—2010）

数据来源：《四川统计年鉴》（2011）。

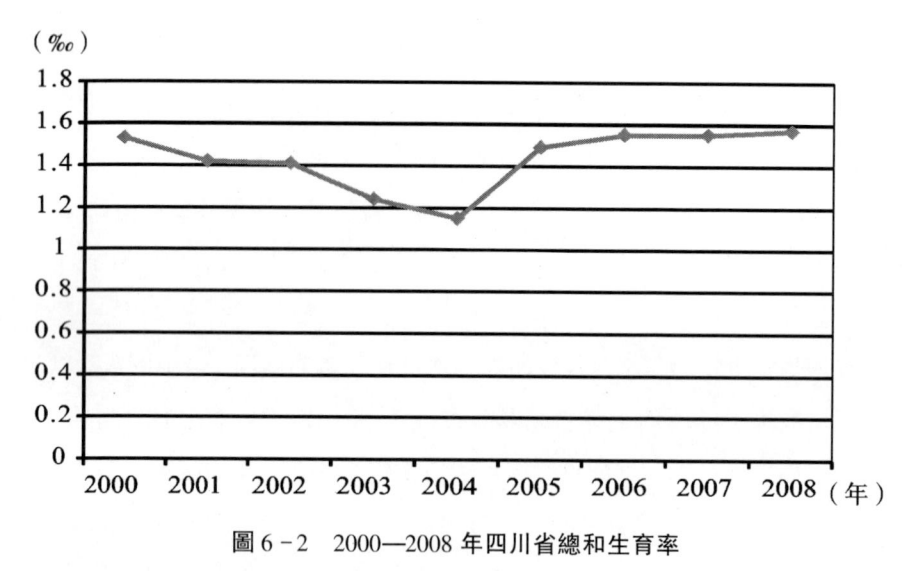

图 6-2　2000—2008 年四川省总和生育率

资料来源：2000 年数据来源于人口普查资料，2005 年数据来源于 1% 抽样调查资料，其余年份来源于年度人口变动调查资料。

表 6-1　「五普」到「六普」期间历年「三率」变化

年份	出生率（‰）	死亡率（‰）	自然增长率（‰）
2000	12.1	7.0	5.1

表6-1(續)

年份	出生率(‰)	死亡率(‰)	自然增長率(‰)
2001	11.2	6.8	4.4
2002	10.4	6.5	3.9
2003	9.2	6.1	3.1
2004	9.1	6.3	2.8
2005	9.7	6.8	2.9
2006	9.2	6.3	2.9
2007	9.2	6.3	2.9
2008	9.5	7.2	2.3
2009	9.1	6.4	2.7
2010	8.9	6.6	2.3

數據來源：《四川統計年鑒》(2011)。

但是我們應該認識到，四川仍然面臨人口增長的較大壓力。首先，出生率可繼續下降的空間不大。這主要是因為獨生子女之間婚育時間的到來將使生育水平有所提高。進入2001年以來，四川第一批獨生子女陸續進入結婚生育期，按照現行生育政策，他們可以生育兩個子女，將使總和生育率提高0.15左右。[①] 受第三次人口出生高峰的慣性影響和獨生子女間結婚可生育兩個孩子的政策雙重影響，從2006年起至2021年，四川處於第四次人口出生高峰期，年均出生人口95萬左右。同時，根據發達國家的經驗，死亡率降到7‰~9‰時就很難再大幅下降，而四川人口死亡率已經多年在7‰以下（詳見表6-1），可以斷定，四川人口死亡率不會再有大幅下降。除此之外，由於四川人口基數龐大，在人口增長的慣性作用下，人口總量仍將持續增長，而且增長幅度較大，大概每年增長30萬人。

2. 四川人口質量狀況

出生人口的素質狀況在人口質量中具有舉足輕重的地位，嬰兒死亡率和新生兒死亡率，都是反應一個國家或地區居民健康水平的重要指標。近

[①] 孫霖. 低生育水平下的四川人口形勢 [J]. 四川省情, 2002 (3)：10.

年來，四川的嬰兒死亡率大幅度下降（見表6-2）。有研究顯示，2009年四川省新生兒、嬰兒死亡率分別為7.6‰和12.1‰，較2001年的18.6‰和25.5‰均有了大幅度下降，已經略低於全國水平。①

表6-2　　　　　　　四川省人口身體素質狀況

年份	嬰兒死亡率（‰）	5歲兒童營養不良率（%）	傳染病發病率（十萬分之一）
2001	25.5	3.05	215.15
2002	18.1	2.4	227.17
2003	23.2	2.41	223.6
2004	14.1	2.15	265.91
2005	14.48	2.02	305.91
2006	20.1	2	301.4
2007	15.6	1.77	291.87
2008	12.6	1.33	241.09
2009	12.08	1.27	240.2
2010	12.02	1.18	225.42
2011	11.77	1.2	223.19

數據來源：歷年《四川衛生統計年鑒》。

5歲以下兒童營養不良率是反應后天身體發育狀況的重要指標。2000—2010年，四川省5歲以下兒童營養不良率呈現出不斷降低的趨勢，從3.05%降到了1.2%，表明四川人口后天身體發育狀況有了進一步的改善。

傳染病發病率是反應健康狀況的指標。2001年來四川傳染病發病率波動較為明顯，呈現出一種不穩定的發展趨勢。

人口平均預期壽命是反應一個國家或地區人民健康狀況的主要指標。四川人口平均預期壽命增長較快，與全國平均水平的差距逐漸縮小。1952

---

① 吳方銀，等.四川省2001—2009年嬰兒死亡率變化趨勢及死因分析［J］.中國流行病學雜誌，2011（3）：271.

年四川人口平均預期壽命不到35歲；1982年上升到63.96歲，落后全國平均水平4歲；2000年上升到69.7歲，只差全國平均水平0.8歲；2008年達到了73.3歲，略高於全國平均水平；2010年四川省人口平均預期壽命達到74.75歲，接近全國平均水平（74.83歲）。

四川人口的文化水平有了較為顯著的提升。1982年四川大學本科以上文化人口占總人口的0.31%，2000年上升到占0.76%，2010年上升到2.63%；專科1983年占0.31%，2000年上升到占1.67%，2010年則上升到4.04%。隨著教育的發展，四川人口受教育的人數得到了極大提高，1980年每萬人中有在校大學生8人，2000年增加到28人，2010年增加到134人（見圖6-3）。由此可以發現，四川人口的文化水平在2000年以後得到了迅速的提高。

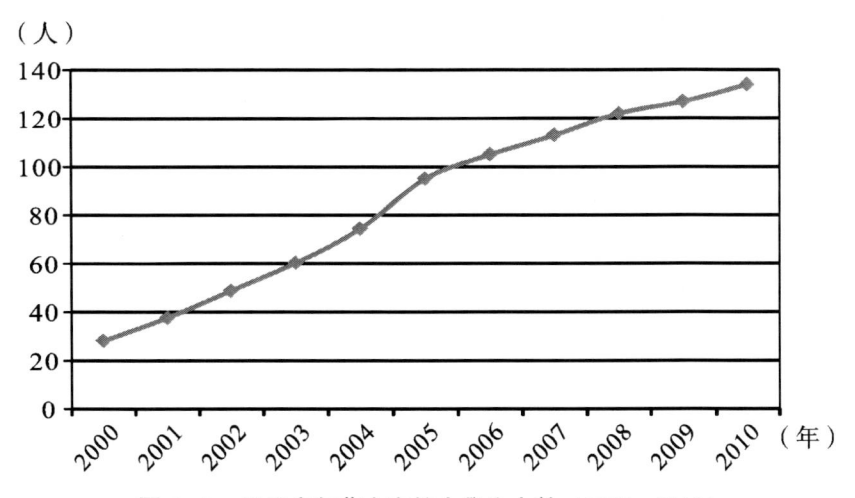

圖6-3 四川省每萬人在校大學生人數（2000—2010）

數據來源：歷年《四川統計年鑒》。

3. 四川人口結構特點

（1）人口性別結構

和全國人口性別比相比，四川人口性別比波動較大。從歷史資料總人口性別比的變化情況看，四川總人口性別比1953年第一次人口普查時為105.6，比全國人口性別比低1.96個百分點；1964年第二次人口普查時由於三年自然災害的影響，性別比略有回落，降到了104.1，比全國人口性

别比仍低1.36个百分点；时隔18年后的1982年第三次人口普查，性别比回到了106.6，比全国人口性别比高0.3个百分点；到1990年第四次人口普查，性别比为107.3，比全国人口性别比高0.7个百分点；到2000年第五次人口普查，总人口性别比为106.97，比全国人口性别比高0.23个百分点；2005年1%人口抽样调查，总人口性别比为105.35，比全国人口性别比低0.95个百分点；2010年第六次人口普查总人口性别比为103.13，比全国人口性别比低2.07个百分点。

四川的出生人口性别比已经长期严重偏离正常范围，只在最近几年才略有回落。1982年第三次人口普查是107.9，1990年第四次人口普查是115.3，2000年第五次人口普查为116.3，2005年为114.9，已经显现回落的势头。与全国出生人口性别比平均水平相比，2000年低0.56个百分点，2005年低3.7个百分点。在排位上，四川2000年在31个省（市、自治区）中由高到低排在第13位，2005年排在第18位，位次后移了5位，说明四川出生人口性别比虽然偏离103～107的正常值范围，但是处在全国平均水平以下。第六次人口普查四川省人口出生性别比进一步下降到了111.6（见图6-4）。

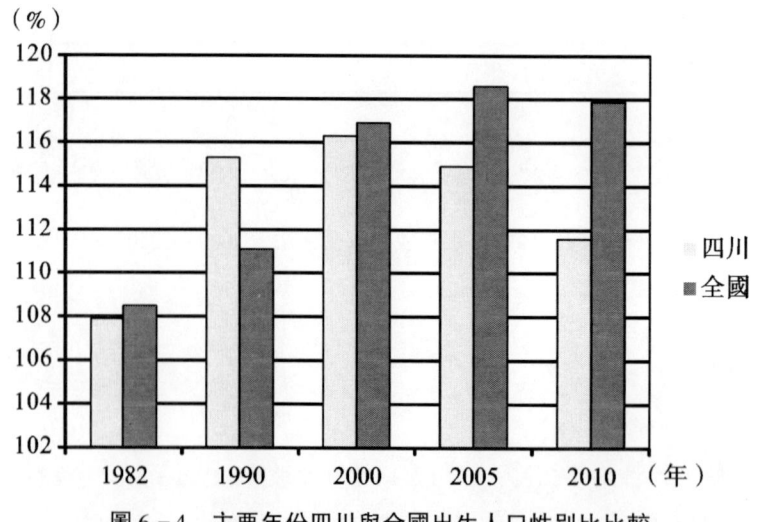

图6-4　主要年份四川与全国出生人口性别比比较

数据来源：历次人口普查资料；2005年数据来源于1%人口抽样调查。

分地區來看，四川各地區出生性別比差異較大。2010年第六次人口普查結果顯示，四川各地級市出生性別比偏離正常範圍的區域較多，其中樂山、阿壩和眉山三地低於107，屬於正常範圍，甘孜、雅安、成都、自貢、德陽和廣元六地區在107～110，其偏離正常範圍的程度較輕，只有巴中、南充、達州、廣安四地在115以上（詳見圖6－5）。因此，四川出生性別比偏高問題主要在個別地區較為嚴重。

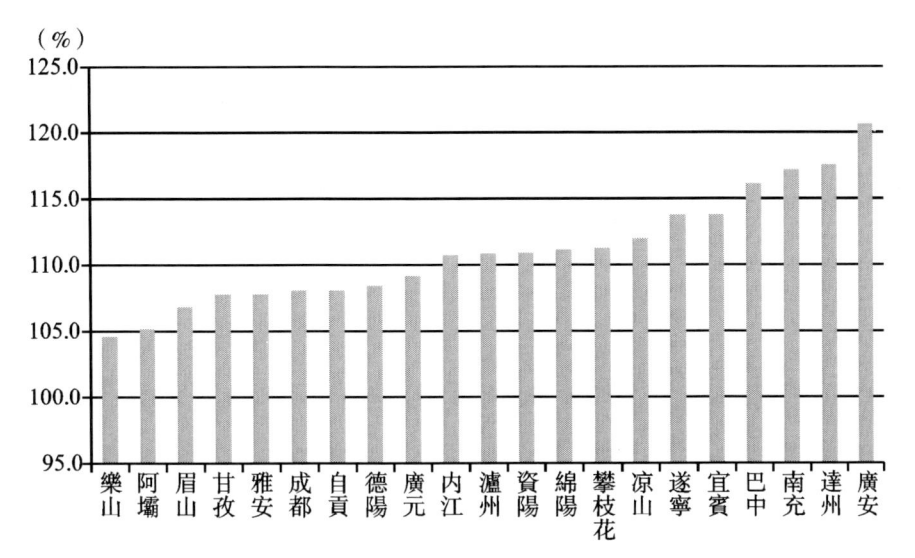

圖6－5 2010年四川省第六次人口普查分地區出生人口性別比狀況

數據來源：四川第六次人口普查資料。

(2) 人口年齡結構

首先，四川人口老齡化的速度較快。從四川老年人口變化情況來看，1953年四川65歲及以上老年人占總人口的4.2%。1964年下降到2.7%，1982年第三次全國人口普查時上升到4.7%。1990年的普查結果是5.7%。2000年人口普查的數據顯示，四川65歲以上的老年人口為620萬人，占7.45%，高於全國水平的6.96%，標誌著四川先於全國進入老齡化社會。2010年，65歲以上的人口為880萬人，十年間增加了260萬人，占總人口比重為10.95%，比「五普」上升了3.50個百分點。2010年四川人口老齡化水平比全國水平高出0.49個百分點，而2010年則比全國水平的8.87%高出2.08個百分點，四川老齡化的速度要快於全國水平。從

數量上來看，在全國31個省（市、區）中，四川老年人口數量僅比山東省少62.2萬人，分別比廣東省和河南省多出176.9萬人和94.9萬人，居全國第二位。四川的老齡化水平明顯超前於經濟發展水平，「未富先老」的程度較全國多數省區更為嚴重。

其次，四川目前正處於豐厚的「人口紅利」期。學者研究顯示，四川省的「人口紅利」期大致從1986年開始，到2029年前后結束，持續40多年。此間大體可以分為三個時段：2001年前，少兒負擔系數相對較高，總體在30%以上，老年負擔系數較低，總體在10%以下；從2002年到2016年，少兒負擔系數和老年負擔系數都比較低，總負擔系數均低於40%，也就是一個勞動力人口最多僅供養0.4個非勞動力人口，是四川人口負擔程度最輕的時段；2017年以后，少兒負擔系數仍然較低且保持穩定，大體在20%～22%，老年負擔系數則不斷攀升，將從20%提高到30%。[①] 目前，四川省少兒撫養比和老年撫養比都比較低，第六次人口普查全省人口撫養比的狀況是總撫養比的38.73%，少兒撫養比為23.54%，老年撫養比為15.19%。總撫養比均低於40%，也就是一個勞動年齡人口最多僅供養0.4個非勞動年齡人口，是四川人口撫養比最低的時段，即「人口紅利」最豐厚的時段。見表6-3。

表6-3　　四川省人口撫養比變動情況（1986—2010）

年份	總撫養比（%）	少兒撫養比（%）	老年撫養比（%）
1986	59.55	52.42	7.14
1990	43.47	34.87	8.6
1995	44.48	34.67	9.81
2000	43.17	32.34	10.83
2004	39.63	27.4	12.23
2005	48.74	32.5	16.24

---

① 熊升銀. 四川省人口轉變對居民儲蓄影響的實證分析［J］. 雅安職業技術學院學報，2011（2）：20.

表6-3(續)

年份	總撫養比（%）	少兒撫養比（%）	老年撫養比（%）
2007	43.11	27.39	15.72
2009	41.65	24.38	17.28
2010	38.73	23.54	15.19

數據來源：2010年數據來源於人口普查資料，其他數據來源於歷年《中國人口統計年鑒》《中國人口和就業統計年鑒》。

最后，四川勞動力數量持續增長。人口數量和人口撫養比的變化造成了勞動力數量的持續增長，2010年四川勞動適齡人口6,301萬人，比1995年的5,585萬人（扣除重慶直轄市后的數值）增加了716萬人，增長了12.8%，比2000的5,820萬增加了481萬，增長了8.26%。龐大的勞動年齡人口，一方面表明四川勞動力資源極其豐富，另一方面也帶來巨大的就業壓力。見圖6-6。

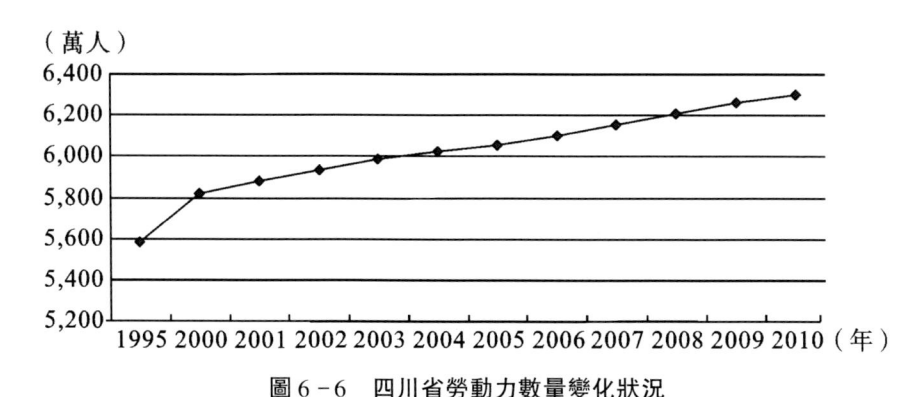

圖6-6 四川省勞動力數量變化狀況

數據來源：歷年《四川統計年鑒》。

4. 四川人口分佈概況

四川人口分佈有以下幾個特點：

第一是人口密度大。四川屬於人口稠密的地區，全省面積48.5萬平方公里，居全國第5位，而人口總量居全國第3位。2000年人口密度每平方公里166人，比全國平均人口密度138人高出34人。由於人口規模的變化，人口密度從2000年到2010年經歷了由不斷增大變為不斷縮小的轉

變，但依然明顯高於全國平均水平。

第二是人口分佈不均，地區間人口密度差異較大。人口密度一直是成都最高；其次是內江、自貢、遂寧、德陽等市，人口密度也在600人/平方公里以上廣安、南充、資陽、眉山等市人口密度在400～600人/平方公里之間；巴中、樂山、綿陽則在200～400人/平方公里。攀枝花、廣元、雅安三市人口密度在100～200人/平方公里。涼山、甘孜、阿壩三個州的人口密度在100人/平方公里以下，屬於地廣人稀型。

第三是人口密度的變化差異很大。其中成都市人口密度連年上升，10年間增長了43.2%，而其他地區，除攀枝花市提高了24.46%，涼山彝族自治州提高了13.43%，阿壩藏族羌族自治州提高了10%，甘孜藏族自治州提高了16.67%，其餘各市均略有回落，大部分地區與全省變化一致，廣安、資陽、眉山、宜賓、廣元等地，降低的幅度明顯低於全省降低的水平。考慮到不同地區的人口基數，可以判斷四川人口正經歷著人口快速遷移流動，呈現出人口相對集中的趨勢。見表6－4。

表6－4　　　　　　　四川省各地區人口密度　　　單位：人/平方公里

年 地區	2000	2001	2002	2003	2004	2005	2006	2007	2009	2010
全省	174	174.0	174.8	175.9	179.9	180.4	168.4	167.6	168.8	166
成都	818	823.2	829.9	842.9	883.1	873.3	1,007.7	1,015.3	1,038.4	1,171
內江	779	780.0	780.4	782	841.4	780.4	736.3	738.5	734.9	741
自貢	720	720.3	719.5	721	789.5	725.5	632.1	640.4	642	670
遂寧	697	699.3	700.7	707.4	760	703.6	669.6	667.9	672.2	651
德陽	637	636.9	638.5	639.2	635	642.3	613.7	610.7	614.2	603
廣安	691	695.5	699.9	707	754.8	716.5	593	586.8	581.2	534
南充	568	568.6	572.9	575.1	604	584.1	493.5	495.5	501.1	523
資陽	613	613.2	612.7	612.4	610	614.1	535.7	529.6	532.6	458
眉山	473	473.3	473	474.1	486.8	474.2	423.4	420.3	416.4	422
瀘州	379	379.2	380.2	382.2	395	391.6	345.9	350.3	354.6	352
宜賓	383	383.9	385.2	387.7	398.4	390.9	335.4	335.5	335.8	344
達州	374	375.6	377.3	379.1	398.2	386.2	343	343.4	345.9	342
巴中	281	284.8	287.6	289.5	300.9	295.1	253.7	254.8	257	274

表6-4(續)

年 地區	2000	2001	2002	2003	2004	2005	2006	2007	2009	2010
樂山	270	270.2	270.3	271	267.4	271.2	261.9	262.3	263.5	249
綿陽	256	256.9	257.8	260.5	264.5	262.1	243.5	244.2	245.1	231
攀枝花	139	139.8	141.2	142.9	152.9	145.3	153.1	153.9	157.4	173
廣元	186	185.9	186.4	186.4	189.9	186.5	167.5	167	168.2	155
雅安	99	98.7	100	100	102.2	100.8	98.1	98.8	99.8	100
涼山	67	67.2	67.7	68.8	70.7	70.9	71.7	71.7	72.8	76
阿壩	10	10.0	10	10.2	10.2	10.2	10.7	10.8	10.9	11
甘孜	6	5.8	6	5.9	6	6	6.1	6.3	6.6	7

數據來源：根據歷年《四川統計年鑒》數據計算。

第四是人口城鎮化速度發展很快，但水平依然相對較低。2000年四川城鎮人口占總人口的比重是26.69%，低於全國平均水平將近10個百分點。2010年第六次人口普查結果顯示，四川省常住人口中，城鎮人口占40.18%，鄉村人口占59.82%。同2000年第五次全國人口普查相比，城鎮人口比重上升13.49個百分點，平均每年增長1.5個百分點，但仍比全國水平的49.68%低9.5個百分點。雖然說2000年以后四川省城鎮化有了較快發展，但依然遠遠低於全國水平，基本上每年都保持在10個百分點左右的增長（見圖6-7）。

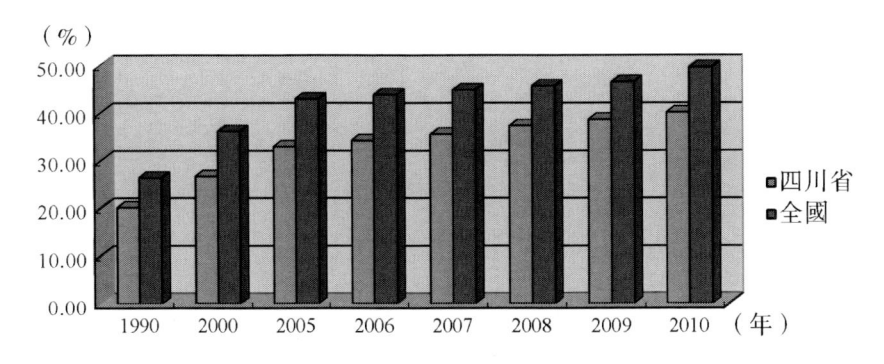

圖6-7 四川省城鎮化水平與全國的比較

數據來源：1990、2000、2010年四川省數據來自四川省第四、五、六次人口普查公告，全國數據來自全國人口普查公報；其他年份四川省數據來自歷年《四川省統計年鑒》，全國數據來自歷年《中國統計年鑒》。

第五是人口遷移流動非常活躍。四川是人口流動大省。根據1%人口抽樣調查結果，2005年四川省成為全國省際流出人口數最多的省份，達613萬人。全省2007年度共遷入1,502,759人，遷出人口1,205,842人，總遷移率為3.07%。第六次人口普查時，四川省共登記外來半年以上人口1,173.52萬人，其中省內1,060.66萬人，省外112.86萬人。外出半年以上人口2,091.37萬人，其中省內1,040.82萬人，省外1,050.55萬人，使四川成為名副其實的省際人口流出最多的省份，而且流出人口分佈地域較廣，以經濟發達地區居多。流動頻率加快，而且以新生代農民工為主體的流動人口呈現出很多新的特點，他們多數是青壯年勞動力，工作不穩定、文化程度不高，以初中文化以下為主，在城市沒有享有正常的市民待遇，就業和福利都相對脆弱，使流動人口社會服務管理的難度不斷加大，也給農村帶來了留守家庭等一系列問題。

(二) 四川人口發展的外部條件

1. 經濟條件

首先，四川經濟發展速度較快。20世紀70年代末期以來，四川的經濟發展取得了巨大成就。1978年人均GDP僅261元，2010年地區生產總值達到了17,185.48億元，人均GDP 21,182元（見圖6-8）；人均可支配收入穩步增長，2000年城鎮人均可支配收入為4,856元，農村為1,485，到2010年，這兩個數據分別增長到了12,105元和3,898元（見圖6-9）；人民生活水平得到了極大提高，居民人均消費水平由161元提高到了8,185元（見圖6-10），城鄉恩格爾系數都得到了不同程度的下降（見圖6-11），城鎮居民恩格爾系數為0.395，根據聯合國糧農組織對恩格爾系數所確定的標準，全省城鎮居民跨入富裕水平。

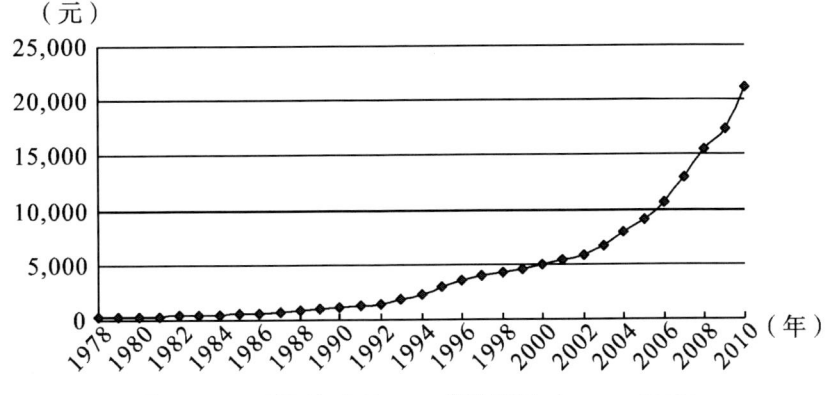

图 6-8 四川历年人均 GDP 变动状况（1978—2010）

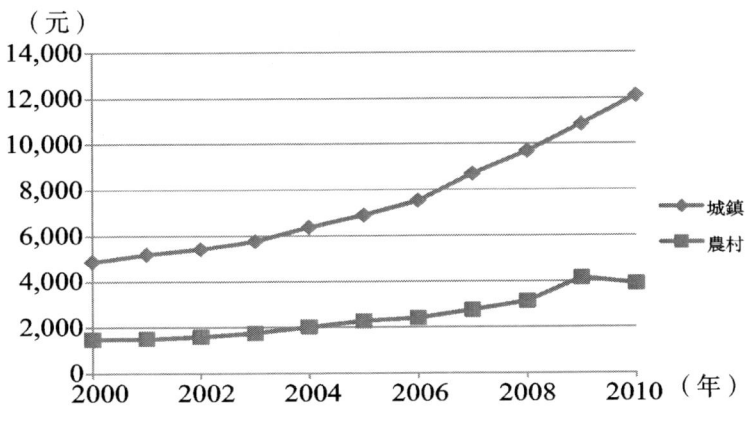

数据来源：《四川统计年鉴》（2011）。

图 6-9 四川省主要年份城乡收入变化情况（2000—2010）

数据来源：《四川统计年鉴》。

其次，四川省的经济发展水平一直落后于全国平均水平（见图 6-12）。人口的城市化水平的高低状况直接反应了一个地区或一个国家的经济发展水平和第二、三产业的发展情况。虽然说 2000 年以后四川省城镇化有了较快发展，基本上每年都保持在 10 个百分点左右，但依然远远低于全国水平（见图 6-7）。较低的城市化水平导致人口没有相应聚集，第二产业特别是以服务业为主的第三产业根本不可能发展起来。四川第三产业 2000 年产值仅为 1,364.2 亿元，第一产业占 GDP 比重在全国排名第 8

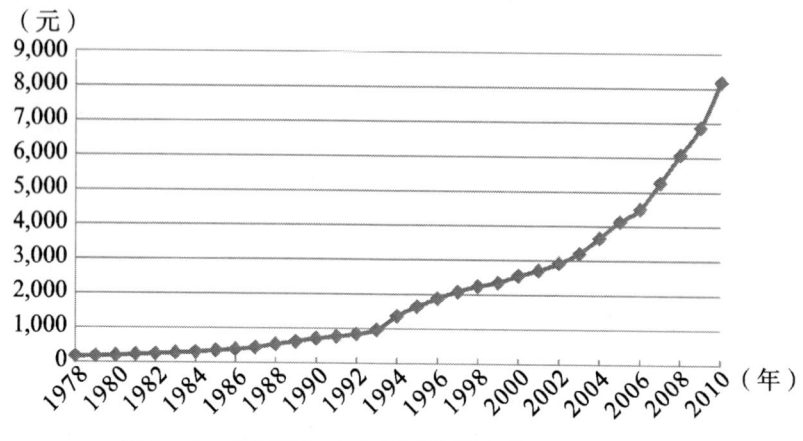

图 6-10　四川历年人均居民消费水平（1978—2010）

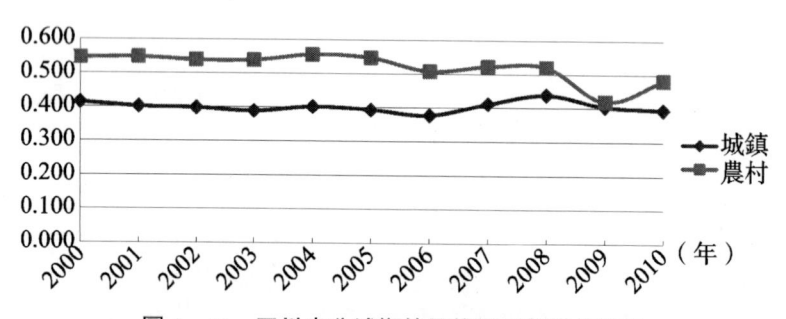

数据来源：《四川统计年鉴》（2011）。

图 6-11　四川省分城乡的恩格尔系数变化状况

数据来源：根据历年《四川统计年鉴》数据计算。

位，第二产业占 GDP 比重在全国排名第 22 位，第三产业占 GDP 比重在全国排名第 26 位，表明四川从产业结构上看仍属第二产业和第三产业不发达的农业大省，产业结构水平显著滞后，经济结构不合理的矛盾比较突出，优化、调整产业结构还需进一步加强。经济结构也决定了就业结构，四川就业结构主要特点就是第一产业就业人口比重偏大，第二产业就业人口增长缓慢。

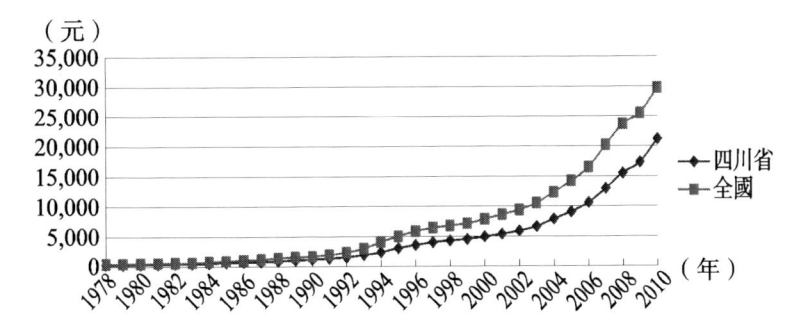

圖 6-12　四川省歷年人均 GDP 及其與全國數據的比較（1978—2010）

數據來源：《四川統計年鑑》（2011），《中國統計年鑑》（2011）。

表 6-5　　　　　　四川省主要年份就業的產業結構　　　　單位：%

	1995 年	2000 年	2002 年	2004 年	2007 年	2008 年	2009 年	2010 年
第一產業	64.6	56.7	53.9	52.2	47.9	46.1	45.1	43.7
第二產業	16.3	18.7	19.2	19.5	22.5	23.4	24.0	24.9
第三產業	19.1	24.6	26.9	28.3	29.6	30.5	30.9	31.4

數據來源：歷年《四川省統計年鑑》。

2. 社會條件

四川社會保障事業取得明顯進步。社會保障是社會的「安全網」和「穩定器」，主要包括社會保險、社會救濟、社會福利、社會優撫和社會互助五個方面。其中社會保險是社會保障的核心，包括養老保險、醫療保險、失業保險、工傷保險和生育保險五個險種。五大保險各有側重但互為補充，彼此結成惠及勞動者的人身安全保障網絡。四川社會保險參保人數和基金收入快速增長，更多城鄉居民納入社會保障覆蓋範圍。2010 年年底，全省養老、醫療、失業、工傷和生育保險參保人數分別達到 1,301.4 萬、2,065.9 萬、464.7 萬、583.8 萬和 484.2 萬人，分別比 2005 年增加 65.2%、218%、20.6%、104.7% 和 124.5%；5 年累計徵繳社保基金 3,009.8 億元，比 2005 年增加 2,070.1 億元，增長 220%。城鎮居民醫療保險制度全面建立，「新農保」試點穩步推進，養老保險省級統籌制度、被徵地農民社會保障制度、社會保險關係轉接辦法順利實施，統籌城鄉的社會保障體系框架基本形成。

四川醫療保健事業快速發展。1952年全川只有醫療衛生機構2,953個，病床11,981張，醫療衛生技術人員24,231人，醫師、醫士11,122人，每萬人中只有衛生技術人員3.72人。2000年，全四川就有醫療機構33,351個，病床191,035張，衛生技術人員310,035人，醫師、醫士128,736人，每萬人中有醫療衛生技術人員36.88人。2010年全省醫療機構數目達到74,311個，床位302,061張，衛生技術人員323,915人。

四川教育實力全面增強。截止到2010年年底，全省有各級各類學校2.9萬所，在校學生1,792.2萬人，主要年份6歲以上人口平均受教育年限達到8.16年（詳見圖6-13），青壯年文盲率一直控製在2%以內。全省學前3年毛入園率達到62.47%，普及九年義務教育人口覆蓋率達100%，高中階段毛入學率提高到76.0%，高等教育毛入學率達到25.1%。職業教育得到較快發展，2010年中職招生規模達到57萬，占高中階段招生總數的52%，高職招生9.6萬人，約占高校招生數的一半。教師隊伍建設成效顯著。2010年全省現有專任教師76.43萬人，比2005年淨增近6萬人。其中高校教師6.7萬人，淨增1.8萬人；高中階段教師12.4萬人，淨增1.4萬人；義務教育教師51.2萬人，淨增1.7萬人。隊伍素質明顯增強，全省小學、初中、高中教師的學歷合格率分別為99.63%、98.30%、93.54%，分別比2001年提高了2.77、11.23、25.11個百分點，普通高校專任教師中具有博士學歷者由2000年的1,062人增加到了2010年的7,657名，具有碩士學歷者由4,781人提高到23,464人，教師職務、職稱結構比例明顯改善，高層次人才隊伍數量顯著增加。

四川家庭小型化特點突出，離婚人數較多。家庭是社會的細胞，也是聯繫個人與社會的橋樑，承擔著撫養、贍養、教育等各種職能。家庭的發展狀況既是社會發展狀況的一個部分，也是社會發展變化的結果。與全國的變化趨勢一致，四川省的家庭規模不斷縮小，第六次人口普查時平均每戶家庭的人口為2.95人，比2000年第五次全國人口普查的3.32人減少0.37人。家庭規模已經出現了根本性的變化（詳見圖6-14）。平均每個家庭戶2.95人意味著從全社會來看，已經不能保證一對夫婦和孩子組成的這種穩固的「三角」家庭模式。說明社會上空巢家庭、單親家庭、丁

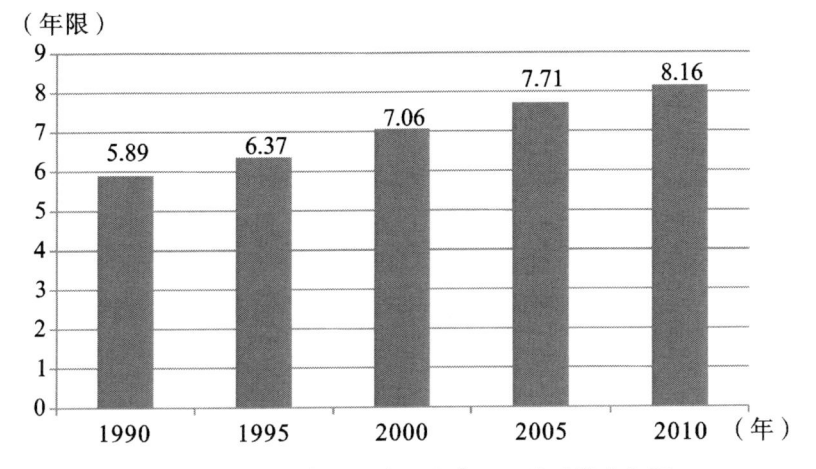

図 6-13 主要年份 6 歲以上人口平均受教育年限

數據來源：1990 年、2000 年和 2010 年數據來源於人口普查數據，1995 年、2005 年數據來源於 1% 人口抽樣調查數據。

克家庭等大量存在。四川省離婚增長速度驚人。1980 年，四川粗離婚率為 0.22‰，居全國第 26 位；2000 年，粗離婚率上升到了 1.25‰，居全國第 10 位。① 2010 年辦理離婚登記 169,294 對，居全國之首。②

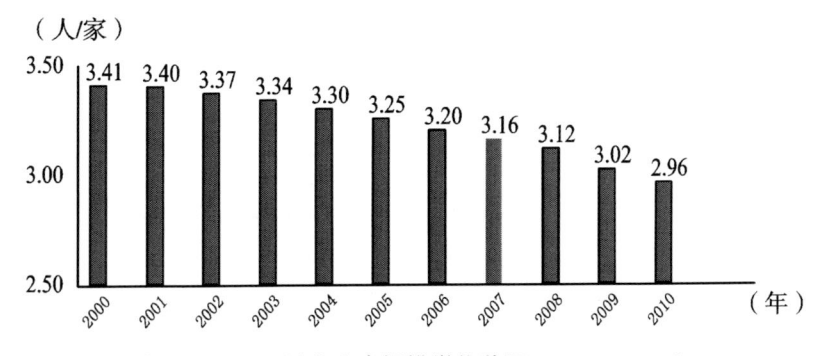

圖 6-14 四川省家庭規模變化狀況（2000—2010）

數據來源：2001—2009 年數據來源於歷年《四川統計年鑒》，2000 年和 2010 年數據來源於人口普查資料。

---

① 徐安琪，葉文振. 中國離婚率的地區差異分析 [J]. 人口研究，2002（4）：31.
② http://sc.sina.com.cn/news/sc-all/2011-08-04/259-58427.html.

3. 資源狀況

四川人口與耕地的矛盾比較突出。四川省耕地面積，2000年為434.61萬公頃，2004年就急遽下降到390.44萬公頃，之后開始略有回升，2005年為390.6萬公頃，2006年391.7萬公頃，2009年回升到397.61萬公頃，但和2000年相比還是有大幅度下降。與此相對應，全省人均耕地面積也經歷了顯著下降又緩慢回升的過程（見圖6-15）。2009年全省人均耕地面積只有0.049公頃，合0.735畝，只相當於全國水平的53%。考慮到城市規模的不斷擴大，保持耕地不再減少的壓力已經非常大，更難保其略有回升。未利用土地多，但可墾、宜耕后備土地資源少是四川省土地資源的特點。全省未利用土地面積525.32萬公頃。其中可供開發利用的后備土地資源139.78萬公頃，僅占26.61%；宜耕后備資源24萬公頃，僅占4.38%，主要集中分佈於攀西地區。四川人均耕地緊張的狀況在可預期的將來難以得到緩解。

圖6-15　四川省人均耕地面積變化狀況

資料來源：《四川統計年鑒》（2011）。

四川糧食供需基本平衡，但依然面臨較大壓力。當前四川糧食供需基本狀況是在低耗糧水平下供需總量基本平衡並略有節余。從供給方面看，四川糧食總產量由1978年的3,196萬噸提高到1994年的4,232.3萬噸，平均每年增產糧食64.8萬噸，年遞增1.8%。人均佔有量由329公斤提高到380.8公斤，增加51.8公斤（見圖6-16）。從消費看，社會消費呈剛

性增長，消費總量由 1978 年的 3,178.5 萬噸上升到 1994 年的 4,573.5 萬噸，年均增長 87.2 萬噸，年遞增 2.3%。17 年間全省累計生產糧食 9,965.2 萬噸，累計消費糧食 95,808.7 萬噸，剩余糧食 759.5 萬噸（年均 41.9 萬噸），剩余率為 1.2%。

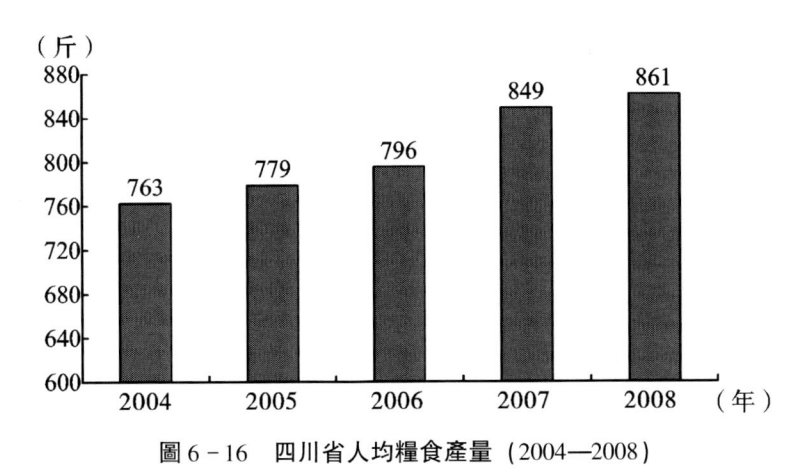

圖 6-16　四川省人均糧食產量（2004—2008）

資料來源：根據歷年《四川農村年鑒》和《四川統計年鑒》計算。

四川省水資源總量豐富，但時空分佈不均。四川水資源總量居全國前列，全省降雨量大，多年平均降水量約為 4,889.75 億立方米。水資源以河川徑流最為豐富，境內共有大小河流近 1,400 條，被譽為「千河之省」。全省水資源總量共計約為 3,489.7 億立方米。另外還有地下水資源量 546.9 億立方米，可開採量為 115 億立方米。境內遍布湖泊冰川，有湖泊 1,000 多個、冰川 200 餘處，還有一定面積的沼澤，分佈於川西北和川西南，湖泊總蓄水量約 15 億立方米，加上沼澤蓄水量，共計約 35 億立方米。但是，四川水資源時空分佈不均，西部高山高原區的金沙江流域多年平均水資源量占全省水資源量的 38.4%，用水量僅占全省的 9.2%；相鄰的岷沱江流域大渡河多年平均水資源量占全省水資源量的 16.6%，用水量僅占全省的 2.3%，但由於該區域水低山高，當地水資源可利用率小，興建引水工程向東部盆地調水的難度大，四川水資源開發利用率①遠低於

---

① 水資源開發利用率是指流域或區域用水量占水資源總量的比率。

全國平均水平（見圖6-17）。而四川是一個農業大省，農業灌溉用水占全省總用水量的65%，但全省耕地的88.5%集中在東部盆地，而且盆地多年平均水資源年內分配與農業用水制度不一致，如每年5月是農業灌溉需水最多、最集中的時間，而四川大量降水一般集中在6月以後，導致有效灌溉面積占耕地面積的比重低於65%（見圖6-18），這就導致四川也會出現區域性缺水和季節性缺水的情況。

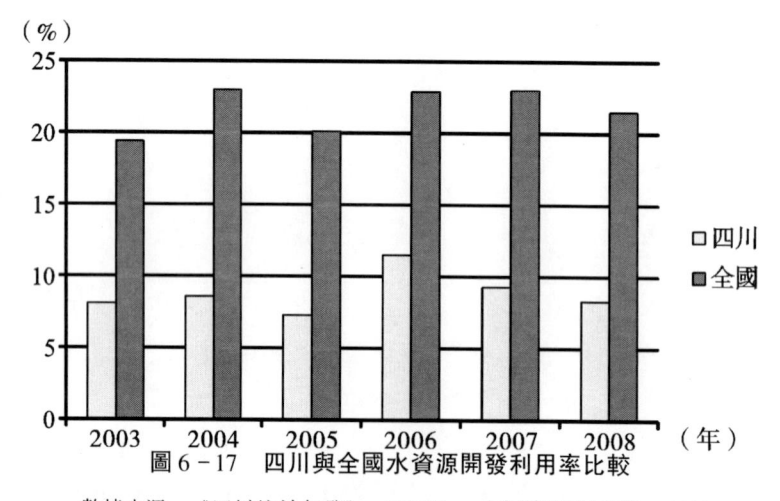

圖6-17 四川與全國水資源開發利用率比較

數據來源：《四川統計年鑑》（2009）、《中國統計年鑑》（2004—2009）。

四川礦產豐富，但保有量銳減。四川礦種較齊全，已探明儲量的礦產有94種，占全國已探明儲量礦產151種的60%，是中國探明礦種儲量最多的省份之一。已探明儲量的礦產地有1,327處，占全國的6%。其中鈦、釩、天然氣、玻璃砂岩等38種礦產的保有儲量居全國前5位。在對國民經濟發展有重要影響的40種礦產中，四川有20余種礦產儲量居全國前5位。礦產資源的潛在價值約3.7萬億元，約占全國的4%。全省大宗礦產分佈相對集中，有利於規模開發。鐵礦集中分佈在攀枝花、西昌地區，鐵礦石儲量達50多億噸，是中國第二大鐵礦基地。但是，我們通過比較發現，四川主要礦產煤、鐵、磷、鹽礦保有量呈急遽下降態勢（見表6-6）。

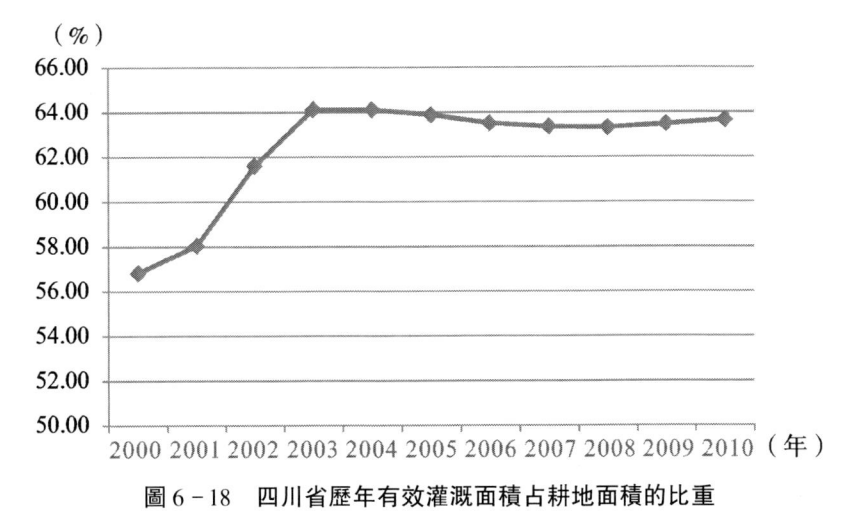

图 6-18　四川省历年有效灌溉面积占耕地面积的比重

数据来源：历年《四川统计年鉴》。

表 6-6　2000 年、2010 年四川与全国主要矿产资源保有储量比较

单位：亿吨

	全国		四川	
	2000 年	2010 年	2000 年	2010 年
煤炭	10,063	2,793.93	89.46	54.37
铁矿	458.10	222.32	52.53	28.72
盐矿	4,048.3	1,750.7	180.24	26.12
磷矿	132.50	29.63	8.29	3.45

数据来源：《中国统计年鉴》(2001)，《中国统计年鉴》(2011)。

　　四川能源保障能力明显增强。能源生产能力、消费总量持续增长，能源消费弹性系数 0.63，适应发展阶段实际。天然气勘探取得重大突破，煤炭地质勘查步伐加快，煤炭生产持续稳定，产能建设迈上新台阶。能源结构调整取得进展，非化石能源和优质化石能源占一次能源消费总量的比重高于全国平均水平（详见表 6-7）。能源行业节能减排成效显著，单位 GDP 能耗、单位 GDP 二氧化碳排放考核目标按计划完成。同时，「十一五」期间四川省节能工作卓有成效，「十一五」末全省单位地区生产总值能耗从 2005 年的 1.6 吨标准煤/万元下降到 1.275 吨标准煤/万元，累计

下降20.31%；單位工業增加值能耗由2.937噸標準煤/萬元下降到1.996噸標準煤/萬元，累計下降32.03%。能源供需矛盾有所緩解，「十一五」期間全省以年均8.7%的能源消費增速支撐了年均13.7%的地區生產總值增速。

表6-7　　　　「十一五」期間四川能源發展主要情況

類別	指標	單位	2005年	2010年	年均增長
能源消費總量及結構	GDP	億元	7,385.1	17,185	13.69%
	一次能源消費總量	萬噸標準煤	11,816	17,892	8.65%
	煤炭消費量（原煤）	萬噸	8,665	12,973	8.41%
	煤炭消費比重	%	52.38	51.79	[-0.59%]
	油品消費量（成品油）	萬噸	688	1,526	17.27%
	油品消費比重（成品油）	%	8.32	12.18	[3.86%]
	天然氣消費量	億立方米	90	175	14.23%
	天然氣消費比重	%	10.08	13.03	[2.95%]
	非化石能源消費量	萬噸標準煤	3,908	4,731	3.90%
	非化石能源消費比重	%	33.07	26.44	[6.63%]
電力發展	全社會用電量	億千瓦時	943	1,549	10.44%
	電力裝機容量	萬千瓦	2,246	4,327	14.01%
	水電	萬千瓦	1,496	3,070	15.46%
	火電	萬千瓦	750	1,257	10.88%
	發電量	億千瓦時	1,019	1,704	10.83%
	其中：水電	億千瓦時	653	1,140	11.77%
	火電	億千瓦時	366	564	9.09%

表6-7(續)

類別	指標	單位	2005年	2010年	年均增長
天然氣	新增探明儲量	億立方米		11,273	
	全盆地累計探明儲量	億立方米		20,987	
	盆地天然氣產量	億立方米		234	
	其中：四川省境內	億立方米		167	
	盆地輸氣管線	公里		19,034	
	其中：四川省境內	公里		15,034	
煤炭	新增儲量	億噸		33	
	核定生產能力	萬噸	9,436	9,993	
節能環保	單位GDP能源消耗	噸標準煤/萬元	1.32	1.04	〔-21.12%〕
	單位GDP二氧化碳排放	噸/萬元	2.32	1.85	
	能源消費碳系數			1.78	>〔10%〕

註：(1)〔 〕內為5年累計數。(2) GDP以2010年不變價計算，其他涉及價值計算同。

數據來源：四川省「十二五」發展規劃。

4. 環境狀況

受經濟發展和人民生活水平提高的影響，四川環境正承受巨大的壓力。

第一，廢水、廢氣、工業固體廢棄物產生量都大幅度增加。從污染物的排放量變化上看，2003—2009年四川廢水排放總量除2005年出現波動之外，整體呈現逐年遞增趨勢，其中生活污水排放量大幅度提升，而工業廢水排放量則整體呈現遞減趨勢，生活污水排放量所佔比重逐年上升，並且從2004年起，生活污水排放量超過工業廢水排放量。廢氣排放方面，二氧化硫（SO_2）排放量先增後減，菸塵和工業粉塵排放量逐年遞減，總體上看，工業廢氣中主要污染物排放量呈現遞減趨勢。生活廢氣方面，菸塵排放量也

是經歷了先增后減的過程，但是生活二氧化硫的排放量呈現在波動中不斷攀升的態勢。工業固體廢棄物的產生量，2003—2007年逐年遞增，2008年、2009年有所回落，但水平仍在2006年之上（詳見表6-8）。

第二，四川環境污染治理投資總額不斷下降，2008年投資總額為100.7億元，同比下降1.5%，僅占地區生產總值的0.8%，低於全國平均水平0.7個百分點，而2009年投資總額又進一步下降到100.6億元。

表6-8　　四川「三廢」排放變化狀況（2003—2009）

指標	單位	2003年	2004年	2005年	2006年	2007年	2008年	2009年
廢水排放總量	億噸	22.8	24.2	26.2	25.2	25.3	26.2	26.4
工業廢水排放量	億噸	12.0	11.9	12.3	11.5	11.5	10.9	10.7
生活污水排放量	億噸	10.8	12.2	13.9	13.7	13.8	15.4	15.7
SO_2排放量	萬噸	120.7	126.5	130.0	128.1	117.7	114.8	113.5
工業SO_2排放量	萬噸	105.1	109.9	114.1	112.1	102.3	96.9	94.6
生活SO_2排放量	萬噸	15.6	16.6	15.9	16.0	15.4	17.8	18.9
菸塵排放量	萬噸	83.4	86.5	79.1	61.3	45.9	32.6	28.5
工業菸塵排放量	萬噸	74.4	76.2	63.4	47.5	33.0	21.9	19.6
生活菸塵排放量	萬噸	9.0	10.3	15.7	13.8	12.9	10.7	8.9
工業粉塵排放量	萬噸	46.5	43.8	38.4	32.8	19.5	14.0	11.4
工業固體廢物產生量	噸	5,145.0	5,847.0	6,421.0	7,600.0	9,653.8	9,237.0	8,596.9

數據來源：《中國統計年鑒》（2004—2009）、《四川統計年鑒》（2008—2011）。

第三，四川的環境質量總體較差。從環境質量上看，大氣環境質量2005年24個城市統計，僅6個城市達到空氣質量標準（占25%）；15個城市（占63%）的空氣質量為三級；3個城市（占12%）空氣質量劣於三級。同年，全省城市空氣中二氧化硫年平均濃度為0.04毫克/立方米，超標率為0.6%；其中成都、宜賓、德陽、南充、廣安5個城市空氣中二氧化硫年均濃度超標。全省城市空氣中二氧化氮年均濃度0.02毫克/立方米，超標率0.2%。全省城市空氣中可吸入顆粒物年均濃度為0.11毫克/立方米，超過國家環境空氣質量二級標準，超標率為19.7%；24個城市統計，有17個城市（占70.8%）空氣中的可吸入顆粒物濃度超標，其中

攀枝花、眉山、江油三市劣於國家空氣質量三級標準。2005 年全省降水年均 PH 值為 4.95，酸雨頻率為 28.3%，酸雨量占全年監測總雨量的 40.6%。24 個城市中，除德陽、遂寧、資陽、馬爾康、康定、都江堰外，均有酸雨出現。

第四，四川水環境質量也令人擔憂。2005 年省控地表水監測斷面中，有 71.2% 的斷面滿足水環境功能要求，其中達 II 類水質標準的占 43.8%，達 III 類水質標準的占 27.4%，屬 IV 類水質的占 17.8%，屬 V 類水質的占 2.7%，劣於 V 類水質的占 8.3%。這裡需要指出的是，達到 II ~ III 水質標準的斷面主要分佈於產業不發達、人口稀少的川西高原、盆周山地等河流上游；而 IV ~ V 類水質恰恰分佈於人口稠密、需水量大的城市周邊、平原和丘陵人口集中區。因此，比例雖小，對飲水安全威脅卻大。綜上可看出，全省水資源基本上處於高污染狀態。

不過，近幾年四川環境也在不斷地改善。

首先，體現在植樹造林和綠化上取得了一定的成績。四川地處長江上游和黃河源頭，約占長江上游流域面積的 50%，是長江上游重要水源涵養區和全國水土保持重點區。1999 年，四川在全國率先啟動實施了退耕還林工程。作為改善生態環境的基礎工程，退耕還林工程建設先後經歷了試點示範和全面實施階段，現在已順利轉入成果鞏固、穩步推進的重要階段。2001 年，四川正式啟動野生動植物及自然保護區建設工程，2007 年和 2008 年又先後啟動了川西北防沙治沙工程和石漠化綜合治理試點工程。2008 年汶川特大地震發生後，由於地震重災區大多是四川的重點林區，地震及其次生災害導致四川全省森林覆蓋率下降 0.5 個百分點。「十一五」期間，四川省緊緊抓住西部大開發等歷史機遇，奮力抗擊汶川特大地震、低溫雨雪冰凍、特大山洪泥石流等嚴重自然災害，通過工程建設，進行人工造林，2005 年人工造林 24.19 萬公頃，2006 年人工造林 10.49 萬公頃，2007 年人工造林面積高達 33.23 萬公頃，2009 年造林面積 20.48 萬公頃，2010 年人工造林 20.64 萬公頃。到 2010 年，全省森林面積達 2.5 億畝，森林蓄積量 16.5 億立方米，分別比 2005 年增長 19% 和 7%；森林覆蓋率 34.82%，比 2005 年提高 5.84 個百分點，比 2000 年提高 10 個百

分點（見圖6-19）。濕地自然保護區面積達343萬公頃，構建起長江上游第一個濕地保護網絡；大熊貓繁育野化水平世界領先，人工圈養數量增至262只；全省90%的陸地生態系統類型、95%的重點保護野生動物物種和65%的高等植物群落得到有效保護。城市人均公共綠地面積逐年提高（見圖6-20）。全省生態環境逐年得到改善。

其次，工業「三廢」處理效果也非常明顯。2007年、2008年和2009年工業廢水排放達標率、工業SO_2排放達標率、工業菸塵排放達標率、工業粉塵排放達標率均保持在較高水平。只有工業固體廢物綜合利用率較低，還明顯低於全國平均水平，2009年低於10.2個百分點（見表6-9）。

表6-9　　四川工業「三廢」處理狀況（2007—2009）

指標	2007年	2008年	2009年
工業廢水排放達標率	89.4	94.9	94.9
工業SO_2排放達標率	73.3	92.1	92.6
工業菸塵排放達標率	90.1	93.9	93.2
工業粉塵排放達標率	90.7	94.5	95.2
工業固體廢物綜合利用率	51.2	61.5	57.5

數據來源：《四川統計年鑒》（2008—2010）。

最后，近年來四川省空氣和水的質量明顯好轉，人居環境質量進一步提高。2008年70%以上的城市集中式飲用水源地水質基本達標，全省地表水水質總體良好，水環境功能區達標的地級城市占比由2000年的57.14%提高到了80.2%，80%以上的重點城市集中式飲用水源地水質基本達標，五大水系優於Ⅲ類水質的比例大於75%；65%的省控重點城市空氣質量達到二級標準，空氣質量達到國家二級以上標準的地級城市比重由2000年的42.7%提高到75%。

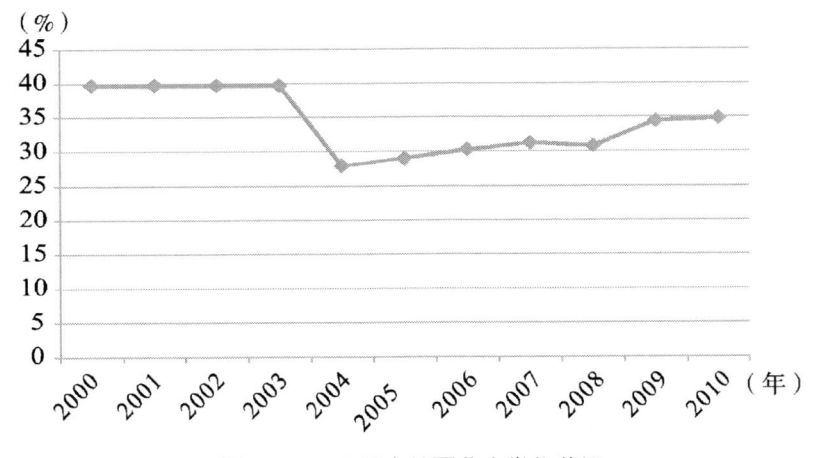

图 6-19 四川森林覆盖率变化状况

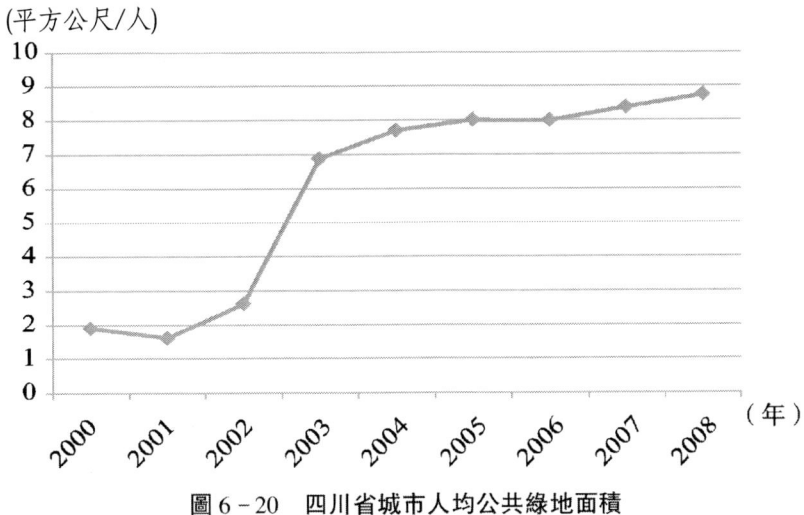

数据来源：历年《四川统计年鉴》。

图 6-20 四川省城市人均公共绿地面积

数据来源：根据历年《四川统计年鉴》计算。

二、四川人口长期均衡发展实证分析

运用本研究建立的人口长期均衡发展指标体系和测度模型，根据四川省1982—2010年的相关数据，对四川人口长期均衡发展状况进行测度与评估。

（一）數據來源

根據人口長期均衡發展指標體系所選擇的評價指標，收集各指標1982—2010年各年度的數據。這些數據來源於下列統計資料：人口淨遷移率人口撫養比數據來自歷年《中國人口和就業統計年鑒》《中國人口統計年鑒》；人均糧食產量根據歷年《中國統計年鑒》整理；平均預期壽命數據來源於第三、四、五、六次人口普查公布數據；總和生育率數據來源於普查資料和1%抽樣調查數據（其中1982年、1987年和1990年數據轉引自陳勝利、寇爾編《中國各省生育率手冊》①），其他數據均來自歷年《四川統計年鑒》。儘管在選擇指標時已經充分考慮了數據的可得性，但由於涉及的時間較長，難免存在個別指標某年數據的缺失。這種情況下，則通過計算相鄰兩個年份的均值來處理。

（二）指標體系權重設置

利用熵權法給指標體系設置權重。根據人口長期均衡發展指標體系每個指標各年度的數據，形成了 $R = (r_{ij})_{29 \times 27}$ 的樣本矩陣，然后根據公式（1）到（3）對數據進行無綱量化處理，形成了 $B = (b_{ij})_{29 \times 27}$ 的標準化矩陣。根據公式（4）和（5），利用熵權法計算各三級指標的歸一化權重，一、二級指標的權重則是由它們分別包括的三級指標的歸一化權重之和計算得出，最終結果如表6-10所示。

接下來運用構建的人口長期均衡發展測度模型，對1982—2010年共29年的人口長期均衡發展狀況進行計算。考慮到如果對人口長期均衡發展進行逐年分析，會顯得分析過於稠密，意義並不大，因此，只選取1982年、1987年、1990年、1995年、2000年、2005年、2010年共七個年份的人口長期均衡發展狀況進行分析評價。選取這些年份的原因是其為人口普查年份或1%人口抽樣調查年份，人口數據相對充裕，一是可以為本研究提供充分的數據支持，二是便於將本研究的成果與當時的人口狀況相結合，更全面地認識當時的人口問題。

---

① 陳勝利，安斯利·寇爾. 中國各省生育率手冊 [M]. 北京：中國人口出版社，1993.

表 6-10　　人口長期均衡發展指標體系的各級指標權重

一級指標		二級指標		三級指標		指標歸一化權重
名稱	權重	名稱	權重	名稱	權重	
人口自身均衡	0.483,2	人口數量	0.269,9	人口規模	0.271,8	0.036,0
				總和生育率	0.289,8	0.038,0
				人口自然增長率	0.438,4	0.057,1
		人口結構	0.281,1	出生性別比	0.363,5	0.031,8
				老齡化係數	0.282,6	0.025,0
				人口撫養比	0.353,9	0.031,0
		人口質量	0.328,3	平均預期壽命	0.220,7	0.031,7
				嬰兒死亡率	0.271,4	0.027,9
				人均受教育年限	0.221,7	0.035,3
				每萬人在校大學生數	0.286,2	0.043,2
		人口分佈	0.120,7	人口密度	0.532,5	0.035,4
				人口淨遷移率	0.467,5	0.045,5
人口外部均衡	0.516,8	人口與經濟	0.313,8	人均 GDP	0.286,3	0.046,5
				居民人均消費水平	0.274,5	0.044,6
				城鎮化水平	0.238,4	0.028,9
				勞動適齡人口在業率	0.200,8	0.033,2
		人口與社會	0.290,6	社會養老保障覆蓋率	0.241,4	0.048,3
				城鄉收入比	0.243,0	0.048,7
				家庭平均人口數	0.212,7	0.042,8
				每千人醫療機構病床數	0.152,3	0.031,1
				教育財政投入占 GDP 比重	0.150,5	0.030,8
		人口與資源	0.200,3	人均糧食產量	0.280,6	0.029,6
				人均水資源擁有量	0.240,5	0.025,6
				人均能源消費量	0.478,8	0.049,6
		人口與環境	0.195,3	森林覆蓋率	0.346,2	0.035,4
				環保投資指數	0.409,6	0.041,4
				人均污水排放量	0.244,2	0.025,4

(三) 四川主要年份人口長期均衡發展狀況

1. 1982 年四川人口長期均衡發展基本狀況

通過收集 1982 年各項指標的年度統計數據或第三次人口普查數據（見表 6-11），根據表 6-10 各項指標的權重和公式（6）到公式（14），

計算出 1982 年四川人口長期均衡發展的結果（見表 6-12）。

表 6-11　　1982 年人口長期均衡發展指標體系各指標值

指標	單位	原始值	無綱量化值
人口總量	萬人	7,300.4	0.589,3
總和生育率	-	2.85	0.000,0
人口自然增長率	‰	8.9	0.000,0
出生性別比	-	107.9	1.000,0
老齡化系數	%	4.68	0.974,1
人口撫養比	%	43.47	0.526,5
人口密度	人/平方公里	150.69	1.000,0
人口淨遷移率	‰	0.62	0.248,0
平均預期壽命	歲	63.96	0.000,0
嬰兒死亡率	‰	50.5	0.000,0
人均受教育年限	年	5.18	0.000,0
每萬人在校大學生數	人	7	0.007,8
人均 GDP	元	379	0.000,0
居民人均消費水平	元/人	243.69	0.000,0
人口城鎮化率	%	9.69	0.000,0
勞動適齡人口在業率	%	78.90	0.335,9
社會養老保障覆蓋率	%	3.56	0.000,0
城鄉收入比	-	4.21	0.000,0
家庭平均人口數	人	4.25	0.000,0
每千人醫療機構病床數	張	2.73	0.460,9
教育財政投入占 GDP 比重	%	2.59	0.657,4
人均糧食產量	千克/人	351.5	0.214,7
人均水資源擁有量	立方米/人	2,961.52	0.529,2
人均能源消費量	千克標煤/人	744.91	0.000,0
森林覆蓋率	%	30.27	0.198,1
環保投資指數	%	0.25	0.023,9
人均污水排放量	噸/人	8.54	1.000,0

表 6-12　　　　　　1982 年四川人口長期均衡發展狀況

	發展水平	協調度	可持續度
人口內部長期均衡發展	0.354,2	0.000,6	0.014,2
人口外部長期均衡發展	0.170,9	0.428,4	0.270,6
人口長期均衡發展	0.259,5	0.009,9	0.050,8

由上表數據可以判斷，1982 年四川人口長期均衡發展的基本形勢是處於低水平的不可持續的協調狀態，其基本特點如下：

第一，1982 年四川人口長期均衡發展水平偏低。根據人口長期均衡發展水平的評價尺度，當人口長期均衡發展系數屬於 [0, 0.5) 區間，則表示人口均衡發展處於啓蒙發展階段，也叫低位期；[0.5, 0.8) 區間則表示處於發展階段，也叫過渡期；[0.8, 1] 區間屬於實現階段，也叫高位期。據此判斷，1982 年人口長期均衡發展水平屬於低位期。尤其是人口外部長期均衡發展水平明顯低於人口內部長期均衡發展水平，說明 19 世紀 80 年代初期相對落後的經濟社會水平制約了人口長期均衡發展。而人口長期均衡發展主要依靠有效的人口政策實現人口自身均衡的相對較高的水平。

第二，人口長期均衡發展的協調度不高。根據對系統協調度的判斷標準，[0, 0.5) 區間屬於失調型，[0.5, 0.8) 區間屬於協調度不好但可以接受的一般協調型，[0.8, 1] 區間屬於良好協調型。因此 1982 年人口內部長期均衡系統協調度尚且屬於失調型人口內部均衡的協調度極低，是由於 20 世紀 80 年代初人口快速增長的勢頭尚未得到有效遏制，同時人口質量不高的原因；而外部均衡的協調協調度雖然稍高，但也沒有達到可以接受的過渡區間。

第三，人口長期均衡發展的可持續性很差。人口長期均衡發展可持續度的評價尺度也把可持續度分為 [0, 0.5)、[0.5, 0.8) 和 [0.8, 1] 三個區間，三者均屬於不可持續型。由此可見，1982 年人口長期均衡發展，無論是內部、外部，還是總體，均處於不可持續發展階段。這說明人口長期均衡發展面臨著嚴峻的形勢，存在出現更加嚴峻的人口問題的風險。

2. 1987年四川人口長期均衡發展基本狀況

在收集1987年各項指標的年度數據和1987年1%人口抽樣調查數據（見表6-13）的基礎上，根據表6-10各項指標的權重和公式（6）到公式（14）計算出1987年四川人口長期均衡發展的基本狀況（見表6-14）。

表6-13　1987年人口長期均衡發展指標體系各指標值

指標	單位	原始值	無綱量化值
人口總量	萬人	7,613.20	0.494,0
總和生育率	-	2.26	0.000,0
人口自然增長率	‰	10.90	0.000,0
出生性別比	-	112.53	0.508,0
老齡化系數	%	4.48	1.000,0
人口撫養比	%	40.62	0.811,4
人口密度	人/平方公里	157.15	0.782,7
人口淨遷移率	‰	2.79	0.884,0
平均預期壽命	歲	65.65	0.156,9
嬰兒死亡率	‰	47.57	0.076,1
人均受教育年限	年	5.69	0.170,2
每萬人在校大學生數	人	11.00	0.039,1
人均GDP	元	702.00	0.015,5
居民人均消費水平	元/人	435.43	0.024,2
人口城鎮化率	%	12.47	0.092,0
勞動適齡人口在業率	%	80.70	0.527,3
社會養老保障覆蓋率	%	3.61	0.004,6
城鄉收入比	-	3.58	0.000,0
家庭平均人口數	人	4.01	0.000,0
每千人醫療機構病床數	張	2.90	0.608,7
教育財政投入占GDP比重	%	2.31	0.497,7
人均糧食產量	千克/人	371.70	0.466,9

表6-13(續)

指標	單位	原始值	無綱量化值
人均水資源擁有量	立方米/人	2,948.63	0.519,2
人均能源消費量	千克標煤/人	757.61	0.011,3
森林覆蓋率	%	31.27	0.283,2
環保投資指數	%	0.29	0.094,9
人均污水排放量	噸/人	8.73	0.992,4

表6-14　　　　1987年四川人口長期均衡發展狀況

	發展水平	協調度	可持續度
人口內部長期均衡發展	0.382,7	0.091,5	0.187,1
人口外部長期均衡發展	0.219,0	0.630,9	0.371,7
人口長期均衡發展	0.298,1	0.175,4	0.228,7

上述結果表明1987年四川人口長期均衡發展基本形勢是處於低水平的，由不可持續的協調狀態向可持續的協調狀態過渡：

第一，1987年四川人口長期均衡發展的水平依然較低，還處於啓蒙階段的低位期。人口外部均衡低於人口內部均衡的局面沒有發生改變，但是和1982年相比，人口外部均衡發展水平提升幅度大於人口內部均衡發展水平，說明改革開放以來的經濟社會發展使人口均衡發展的外部條件得到了一定改善。

第二，人口長期均衡發展的協調度得到提高。人口外部均衡實現了一般協調，但人口內部均衡協調度的偏低導致人口總體均衡的系統度也不能達到一般協調階段，說明人口自身系統和人口外部系統還不能實現良好的互動。

第三，人口長期均衡發展的可持續性比1982年已經有所提高，但還處於不可接受的不可持續性的階段，人口發展的局面沒有得到明顯改善。

3. 1990年四川人口長期均衡發展基本狀況

根據人口長期均衡發展評價指標體系所列指標，收集的第四次人口普查數據和1990年年度數據（見表6-15），依照表6-10各項指標的權重和公式（6）到公式（14）計算出1990年四川人口長期均衡發展的基本

狀況（見表6-16）。

表6-15　1990年人口長期均衡發展指標體系各指標值

指標	單位	原始值	無綱量化值
人口總量	萬人	7,892.50	0.408,9
總和生育率	-	2.00	0.250,0
人口自然增長率	‰	11.40	0.000,0
出生性別比	-	115.30	0.212,8
老齡化系數	%	5.70	0.841,9
人口撫養比	%	44.48	0.425,6
人口密度	人/平方公里	162.91	0.588,6
人口淨遷移率	‰	2.13	0.852,0
平均預期壽命	歲	66.33	0.219,6
嬰兒死亡率	‰	46.40	0.106,5
人均受教育年限	年	5.89	0.238,3
每萬人在校大學生數	人	12.00	0.046,9
人均GDP	元	1,136.00	0.036,4
居民人均消費水平	元/人	706.14	0.058,3
人口城鎮化率	%	13.62	0.129,6
勞動適齡人口在業率	%	83.00	0.771,5
社會養老保障覆蓋率	%	3.66	0.008,5
城鄉收入比	-	3.34	0.091,4
家庭平均人口數	人	3.66	0.680,0
每千人醫療機構病床數	張	3.05	0.739,1
教育財政投入占GDP比重	%	3.04	0.914,5
人均糧食產量	千克/人	393.10	0.734,1
人均水資源擁有量	立方米/人	2,937.18	0.510,3
人均能源消費量	千克標煤/人	788.12	0.038,5
森林覆蓋率	%	30.79	0.242,3
環保投資指數	%	0.25	0.030,2
人均污水排放量	噸/人	12.02	0.854,6

表 6-16　　　　　　　1990 年四川人口長期均衡發展狀況

	發展水平	協調度	可持續度
人口內部長期均衡發展	0.313,6	0.288,4	0.300,7
人口外部長期均衡發展	0.317,5	0.837,4	0.515,6
人口長期均衡發展	0.315,6	0.482,2	0.390,1

1990 年，四川人口長期均衡發展的局面得到了進一步改善，屬於低水平的可持續協調狀態：

第一，人口長期均衡發展總體水平比 1987 年略有提高，這主要得益於人口外部均衡水平的提高，人口內部均衡反而略有下降，三者均依然處於低位期，發展水平不高。

第二，人口長期均衡發展的協調度得到了明顯提升。內部協調度得到了大幅度提升，外部協調度則由 1987 年的一般協調型提升到了高度協調型，總體協調度也接近 0.5。這種局面的出現，一方面得益於十多年人口計劃生育工作的開展，有效遏制了人口數量快速增長的勢頭；人口質量提高較快，使人口內部系統的協調性有了改善；另一方面得益於經濟發展、衛生、教育、環保等事業的進步，明顯改善了人口外部系統的協調性，使外部系統的協調性達到了 0.8 以上的高度協調水平。總體協調度依然接近 0.5 的水平，說明人口內部系統和人口外部系統的互動關係有所改善，但仍未實現比較協調的良性互動。

第三，人口長期均衡發展的可持續性也得到了進一步改善。人口內部均衡協調度進一步提高，人口外部均衡的可持續度也達到了 0.5 以上的可持續發展狀態，人口長期均衡發展的前景已經大大改善。

4. 1995 年四川人口長期均衡發展基本狀況

按照人口長期均衡發展評價指標體系所列指標，收集 1995 年 1% 人口抽樣調查數據和 1990 年年度數據（見表 6-17），根據表 6-10 各項指標的權重和公式（6）到公式（14）計算出 1995 年四川人口長期均衡發展的基本狀況（見表 6-18）。

表 6-17　1995 年人口長期均衡發展指標體系各指標值

指標	單位	原始值	無綱量化值
人口總量	萬人	8,161.20	0.327,0
總和生育率	-	1.78	0.800,0
人口自然增長率	‰	9.90	0.000,0
出生性別比	-	110.70	0.702,1
老齡化系數	%	6.79	0.700,6
人口撫養比	%	45.11	0.362,6
人口密度	人/平方公里	168.46	0.401,9
人口淨遷移率	‰	0.53	0.212,0
平均預期壽命	歲	68.77	0.445,3
嬰兒死亡率	‰	43.00	0.194,8
人均受教育年限	年	6.37	0.399,3
每萬人在校大學生數	人	15.00	0.070,3
人均 GDP	元	3,043.00	0.128,1
居民人均消費水平	元/人	1,646.27	0.176,7
人口城鎮化率	%	18.39	0.285,9
勞動適齡人口在業率	%	82.71	0.740,5
社會養老保障覆蓋率	%	3.80	0.019,0
城鄉收入比	-	3.06	0.251,4
家庭平均人口數	人	3.89	0.215,2
每千人醫療機構病床數	張	3.18	0.852,2
教育財政投入占 GDP 比重	%	1.89	0.256,3
人均糧食產量	千克/人	387.30	0.661,7
人均水資源擁有量	立方米/人	2,981.50	0.544,6
人均能源消費量	千克標煤/人	865.88	0.107,8
森林覆蓋率	%	34.41	0.550,2
環保投資指數	%	0.24	0.000,0
人均污水排放量	噸/人	12.62	0.829,4

表 6-18　　　　　　　1995 年四川人口長期均衡發展狀況

	發展水平	協調度	可持續度
人口內部長期均衡發展	0.373,1	0.742,8	0.526,5
人口外部長期均衡發展	0.326,6	0.943,8	0.555,2
人口長期均衡發展	0.349,1	0.831,8	0.538,9

第一，人口長期均衡發展水平沒有發生明顯變化。與 1990 年相比，1995 年四川人口內外部長期均衡發展水平均沒有明顯提升，仍然都處於啟蒙階段。

第二，人口長期均衡發展的協調度方面，人口內部均衡發展的協調度也步入一般協調階段並接近高度協調的水平，人口外部均衡發展則實現了 0.9 以上的高度協調，總體協調度也達到了高度協調水平。這一時期人口數量得到有效控製、人口質量明顯提高，而人口老齡化、出生性別比偏高等問題還相對較弱，因此人口內部協調度水平很高；經濟社會的發展也使人口發展的外部條件日益改善，人口外部協調度也進一步提高。總體協調度達到了 0.8 以上，人口內部系統和人口外部系統之間實現了良性互動，任一方的較快發展能夠有效推動另一方的發展。

第三，從可持續度來看，人口內部、外部和總體的可持續度均達到了 0.5 以上的可持續階段。這一時期，無論是人口自身還是其外部系統，良性運行的趨勢都明顯增強，人口長期均衡發展局面發生了質的變化。

5. 2000 年四川人口長期均衡發展基本狀況

按照人口長期均衡發展評價指標體系所列指標，收集第五次人口普查和 2000 年年度數據（見表 6-19），根據表 6-10 各項指標的權重和公式（6）到公式（14）計算出 2000 年四川人口長期均衡發展的基本狀況（見表 6-20）。

表 6-19　　2000 年人口長期均衡發展指標體系各指標值

指標	單位	原始值	無綱量化值
人口總量	萬人	8,602.00	0.192,6
總和生育率	-	1.55	0.625,0
人口自然增長率	‰	5.10	0.000,0
出生性別比	-	116.30	0.106,4
老齡化系數	%	7.45	0.615,0
人口撫養比	%	43.05	0.568,2
人口密度	人/平方公里	174.00	0.215,4
人口淨遷移率	‰	1.45	0.580,0
平均預期壽命	歲	71.20	0.671,0
嬰兒死亡率	‰	42.10	0.218,2
人均受教育年限	年	7.06	0.630,9
每萬人在校大學生數	人	28	0.171,9
人均 GDP	元	4,956	0.220,0
居民人均消費水平	元/人	2,550.48	0.290,6
人口城鎮化率	%	26.70	0.558,3
勞動適齡人口在業率	%	80.04	0.457,2
社會養老保障覆蓋率	%	5.92	0.187,1
城鄉收入比	-	3.10	0.231,1
家庭平均人口數	人	3.32	0.640,0
每千人醫療機構病床數	張	2.27	0.060,9
教育財政投入占 GDP 比重	%	1.65	0.118,9
人均糧食產量	千克/人	366	0.395,8
人均水資源擁有量	立方米/人	2,961.52	0.529,2
人均能源消費量	千克標煤/人	757.61	0.011,3
森林覆蓋率	%	39.70	1.000,0
環保投資指數	%	0.66	0.739,5
人均污水排放量	噸/人	14.34	0.757,3

表 6-20　　　　　　2000 年四川人口長期均衡發展水平

	發展水平	協調度	可持續度
人口內部長期均衡發展	0.356,0	0.862,3	0.554,0
人口外部長期均衡發展	0.404,0	0.455,6	0.429,0
人口長期均衡發展	0.380,8	0.611,9	0.482,7

2000 年，四川人口長期均衡發展局面良好，發展水平有所提高，而且處於可持續的協調狀態。

第一，人口長期均衡發展局面發生了質的飛躍。人口外部長期均衡發展水平首次超過人口內部均衡發展水平，標誌著四川人口長期均衡發展由依靠人口政策的控製步入了靠經濟社會條件改善推動的階段。這種局面的出現，是改革開放以來經濟發展和社會進步效果的體現。

第二，人口長期均衡發展的協調性出現了重大改變。人口內部均衡的協調度達到了 0.8 以上的高度協調水平，而人口外部均衡的協調度反而降低到了 0.5 以下的失調狀態。人口內部均衡協調性的提升主要得益於人口數量的控製和人口質量的提高，當然人口結構問題也還不十分突出；人口外部均衡協調性的降低則主要是由於經濟社會發展的不平衡和對資源環境的壓力造成的。

第三，人口長期均衡發展的可持續性也有所改變。人口內部均衡的可持續性略有提高，但人口外部均衡的可持續性降到了不可持續的 0.5 以下，人口可持續發展的前景出現了不確定因素，而且主要源於人口外部因素。

6. 2005 年四川人口長期均衡發展基本狀況

收集人口長期均衡發展評價指標體系中所列指標的數據（見表 6-21），根據表 6-10 各項指標的權重和公式（6）到公式（14）計算出 2005 年四川人口長期均衡發展的基本狀況（見表 6-22）。

表 6-21　　2005 年人口長期均衡發展指標體系各指標值

指標	單位	原始值	無綱量化值
人口總量	萬人	8,750.00	0.147,5
總和生育率	-	1.50	0.500,0
人口自然增長率	‰	2.90	0.140,0
出生性別比	-	114.90	0.255,3
老齡化系數	%	10.92	0.165,6
人口撫養比	%	48.74	0.000,0
人口密度	人/平方公里	180.40	0.000,0
人口淨遷移率	‰	1.99	0.604,0
平均預期壽命	歲	72.98	0.835,5
嬰兒死亡率	‰	27.90	0.587,0
人均受教育年限	年	7.71	0.849,0
每萬人在校大學生數	人	95.00	0.695,3
人均 GDP	元	9,060.00	0.417,3
居民人均消費水平	元/人	4,130.08	0.489,6
人口城鎮化率	%	33.00	0.764,8
勞動適齡人口在業率	%	77.62	0.199,3
社會養老保障覆蓋率	%	9.59	0.478,5
城鄉收入比	-	2.99	0.290,4
家庭平均人口數	人	3.25	0.506,6
每千人醫療機構病床數	張	2.26	0.052,2
教育財政投入占 GDP 比重	%	1.90	0.263,6
人均糧食產量	千克/人	371.30	0.461,9
人均水資源擁有量	立方米/人	3,569.60	1.000,0
人均能源消費量	千克標煤/人	1,104.85	0.320,8
森林覆蓋率	%	28.98	0.088,4
環保投資指數	%	0.81	1.000,0
人均污水排放量	噸/人	29.90	0.105,7

表 6-22　　　　　2005 年四川人口長期均衡發展水平

	發展水平	協調度	可持續度
人口內部長期均衡發展	0.379,8	0.326,4	0.352,1
人口外部長期均衡發展	0.444,6	0.928,9	0.642,6
人口長期均衡發展	0.413,3	0.524,3	0.465,5

2005 年四川人口長期均衡發展的形勢比較複雜，出現了一些新的問題：

第一，人口長期均衡發展的水平方面，人口內部均衡水平大致保持原狀而人口外部均衡進一步提升，人口長期均衡發展的總體狀況得到了改善。

第二，人口長期均衡發展的系統協調度較為複雜。人口內部長期均衡協調度大幅度降低，從高度協調水平跌落到了失調水平。出現這種情況主要是由於人口結構方面日益突出的問題造成的。而人口外部均衡協調協調度又重新回到了 0.9 以上的高度協調水平，這可能是三個方面的原因造成的：一是經濟快速發展使人口發展的外部條件進一步改善；二是不斷改進社保、醫療、教育等社會事業的發展直接推動了人口長期均衡發展；三是對資源環境問題的重視、環境投資的增加和節能減排等工作的開展，使資源環境不斷惡化的勢頭得到了有效遏制。

第三，人口長期均衡發展的可持續性局面又發生了變化。人口外部均衡可持續性回升到了可持續水平，但人口內部均衡則降落到了不可持續水平，總體上也處於不可持續的狀態，說明 2005 年四川人口外部條件前景的改善沒有給四川人口長期均衡發展的前景帶來根本性改變，這是人口自身發展面臨的問題較多的緣故。

7. 2010 年四川人口長期均衡發展基本狀況

按照人口長期均衡發展評價指標體系所列指標的數據（見表 6-23）和第六次人口普查數據，根據表 6-10 各項指標的權重和公式（6）到公式（14）計算出 2010 年四川人口長期均衡發展的基本狀況（見表 6-24）。

表 6-23　2010 年人口長期均衡發展指標體系各指標值

指標	單位	原始值	無綱量化值
人口總量	萬人	8,042.00	0.363,3
總和生育率	-	1.60	0.750,0
人口自然增長率	‰	2.30	0.180,0
出生性別比	-	111.40	0.627,7
老齡化系數	%	10.95	0.161,4
人口撫養比	%	38.73	1.000,0
人口密度	人/平方公里	166.00	0.484,7
人口淨遷移率	‰	1.51	0.698,0
平均預期壽命	歲	74.75	1.000,0
嬰兒死亡率	‰	12.00	1.000,0
人均受教育年限	年	8.16	1.000,0
每萬人在校大學生數	人	134.00	1.000,0
人均 GDP	元	21,182.00	1.000,0
居民人均消費水平	元/人	8,182.00	1.000,0
人口城鎮化率	%	40.18	1.000,0
勞動適齡人口在業率	%	75.74	0.000,0
社會養老保障覆蓋率	%	16.18	1.000,0
城鄉收入比	-	3.01	0.281,0
家庭平均人口數	人	2.96	0.000,0
每千人醫療機構病床數	張	3.35	1.000,0
教育財政投入占 GDP 比重	%	3.15	0.974,8
人均糧食產量	千克/人	397.00	0.782,8
人均水資源擁有量	立方米/人	3,173.50	0.693,3
人均能源消費量	千克標煤/人·年	1,866.95	1.000,0
森林覆蓋率	%	34.82	0.585,0
環保投資指數	%	0.66	0.736,0
人均污水排放量	噸/人	32.43	0.000,0

表 6-24　　　　　2010 年四川人口長期均衡發展水平

	發展水平	協調度	可持續度
人口內部長期均衡發展	0.681,9	0.719,5	0.700,4
人口外部長期均衡發展	0.699,4	0.872,4	0.781,2
人口長期均衡發展	0.691,0	0.789,9	0.738,8

2010 年人口長期均衡發展出現大好局面，處於可持續協調狀態，但依然存在許多問題，屬於低水平的人口長期均衡發展：

第一，人口長期均衡發展水平雖有大幅度提高，但仍未達到理想水平。和 2005 年相比，2010 年人口長期均衡發展水平得到了明顯提高，不僅人口內部均衡歷史性地步入了發展階段（[0.5, 0.8) 區間），人口外部均衡水平也達到了歷史最高水平，人口總體均衡水平也首次上升到發展階段。但是，人口長期均衡發展水平並不高，只是處於不好但可以接受的中等水平，距離人口長期均衡發展的實現階段（[0.8, 1] 區間）還有較大的差距。

第二，人口長期均衡發展的協調度局面良好。與 2005 年相比，人口內部均衡協調度得到了大幅度提升，又重新回到了一般協調的水平；人口外部均衡的協調度雖略有下降，但仍處於高度協調的良好水平；人口總體均衡協調度高達 0.789,9，接近於高度協調水平。

第三，人口長期均衡發展的可持續性處於前所未有的高位。人口內部、外部和總體均衡的可持續性均達到了 0.7 以上，雖還屬於一般協調的水平，但已經接近可持續性良好的水平，人口長期均衡發展的前景整體良好。

三、四川人口長期均衡發展狀況評價

（一）四川人口長期均衡發展水平評價

四川人口長期均衡發展水平一直不高。2005 年之前，四川人口長期均衡發展水平一直在 0.3～0.4 徘徊，屬於啓蒙階段（[0, 0.5) 區間），

直到2005年之后才發生了質的變化，由啓蒙階段進入比較理想的發展階段（[0.5，0.8]區間）。當然，無論是內部、外部，還是總體，都沒有達到0.8的水平，當前人口長期均衡發展局面尚存較大變數，任務還十分艱鉅。

相比較來看，1982—2010年人口外部長期均衡發展水平進步更快。2000年之前，人口內部均衡發展水平長期高於人口外部均衡發展水平，從2000年開始人口外部均衡發展水平才高於人口內部均衡發展水平。也就是說，2000年之前，人口外部條件一直制約著人口長期均衡發展，2000年后人口外部條件開始帶動人口長期均衡發展。這說明，2000年之前中國依靠有效的人口政策實現了人口長期均衡發展的起步，而2000年之后的經濟社會發展、人口外部環境改善，推動著人口長期均衡向更高水平發展（見表6-25）。

表6-25　　　四川主要年份人口長期均衡發展水平

年份	內部	外部	總體
1982	0.354,2	0.170,9	0.259,5
1987	0.382,7	0.219,0	0.298,1
1990	0.313,6	0.317,5	0.315,6
1995	0.373,1	0.326,6	0.349,1
2000	0.356,0	0.404,0	0.380,8
2005	0.379,8	0.444,6	0.413,3
2010	0.681,9	0.699,4	0.691,0

（二）四川人口長期均衡發展協調度的評價

四川人口長期均衡發展協調度水平較高但變數較大。1982—2010年四川人口內部、外部和總體長期均衡的協調度都得到了大幅度的提升，2010年人口內部均衡達到了一般協調水平，而人口外部均衡則達到了高度協調的水平，總體協調度也達到了一般協調水平並接近高度協調水平。但是，人口內部和外部均衡協調度都出現過明顯的回落，說明由於人口內外部問題的複雜性，在協調性的實現過程中，面臨著非常大的變數（見

表6-26)。

相比而言,人口內部均衡協調度比人口外部均衡協調度較差,說明人口內部均衡的局面比外界環境的局面還差。總體協調度在前一階段在低位波動,后一階段在高位波動,這表明人口內部系統和人口外部系統之間的關係還是發生了比較大的變化,系統之間有了比較好的互動。

表6-26 　四川主要年份人口長期均衡發展協調度

年份	內部	外部	總體
1982	0.000,6	0.428,4	0.009,9
1987	0.091,5	0.630,9	0.175,4
1990	0.288,4	0.837,4	0.482,2
1995	0.742,8	0.943,8	0.831,8
2000	0.862,3	0.455,6	0.611,9
2005	0.326,4	0.928,9	0.524,3
2010	0.719,5	0.872,4	0.789,9

(三) 四川人口長期均衡發展可持續性的評價

四川人口長期均衡發展可持續性狀況較好。1982—2010年四川人口長期均衡發展的持續性提升幅度較大,到2010年人口內部、外部和總體的可持續度都達到了0.7以上的水平,說明人口長期均衡發展的前景比較好(見表6-27)。

通過對比發現,在這一段時期內,人口內部長期均衡可持續度的變動幅度要大於外部,說明人口系統內部存在更多不穩定的因素。而在多數年份人口內部均衡的可持續度低於人口外部均衡的情況,說明人口自身的發展前景更為不確定。總體協調度長期在低位波動,說明人口內部系統和外部系統的關係一直不夠穩定。2010年該指標達到了0.7以上,是二者關係最為穩定的時期。

表 6-27　　四川主要年份人口長期均衡發展的可持續度

年份	內部	外部	總體
1982	0.014,2	0.270,6	0.050,8
1987	0.187,1	0.371,7	0.228,7
1990	0.300,7	0.515,6	0.390,1
1995	0.526,5	0.555,2	0.538,9
2000	0.554,0	0.429,0	0.482,7
2005	0.352,1	0.642,6	0.465,5
2010	0.700,4	0.781,2	0.738,8

（四）總結

通過上述分析可以發現，四川人口長期均衡發展不僅取得了巨大的成績，而且局面良好。相對而言，人口內部長期均衡發展的任務較為艱鉅，前景也更為不確定。人口長期均衡發展的外部系統不斷改善，但與實現人口長期均衡發展還有較大差距。這就要求將來的人口工作，不僅要統籌解決人口數量、結構、素質和分佈問題，還要從就人口論人口的狹隘工作思路向「大人口」的工作思路轉變。

主要年份四川的人口長期均衡發展狀況見表6-28。

表 6-28　　四川主要年份人口長期均衡發展狀況

年份	內部 發展水平	內部 協調度	內部 可持續度	外部 發展水平	外部 協調度	外部 可持續度	總體 發展水平	總體 協調度	總體 可持續度
1982	0.354,2	0.000,6	0.014,2	0.170,9	0.428,4	0.270,6	0.259,5	0.009,9	0.050,8
1987	0.382,7	0.091,5	0.187,1	0.219,0	0.630,9	0.371,7	0.298,1	0.175,4	0.228,7
1990	0.313,6	0.288,4	0.300,7	0.317,5	0.837,4	0.515,6	0.315,6	0.482,2	0.390,1
1995	0.373,1	0.742,8	0.526,5	0.326,6	0.943,8	0.555,2	0.349,1	0.831,8	0.538,9
2000	0.356,0	0.862,3	0.554,0	0.404,0	0.455,6	0.429,0	0.380,8	0.611,9	0.482,7
2005	0.379,8	0.326,4	0.352,1	0.444,6	0.928,9	0.642,6	0.413,3	0.524,3	0.465,5
2010	0.681,9	0.719,5	0.700,4	0.699,4	0.872,4	0.781,2	0.691,0	0.789,9	0.738,8

第七章　四川人口長期均衡發展趨勢分析

對人口發展趨勢進行預測研究，分析未來四川人口的總量和結構變化，是制定人口長期均衡發展戰略規劃的必要前提。本部分將以 2010 年的第六次人口普查數據作為基礎數據，對 2011—2030 年四川人口總量和結構的發展變化進行預測分析。

一、預測方法和參數

（一）預測方法選擇

人口預測是通過採集基礎資料、建立預測模型和確定預測參數等基本環節來獲得未來人口數據的技術或方法。所以，人口預測的方法和模型在人口預測中佔有十分重要的地位。較為流行和廣泛使用的人口預測模型和方法有：隊列分要素人口預測法（又稱隊列要素預測法）、年齡移算法、凱菲茨矩陣方程模型、萊斯利矩陣預測模型和宋健人口發展方程等。這幾種方法和模型各有所長，年齡移算法移算原理嚴謹、方法簡便易行；凱菲茨矩陣方程模型數理含量更高、預測變量的描述更加規範、預測參數的定義更加嚴格；萊斯利矩陣預測模型是對凱菲茨矩陣方程模型的改進，對矩陣中有的元素從不同的角度進行了定義和描述；人口發展方程對預測變量的設置更加合理、對預測參數因素的考慮更加周密。需要特別強調的是，隊列要素預測法是考慮了人口年齡分佈效應的預測方法，該方法是最常用的預測方法，目前幾乎是人口預測中唯一使用的方法，代表了社會科學中

罕見的一致認同。① 本研究採用隊列要素預測法對 2011—2030 年四川人口狀況進行預測。

(二) 基礎數據及資料來源

1. 基礎數據

利用隊列要素預測法對人口進行預測所需要的基本數據包括：全省預測基期分年齡、性別的人口數據；分年齡婦女生育數據；分性別、分年齡死亡數據；出生性別比數據。

2. 數據來源

預測以 2010 年為基期，數據來源以四川省 2010 年第六次人口普查數據為主，輔以《中國統計年鑒》和《四川省統計年鑒》公布的歷年人口統計數據、四川省人口和計劃生育統計數據等。

基礎年人口數量和年齡性別結構特徵：人口預測的數量基礎是 2010 年常住人口 8041.75 萬人，總人口的性別年齡結構如圖 7-1 所示。

(三) 預測參數

人口預測參數是指人口預測中必須依據的條件或要素。應當說在人口預測中，當預測模型一經選中，對預測參數的科學認定，就是直接關係到預測成果的質量優劣乃至預測成敗的關鍵。

1. 生育參數

生育參數確定為育齡婦女總和生育率。四川省是全國生育政策最嚴的省份之一，照現行生育政策的政策總和生育率為 1.36。而 2000—2010 年四川總和生育率一直保持在 1.5 左右。本預測將設計低、中、高三個方案。

(1) 低方案：堅持實行嚴格的生育控制政策，穩定低生育水平，杜絕計劃外生育，實現政策性生育率，即嚴格控制低生育水平。由於國家生育政策規定，夫妻雙方均為獨生子女的，在一定間隔之後可以生育第二個孩子，隨著獨生子女群體不斷進入婚育期，政策生育率將會略有上浮，估算在 1.4 上下。因此，假定四川總和生育率在「十二五」期間由 1.5 下降至 1.4，並

---

① 塞繆爾·普雷斯頓，帕特里克·霍伊維蘭，米歇爾·吉略特. 人口統計學：人口過程的測量與建模 [M]. 鄭真真，等，譯. 北京：社會科學文獻出版社，2012：108-109.

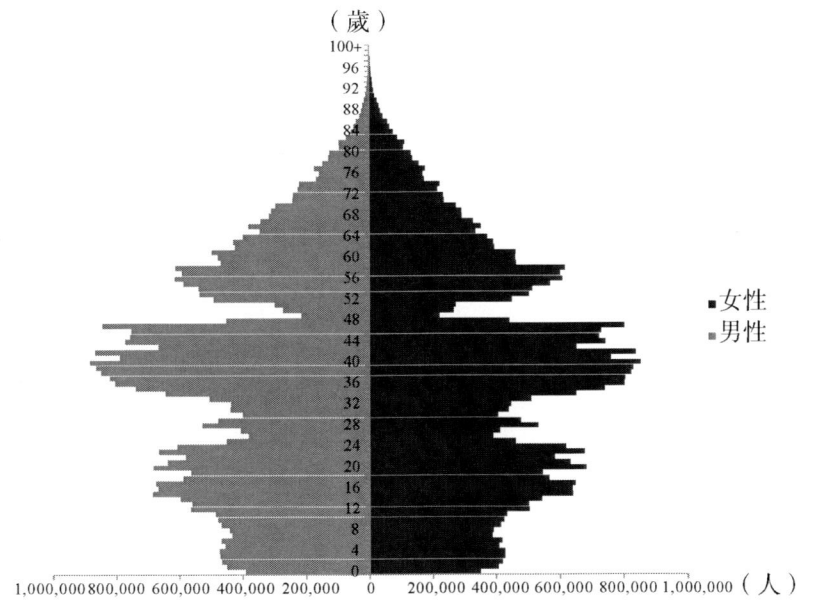

图 7-1　2010 年四川分年龄性别的人口

在之后保持在這個水平。這是一個超低生育水平，接近甚至低於目前發達國家的生育水平。該方案作為參照方案，警示今後人口控製規則的底線。

（2）中方案：現有生育水平基本保持不變。即假設執行現有生育政策不變，考慮獨生子女群體進入婚育高峰期的數量越來越多，會在一定程度上進一步提高當前的生育水平，因此中方案假定總和生育率保持在 1.6。該方案是最可能實現並容易操作的方案。

（3）高方案：假設「十二五」期末生育政策適度放寬，政策總和生育率達到 2。2015—2020 年總和生育率上升至 2.1 的更替水平，然後 2020 年適度回落，保持在 1.8 左右，最終保持在一個略低於更替水平的生育率水平。該方案是一個警示方案，預示了放寬計劃生育政策或者放鬆計劃生育工作的結果。

2. 生育模式

四川省已經實現了晚育、少育、拉開生育間隔的現代生育模式（見圖 7-2）。假設未來生育模式保持 2010 年人口普查時的模式不變，在此基礎上，參照寇爾－特拉賽爾的生育模型設計未來不同生育率方案下的生育模式。

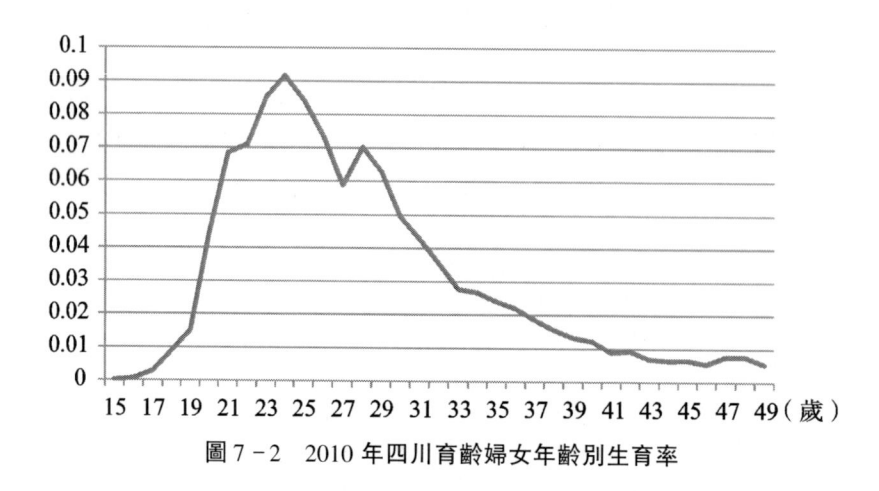

圖 7-2　2010 年四川育齡婦女年齡別生育率

3. 死亡水平和模式

選擇平均預期壽命作為死亡水平指標。從四川人口發展的歷史來看，1982—1990 年平均預期壽命增長了接近四歲，1990—2000 年的 10 年間增長了 3.6 歲。2010 年達到了 77.2 歲，十年間增長了 6 歲。而分性別來看，1990—2000 年，男性增長了 3 歲，女性增長了 4.6 歲；2000—2010 年男性增長了 5.5 歲，女性增長了 6.5 歲（見表 7-1）。對比世界各國情況，當前世界發達國家的平均預期壽命為男 72 歲、女 79 歲，亞洲平均預期壽命最高的是日本，男 77 歲，女 84 歲。因此，我們預計，四川人口的平均預期壽命，到 2020 年時女 82 歲，男 76.5 歲，到 2030 年，女 84 歲，男 78 歲。

表 7-1　　　　　　　　四川平均預期壽命　　　　　　　單位：歲

年份	合計	女	男
1990	67.6	68.8	66.3
1995	69.3	70.7	68.3
2000	71.2	73.4	69.3
2005	73.3	75.8	70.9
2010	77.2	79.9	74.8

資料來源：1990 年、2000 年、2010 年來源於歷次人口普查資料；1995 年、2005 年來源於 1% 人口抽樣調查數據。

至於死亡模式，本研究以 2010 年四川省份性別的死亡模式為基礎，

根據聯合國發展中國家模型生命表一般模式中的年齡別死亡概率隨平均預期壽命的增長而降低的參數為依據，構建四川未來的死亡模式。

4. 出生人口性別比

根據普查資料和省統計局的人口統計資料，2005年四川出生人口性別比開始出現回落趨勢，2000年第五次人口普查時四川出生人口性別比116.3，2005年1%人口抽樣調查時出生性別比就降到了114.9，第六次人口普查出生性別比為111.6，下降趨勢明顯。本研究的假設是人口性別比將進一步改善，但考慮到性別偏好具有較深的文化基礎和較為複雜的社會經濟因素，因此假設出生性別比越低其進一步下降的難度越大，而且出生性別比最終會略高於正常範圍，具體界定為2011—2015年前五年保持在110，之後的2015—2030年會保持在108。

5. 遷移參數

由於人口遷移的調查數據較少，受資料限制，而且本預測的基期人口為常住人口，已經包含了遷移人口，因此本研究只是假定人口遷移沒有變化，沒有另外考慮人口遷移的因素。

二、人口預測結果綜合分析

(一) 人口規模預測分析

1. 人口總量變動情況

未來20年四川人口增長有放緩的趨勢，但依然要面對人口數量巨大的壓力。人口規模的發展趨勢是增長速度逐漸放緩，按照低方案，呈現先上升後下降的趨勢，人口數量將在2024年達到8,320.74萬的峰值，然後逐年下降，到2030年降至8,260.68萬，依然高過2010年的人口總量。按照中方案，人口數量將在2027年達到峰值，峰值為8,459.61萬人，比低方案的峰值高出了138.07萬。如果按照高方案發展，四川人口數量的變化會比較複雜，但是到2030年會高達8,678.31萬人，比2010年第六次人口普查數據高出636.66萬人，而且依然沒有出現拐點。但總體來講，未來20年人口總量將一直保持在8,000萬以上（見圖7-3），而且只要生育政策的規定或執行稍有放鬆，人口數量的拐點在未來20年內就不會出

現。總而言之，2010—2030年四川還會面臨極為沉重的人口數量的壓力。

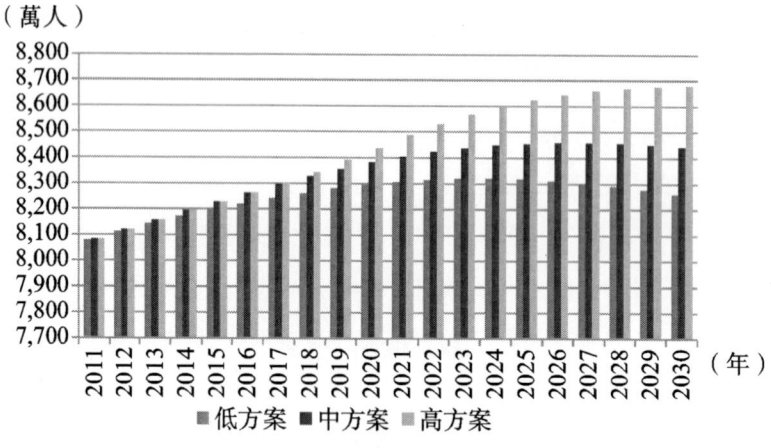

（萬人）

圖7-3 2011—2030年四川總人口變化狀況預測

2. 人口增長數量的狀況

不同的生育方案預測的結果中，人口增長的幅度差別較大。按照低方案，每年人口的增長幅度會迅速降低，由2011年的37.60萬降至2030年的-16.49萬。中方案前提下的人口數量增長速度也是明顯逐年放緩的，每年增加的人口數量逐年減少，特別是在2020年之後，人口增長的幅度迅速縮小，這說明如果保持現在的生育水平不變，四川的人口數量增長勢頭也會逐漸放緩。按照高方案，人口數量的增長的速度會由於生育政策的放寬而提高，然后在2021年以後隨著生育水平的降低而迅速降低（見圖7-4）。

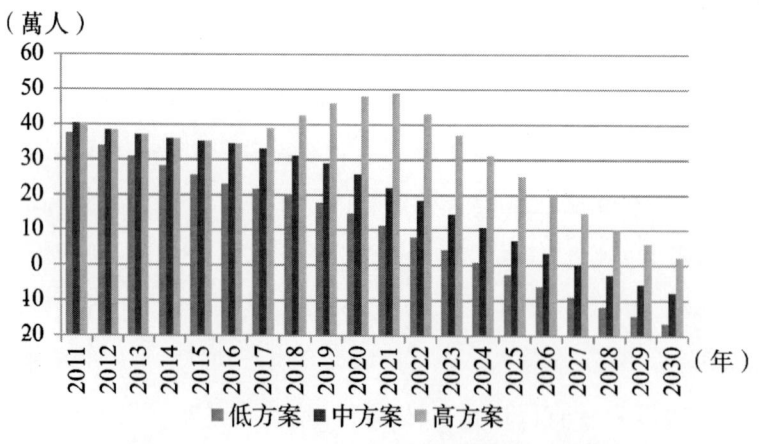

（萬人）

圖7-4 2011—2030年人口年淨增加人數預測

總之，人口增長的數量和生育政策息息相關。如果嚴格執行計生政策或按照現在的程度繼續推進計劃生育政策，人口增長幅度將會逐年縮小。而如果將生育政策放寬，將會有人口增長幅度先擴大然后縮小的情況。

(二) 人口變動預測分析

1. 出生人口變動情況

從出生人口數量來看，按照設計的預測方案，在低方案條件下出生人口數量會逐年下降，而在中方案條件下出生數量會先出現一個緩慢的增長，在2017年到達峰值之后才開始緩慢下降。如果是高方案，出生人口數量將在2021年出現峰值，而且前后共有7年出生人口數量會超過100萬。未來20年，低方案會比中方案少生189.43萬人，中方案會比高方案少生242.23萬人（見圖7-5）。

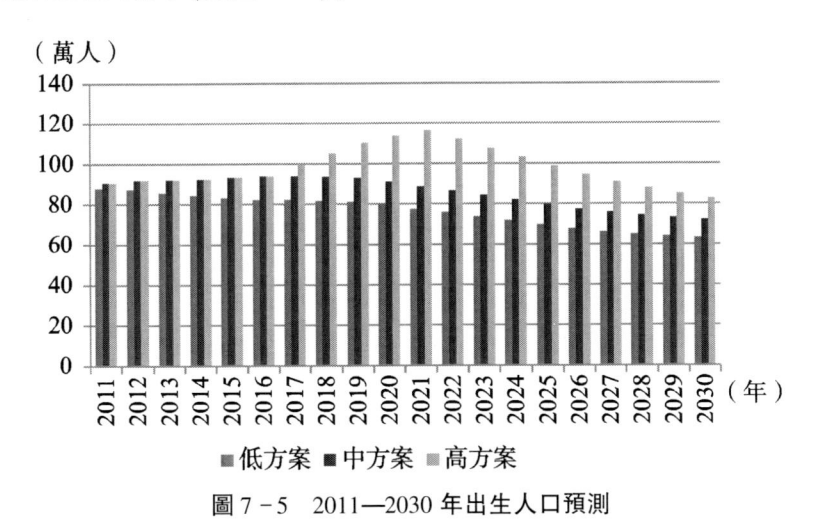

圖7-5 2011—2030年出生人口預測

從出生率來看，低方案和中方案的出生率都會出現明顯的下降趨勢，其中低方案下的出生率將由10.88‰降至7.66‰，中方案下將由11.23‰降至8.56‰，下降的幅度要低於低方案狀況。高方案下的生育率完全受生育政策的放寬程度和人們生育觀念的轉變的影響。如果要實現總和生育率達到2.1的更替水平，出生率將達到13‰以上，如果總和生育率保持在1.8左右，出生率將保持在10‰左右（見圖7-6）。

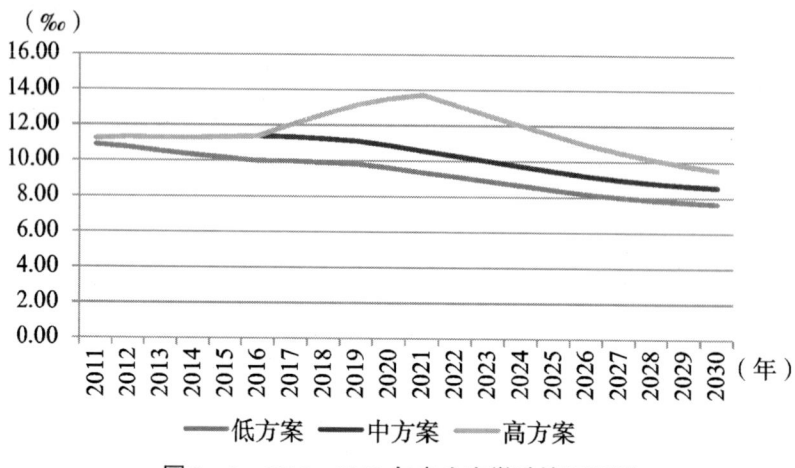

图 7-6　2011—2030 年出生率變動情況預測

2. 死亡人口變動狀況

在固定的死亡模式下，分性別的年齡別死亡率是一定的，死亡人口的數量取決於分性別年齡的人口數量。因此，低、中、高三種方案不同造成的分年齡性別人口的差異會導致三種方案下死亡人口數量的差異。由於預測期只有 20 年，預測期內出生的人口都處於年齡別死亡率較低的年齡段，因此三種方案死亡人口的差別不大。2011—2030 年四川死亡人口數量的變化趨勢是，從 2011 年開始逐年提高，由 2010 年第六次人口普查時的每年 53.94 萬人，增長到 2030 年的 80 萬人左右（見圖 7-7）。

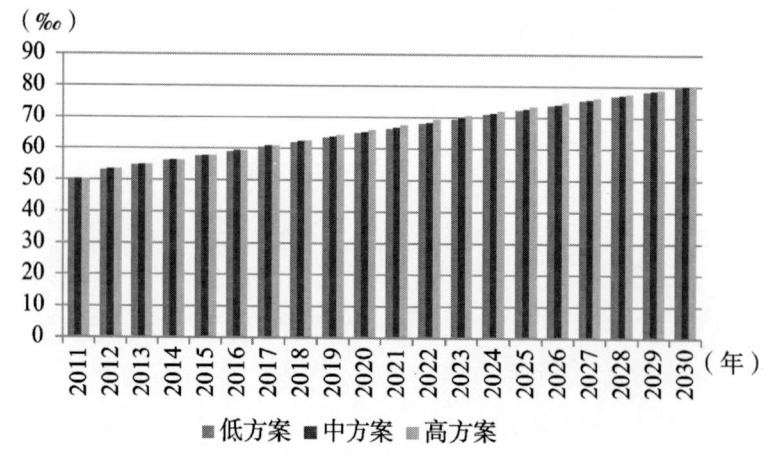

圖 7-7　2011—2030 年死亡人口數量變化狀況預測

與死亡人口數量增長狀況一致，三種方案的死亡率差別也不大，並且2011—2030年死亡率也呈連續升高的趨勢，由2010年第六次人口普查時的6.42‰提高到2030年的9.5‰左右（見圖7-8）。

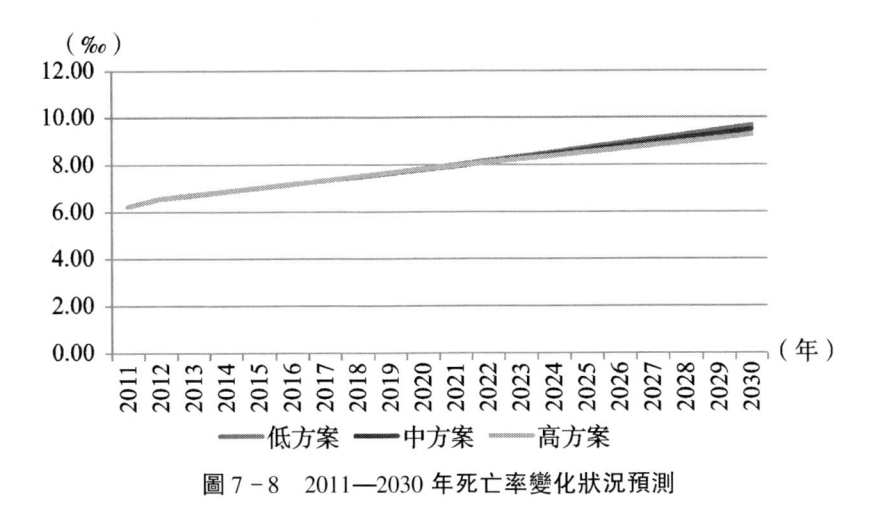

圖7-8 2011—2030年死亡率變化狀況預測

3. 人口自然增長率變動狀況

由於不同預測方案的死亡率差別不大，所以人口自然增長率的變動狀況主要受出生率變動的影響，和出生率的變動趨勢相似。低方案的人口自然增長率持續下降，而且下降幅度最大，將由5‰降低到-2‰；中方案也是持續下降，下降的幅度也較大，會由5‰降低至-1‰；而高方案的人口自然增長率會出現一段時間的升高才會有下降，而且在2030年之前不會降至0以下（詳見圖7-9）。

（三）人口結構預測分析

1. 0~14歲人口

無論是按照低方案還是中方案，0~14人口比重未來20年都將呈現遞減趨勢，低方案會使少兒人口比重下降到12.93%，中方案會使其降低到14.46%。而高方案會使少兒人口的比重出現一個先緩慢下降，然後明顯上升，再緩慢下降的過程（見圖7-10）。

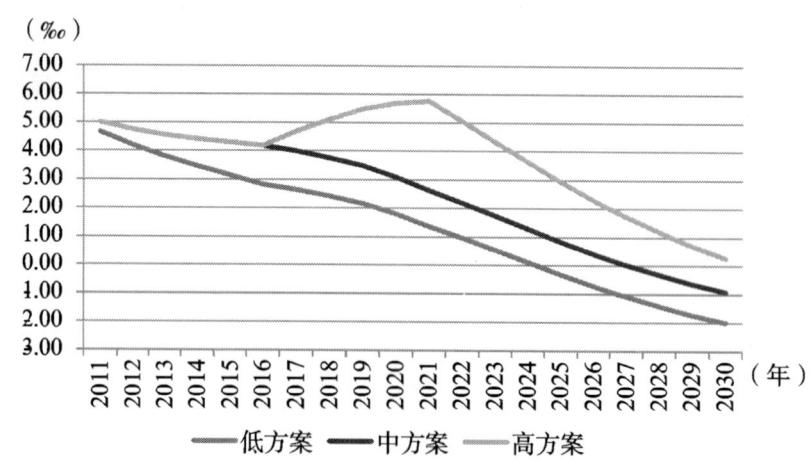

圖 7-9　2011—2030 人口自然增長率變化狀況預測（‰）

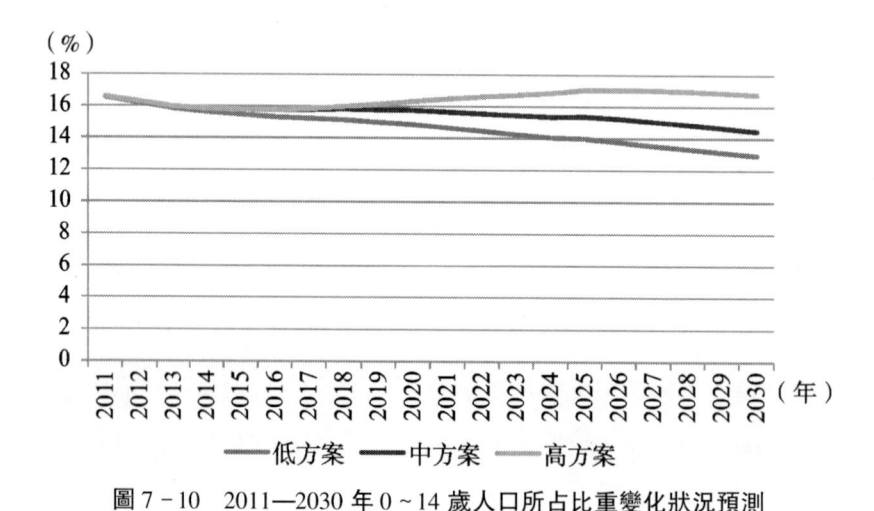

圖 7-10　2011—2030 年 0~14 歲人口所占比重變化狀況預測

2. 勞動年齡人口

四川勞動年齡人口數量出現的波動並不大。首先勞動年齡人口的峰值出現在 2013 年為 5,846.20 萬人，然后呈現波動減少態勢。按照低方案，預計 2030 年勞動年齡人口會降至 5,434.81 萬人，而中高方案則會降至 5,465.29 萬人（見表 7-2）。

表 7-2　　2011—2030 年四川勞動年齡人口變化狀況預測　　單位：萬人

年份	低方案	中方案	高方案
2011	5,820.15	5,820.15	5,820.15
2012	5,832.31	5,832.31	5,832.31
2013	5,846.20	5,846.20	5,846.20
2014	5,832.19	5,832.19	5,832.19
2015	5,819.38	5,819.38	5,819.38
2016	5,805.78	5,805.78	5,805.78
2017	5,759.83	5,759.83	5,759.83
2018	5,717.23	5,717.23	5,717.23
2019	5,678.99	5,678.99	5,678.99
2020	5,645.53	5,645.53	5,645.53
2021	5,625.86	5,625.86	5,625.86
2022	5,607.75	5,607.75	5,607.75
2023	5,597.69	5,597.69	5,597.69
2024	5,618.39	5,618.39	5,618.39
2025	5,630.10	5,630.10	5,630.10
2026	5,661.76	5,664.48	5,664.48
2027	5,650.56	5,657.68	5,657.68
2028	5,569.18	5,582.37	5,582.37
2029	5,502.21	5,523.17	5,523.17
2030	5,434.81	5,465.29	5,465.29

　　同時，勞動年齡人口老化（或稱高齡化）現象明顯。從勞動力資源年齡結構變動趨勢來看，低年齡組（16～19歲組）受出生人口影響，一直呈下降趨勢；20～24歲組和35～39歲組先增后降，而25～34歲組為先降后增，這與總人口的起伏波動相一致；45～64歲人口占勞動人口的比重逐年上升，從2010年的35%左右上升到2027年的46.5%，之后基本保持在較高水平（見圖7-11）。這些數據表明勞動力老化現象將會加劇。

图 7 - 11　2011—2030 年 45 ~ 64 歲人口占勞動人口的比重預測

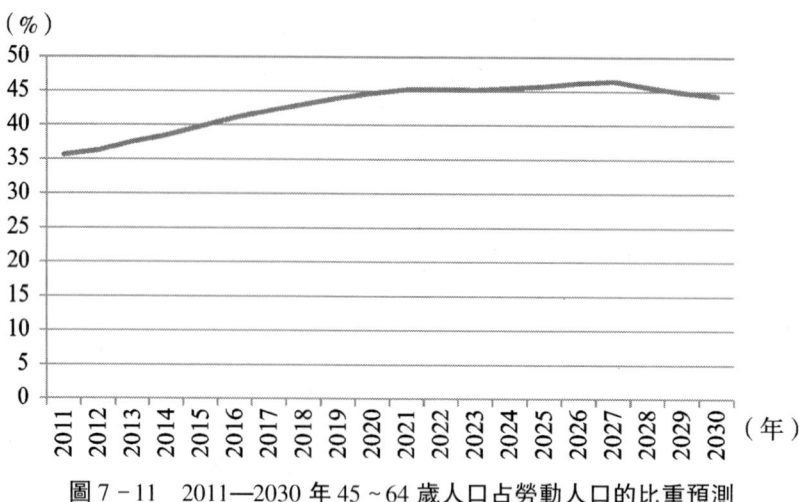

3. 老年人口

未來 20 年四川的人口老齡化現象將極為嚴重。

首先，人口老齡化進入了加速階段，老年人口在總人口中的比重將會出現快速提升的趨勢，從 2010 年的 10.95% 上升到 2030 年的 20% 以上，低、中、高三種方案差別不到 1 個百分點（見圖 7 - 12）。這說明放寬生育政策並不能明顯遲滯人口老齡化的速度。

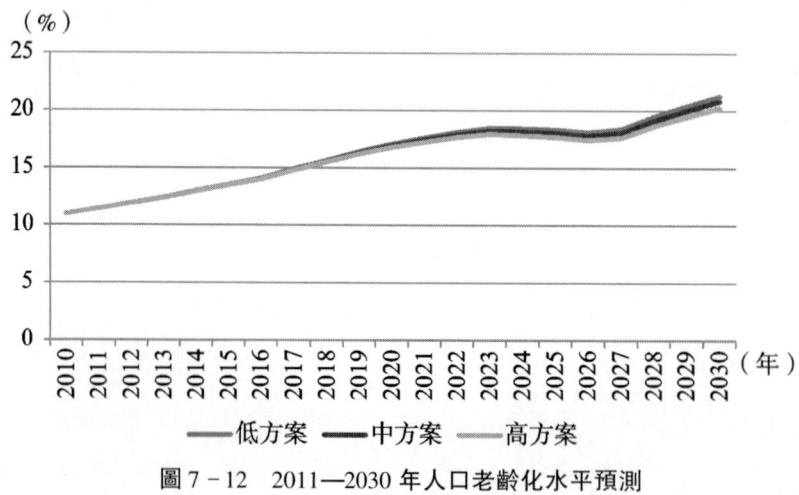

图 7 - 12　2011—2030 年人口老齡化水平預測

其次，老年人口負擔日益沉重，從老年人口數量上來看，其將會在

2013年突破1,000萬人,未來20年平均每年增長43.86萬人,到2030年達到1,758萬人。在老年人口數量迅速膨脹的同時,還存在高齡人口群體的迅速擴大,2030年將達到472.26萬,是2010年的3倍多。

4. 人口撫養比

人口總撫養比在未來20年的變化狀況,不同的預測方案差異較大。如果按照低方案來看,四川人口撫養比在2029年以前都在50%以下,人口負擔較輕;如果按照中方案來看,人口撫養比在2022年達到50%,並在2027年之前在50%上下波動,人口負擔也比較輕;而如果要按照高方案來看,在2020年人口撫養比就會達到50%以上,而且持續升高,在2030年達到59%(見圖7-13)。由此可見,放寬生育政策會造成人口撫養比的上升,人口負擔的加重。因為已經形成的老年人口群體造成的人口負擔是一定的,而高出生率又會帶來少兒撫養比的提高,從而使人口負擔由「一頭重」變為「兩頭重」。

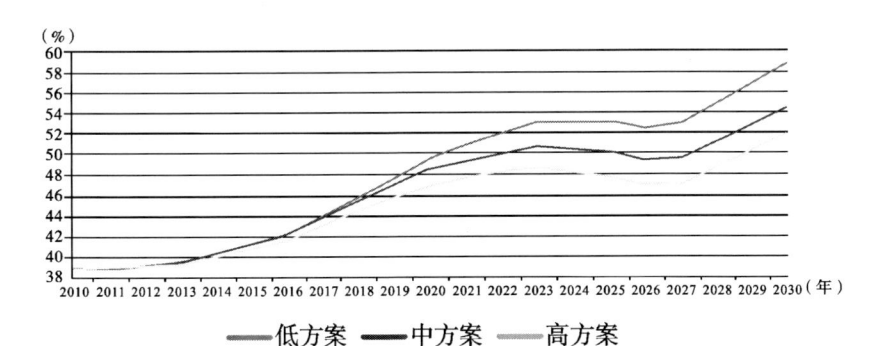

圖7-13 2011—2030四川人口撫養比變化狀況預測

5. 人口性別結構

未來20年面臨的主要的性別結構問題是多年來的出生性別比失調可能造成的婚姻擠壓。根據預測結果發現,在2020年21~30歲年齡段的男性比女性共多出34萬余人,而到了2030年這個年齡段的男性比女性共多出47萬余人,而差距最大的2026年則高達50.84萬人(見圖7-14),說明未來20年四川婚齡人口會面臨一定程度的婚姻擠壓問題。

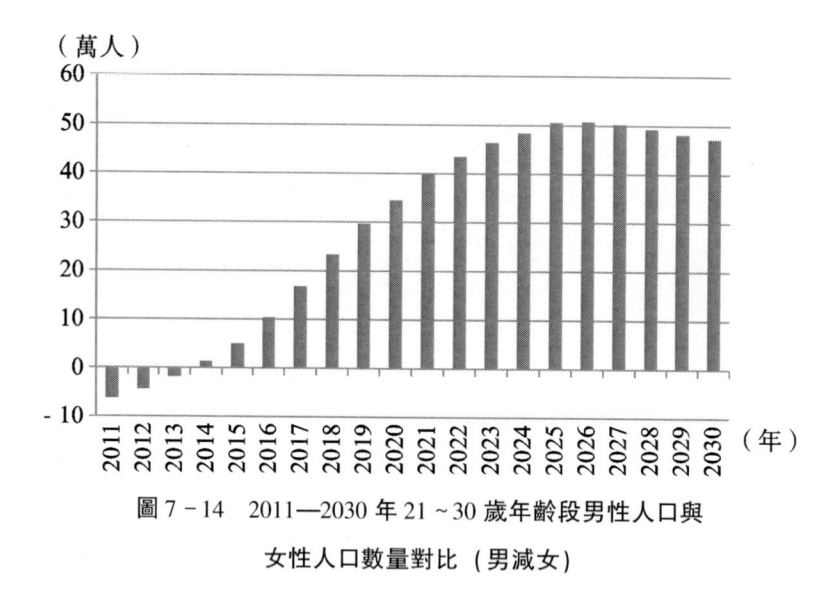

图 7-14　2011—2030 年 21~30 歲年齡段男性人口與女性人口數量對比（男減女）

三、四川人口長期均衡發展面臨的問題與挑戰

在基本掌握了人口發展變動大體趨勢的基礎上，分析人口內部長期均衡發展可能面臨的問題，以及人口因素的變動對外部系統的影響，總結人口長期均衡發展面臨的挑戰，有利於明確促進人口長期均衡發展的任務。

（一）人口內部長期均衡發展面臨的問題

根據人口預測結果，綜合對比三種方案，分析四川人口發展變化的形勢，對於未來 20 年四川人口內部長期均衡發展態勢，可以得出以下幾個基本結論：

1. 四川人口形勢將發生根本變化

未來 20 年，四川人口將先后迎來三個拐點，分別是勞動力數量的拐點、出生人口數量的拐點和人口總量的拐點。這意味著人口發展的基本形勢將會發生根本性的變化，人口膨脹的階段將要結束。但是，人口規模龐大的問題將長期存在。據有關專家測算，就 2005 年時四川的資源和環境而言，四川省最大人口容量為 9,181 萬人，適度人口規模為 4,356.5 萬人

左右。① 在科學技術未發生革命性突破的條件下，這兩個指標都不會發生大的變化。而在2010年四川總人口已達到8,041.75萬，儘管四川婦女的生育水平已經很低，但由於人口慣性的作用，未來20年全省人口總量將會一直保持在8,000萬以上。根據本研究的預測結果，如果嚴格執行當前的計生政策，或者維持現有的生育水平不變，2030年之前人口總量會出現拐點；如果將生育政策放寬，使總和生育率維持在1.8～2.1，則2030年之前不會出現拐點，進一步逼近最大人口容量。因此人口過多仍是四川面臨的首要問題。

2. 人口規模和人口結構的不均衡

人口規模與人口結構的不均衡主要是為控製人口規模而帶來的一系列人口問題。為遏制人口快速增長勢頭，從20世紀70年代起，中國開始實行嚴格控製人口增長的計劃生育政策，四川省是較早開始試行並執行該政策的地區之一，也是目前全國政策生育率較低的省份之一。經過三十多年的努力，我們成功拆除了人口快速增長的「引信」，遏止了人口膨脹的態勢，其正面效果是顯著的。但是，快速、持續的超低生育率帶來的負面影響也是巨大的，這主要體現在對人口結構的影響上，具體來講就是人口老齡化的加快和出生性別比的嚴重失衡。

在把嚴格控製人口規模作為目標的情況下，由於人口平均預期壽命仍然不斷增長（這是人類追求的目標之一），就必然需要依靠降低生育率從而減少出生人口數量來達到目的。隨著壽命延長和以往高出生率時出生人口進入老年，使得老年人口規模增加較快；而同時青少年人口減少，這就直接造成老年人口比重提高，因此人口老齡化程度不斷加重。人口規模控製越嚴格，人口老齡化速度越快，老齡化狀況越嚴重。但如果放棄人口控製政策，人口老齡化的進程會因此而減慢，卻會使生育率反彈和上升，人口總量必然會以更快的速度增加。所以在對人口進行調控時，必須全面考慮人口總量增長與老齡化加快兩個方面的問題，力求找到一個人口總量不要增加過快、老齡化速度也不要過快的最佳平衡點，使總負面影響達到可

---

① http://news.proc.sina.cn/w/?c=c&d=2005-01-06&i=14195447091.

能的最小值。

性別選擇是一個在特定生育政策環境下，生育家庭個體為了使自己的生育行為目標訴求與國家生育政策環境約束相適應而進行的綜合的生育行為決策過程，性別替代是生育家庭在現行生育政策環境下由於其孩子數量訴求得不到滿足而退求其次做出的生育行為選擇。① 出生人口性別比呈隨孩次升高而升高的態勢證明了這一點。與全國出生人口性別比比較，本研究發現四川出生人口性別比和全國出生人口性別比的異動趨勢基本一致，即一孩性別比基本在正常值附近徘徊，二孩、三孩的出生人口性別比與孩次的高低成同方向變化（見圖7-15）。

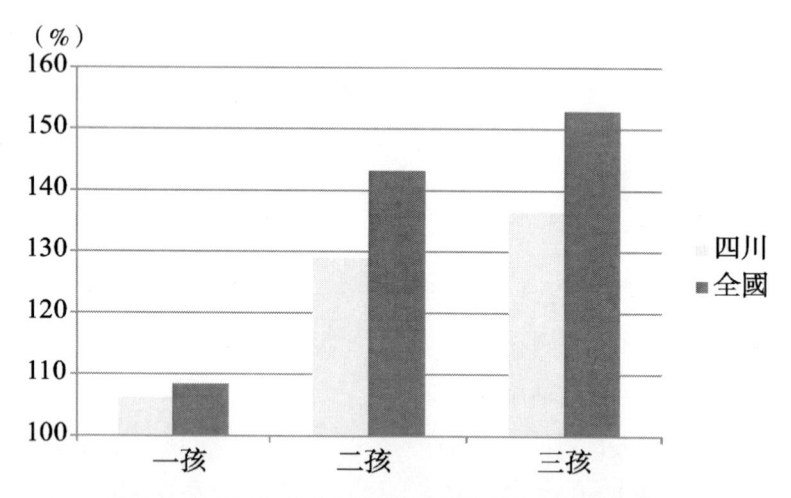

圖 7-15　2005年四川與全國分孩次出生人口性別比

數據來源：《2005年全國1%人口抽樣調查資料》《2005年四川省1%人口抽樣調查資料》。

3. 四川勞動年齡人口形勢喜憂並存

四川勞動力數量狀況比較樂觀。在2030年之前，四川的勞動年齡人口數量都比較充裕，應該不會出現勞動力資源供給不足的問題，反而會給社會帶來如何充分就業的壓力。並且未來20年大部分時間四川的人口撫

---

① 楊成鋼. 從行為機制看性別比問題與生育政策的關係［J］. 人口研究，2009（3）：41-44.

養比較低，屬於人口負擔較輕的階段，這十幾年的「人口機會窗口」或者說「人口紅利期」，為四川加強社會保障制度及其配套措施的建立、迎接快速老齡化的挑戰提供了戰略機遇。

但是，勞動人口的結構和素質問題比較令人擔憂。人口預測結果顯示，四川勞動力高齡化趨勢比較快，45~64歲人口占勞動年齡人口的比重將由2010年的35%提高到2027年的46.5%，2030年還會維持在45%左右。與之相伴的勞動力素質偏低，又給勞動年齡人口增加了複雜的局面，將給產業結構的升級和調整帶來更多的挑戰。

4. 提高人口身體素質的前景不容樂觀

儘管四川人口身體素質的各項指標均取得了明顯進步，但是其發展前景不容樂觀。首先是繼續降低嬰兒死亡率的空間不大；其次是降低出生缺陷發生率的工作一直難度較大；再者是老年期特別是高齡期是慢性疾病的高發期，快速的人口老齡化以及高齡化必然帶來慢性疾病發生率的提高。

5. 人口分佈與人口結構之間存在不均衡

人口遷移流動帶來了一系列人口結構問題，這一點主要體現在農村。最為突出的問題是，大量青年人口外流，造成了農村地區老年人口所佔比重過大，使得農村地區該比重高於城市地區。四川人口流動非常活躍，而且是人口流出大省，造成了四川農村地區老齡化形勢較為嚴峻。

(二) 人口外部均衡面臨的問題

未來20年人口發展變化的複雜局面，不僅影響自身的長期均衡發展，而且會對經濟社會以及資源環境造成較大的影響，從而影響了人口長期均衡發展的狀況，使人口長期均衡發展面臨一些問題。

1. 人口數量與經濟發展之間的不均衡

人口數量持續膨脹對經濟發展構成了巨大的壓力。《四川省國民經濟和社會發展第十二個五年規劃綱要（2011—2015年）》提出的發展目標是，到2015年全省生產總值年均增長12%左右，2015年突破3萬億元大關，人均生產總值達到3.5萬元左右，進入中等收入地區，與全國平均水平差距明顯縮小。以這個標準計算，按照低方案預測的結果，2011—2015年的新增人口，就將「佔用」548.39億元的GDP，佔2015年GDP總量

（3萬億元）的1.83%。如果按中高方案預測的結果，被「占用」的GDP將高達656.19億元，占當年GDP總值的2.18%。這將會遲滯四川追趕全國平均水平的速度，延緩四川進入中等收入地區的時間。

2. 人口文化素質難以滿足經濟社會發展需要

人口文化素質較低是制約四川經濟發展的重要因素。儘管四川人口文化素質有一定程度提高，但是人均受教育年限只有7.59年，與全國相比、與科學技術迅猛發展的要求相比，依然偏低。四川人口文化素質較低問題突出表現在：一是文盲人口偏高。2005年四川15歲及以上人口中，文盲人口比重為8.31%。2009年則進一步升高到了9.17%，在全國排第8位。二是四川省6歲及以上人口的受教育程度大多集中在小學與初中，占到了總比重的74.68%，高中水平僅占10.52%，大專及以上僅占5.2%，均低於國平均水平（見圖7-16）。

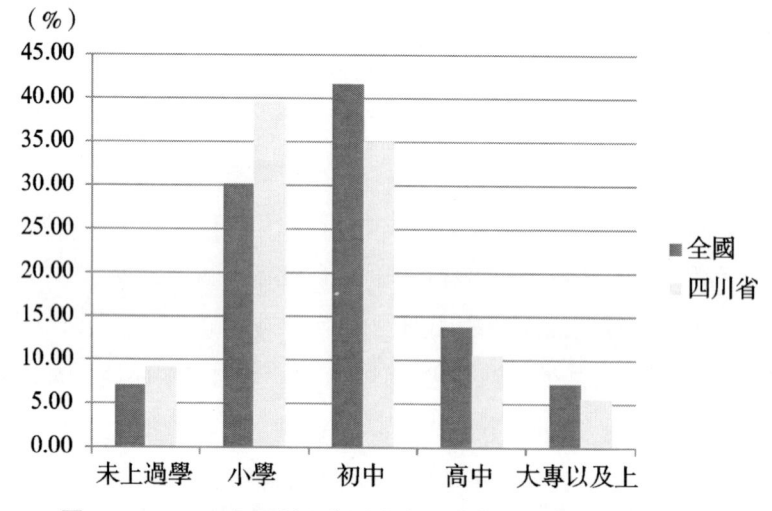

圖7-16 2009年四川6歲以上人口受教育狀況與全國的比較

數據來源：《中國統計年鑒》（2010）。

勞動力素質層次較低導致產業結構失衡，人力資源結構性矛盾突出。人力資本對經濟發展的貢獻率僅為35%，與發達國家的75%差距巨大，[1]

---

[1] 郭婧. 中國人力資本對經濟增長貢獻的發展空間巨大[N]. 光明日報, 2008-04-15.

難以有效拉動產業結構的調整。第一產業從業人員以小學和初中文化為主，占86%，平均受教育年限為7年，難以實現勞動力梯次轉移，制約現代農業發展步伐；第二產業從業人員以初中、高中文化程度為主，占73%，平均受教育年限為10年，難以為中國製造業產業結構優化升級，擺脫低端「世界工廠」地位提供必要技能人才；第三產業從業人員整體文化程度相對較高，高中以上占60%，平均受教育年限為12年，但仍然不能為以金融和信息為主的現代服務業提供必要的人力資本支撐。人口質量總體不高，制約產業結構升級和綜合競爭力的提高。

3. 人口老齡化與經濟社會發展程度的不均衡

快速老齡化日益成為影響經濟社會發展的主要因素。老齡化水平與目前經濟、社會發展水平不均衡。1997年年底四川65歲及以上的人口占總人口的比重超過了7%，標誌著四川進入了老年型社會，之后人口老齡化呈加速趨勢，但四川是在經濟和社會還處於發展中、生產力發展還不發達的特定歷史條件下進入老齡化社會的。進入老齡化社會對整個國家而言屬於「未富先老」，但四川省的人均GDP明顯低於全國的水平，卻比全國提前四年步入了老齡化社會，更是「未富先老」。四川經濟水平相對落後，經濟供養能力不足，在養老金、醫療保障、長期照料等方面的準備和供應還不充分，還沒有能力應對如此迅速的老齡化進程，造成了快速老齡化與養老保障制度不匹配、老齡化水平與經濟社會發展水平的不平衡。

（1）人口老齡化狀況的預測

由於2030年的老年人口，最晚也要出生於1965年，因此對老年人口數量的考察，無需考慮低、中、高三種生育方案的影響，未來20年老年人口數量，只受45歲及以上人口數量和分年齡死亡率的影響。2010年第六次人口普查四川老年人口的數量2010年為880.55萬，通過預測我們發現，該數據2030年將增加到的1,757.76萬人，增長一倍還多，平均每年增加43.86萬人，而且其中有6年的淨增加老年人口數量超過60萬人（分別是2017年的71.50萬人，2018年的65.65萬人，2019年的66.08萬人，2028年的88.89萬人，2029年的71.73萬人，2030年的69.73萬人）。可見未來20年四川老年人口規模擴大的速度相當快，四川將面臨數

量迅速增加、規模龐大的老年人口（見圖7-17）。

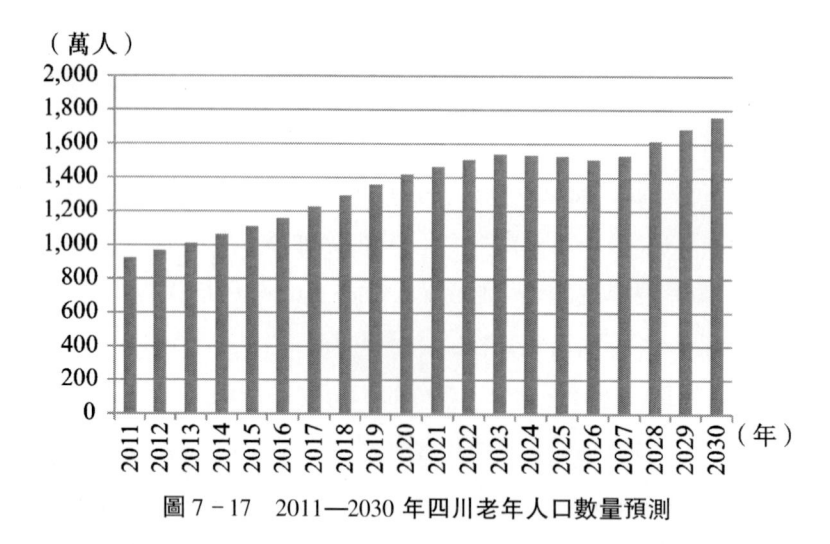

圖7-17　2011—2030年四川老年人口數量預測

在快速人口老齡化的同時，老年人口的年齡結構不斷向高齡化發展，高齡老年人口（80歲及以上）的比重不斷提高（見圖7-18）。2010年第六次人口普查時四川共有高齡人口151.31萬，預計到2030年這個數據將達到472.26萬，是2010年的3倍多，其增長速度要遠遠快於老年人口的增長速度。

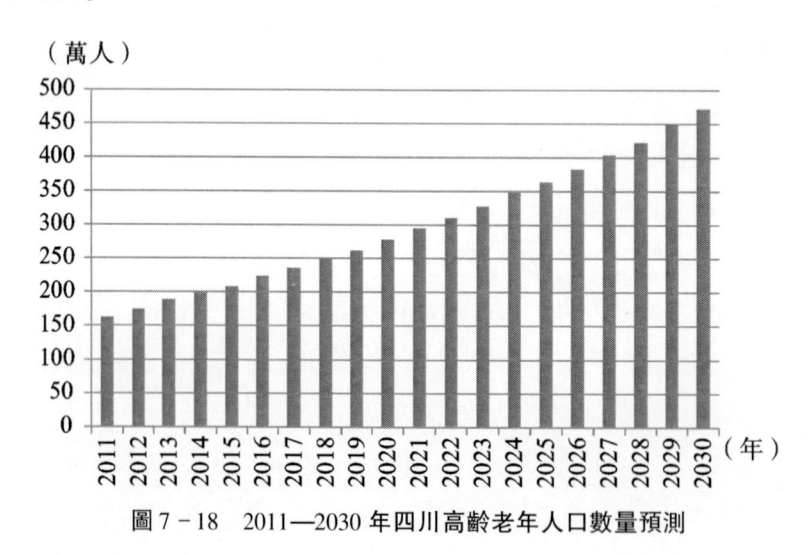

圖7-18　2011—2030年四川高齡老年人口數量預測

（2）老年人口數量的急遽擴大對經濟社會的影響

首先，老年人口規模擴大將會對社會養老保障構成巨大的壓力。有研究發現，從20世紀70年代初到90年代中期，西方發達國家65歲及以上人口比重每提高一個百分點，社會保障支出水平就相應提高平均約為5.13個百分點。[1] 老年人口數量擴大對社會保障造成較大壓力，而且主要是對養老金的壓力。這方面發達國家已經有前車之鑒。早在20世紀80年代初期，美國人口老齡化程度在11%時，退休金就已經入不敷出，政府不得不挪用其他福利項目費來填補退休金的空缺，1981年美國政府預算的退休金占財政預算的25%，預計到2025年將高達63%。在歐洲老齡化程度較深的國家中，幾乎所有國家的養老金都出現了巨大的財政赤字。20世紀90年代中期，中國在設計基本養老保險基金模式時，曾反覆測算過人口老齡化對養老基金的壓力，選擇了社會統籌和個人帳戶相結合的部分累積基金制，期望按照社會統籌與個人帳戶相結合的模式，使養老保險基金的籌資方式從現收現付制轉向預籌累積制。但從運行狀況來看，養老保險基金缺乏累積，難以適應老齡化的社會要求，實現養老基金收支長期平衡無疑是中國社保體系面臨的巨大挑戰。四川省2010年城鎮養老保險基金總收入805.4億元，比上年增長83.4億元，增長11.6%；而支出610.2億元，比上年增加118.2億元，增長24.8%；年末基本養老保險基金累計結存928.4億元，支出增大的速度和幅度都超過了收入，收支平衡存在較大風險。隨著老年群體的擴大和勞動力數量的減少，四川養老基金收支平衡問題將面臨更大的壓力。

更大的挑戰是來自農村地區，根據國務院《關於開展新型農村社會養老保險試點的指導意見》，結合本省實際情況，2009年四川省制定了《四川省新型農村社會養老保險試點實施辦法》，並在47個市（縣）開展了新型農村社會養老保險試點。新農保的保障能力不夠強，以一年繳費100元，共交保費20、25、30年，在3%利率條件按下，居民最後的年給付約為363元、425、478元。以一年繳費500元，共交保費20、25、30

---

[1] 穆懷中. 老年社會保障負擔系數研究 [J]. 人口研究, 2001 (4)：19-23.

年，則在3%利率條件按下，居民最后的年給付約為1,521元、1,781、2,003元。即使在不考慮通貨膨脹因素的前提下，農村居民的年給付都難以為其提供基本的生活費用，無法滿足農村老年人的養老保障。另外，考慮到我省農村居民的實際收入狀況，各地區的新農保支付能力差異較大，且多數地區的支付負擔較重。總之，隨著老年人口規模的擴大，四川養老基金面臨較大的壓力。

其次，老年人口規模擴大對醫療保障造成巨大的壓力。老年人由於人體生物有機體的老化，免疫功能不斷下降，身體健康狀況較差，對醫療的依賴程度會有較大提高，因此用於醫療保健的費用也會大幅度提高，造成醫療保障的巨大開支。有資料證明，人均醫療費用與年齡密切相關，一般情況下60歲以上年齡組的醫療費用是60歲以下年齡組醫療費用的3～5倍。衛生部衛生統計信息中心關於《中國健康模式轉軌和服務需求變化及其對經濟社會的影響》報告指出，即便是按1998年的醫療實際費用支出計算，人口老齡化帶來的醫療需求量負擔到2025年將增加37%；如果考慮到各年齡組的醫療實際費用按GDP增長率同比增長，中國醫療需求量費用到2025年將增加47%。2010年四川城鎮職工基本醫療保險基金總收入191.9億元，比上年增長32.4%，總支出139.9億元，比上年增長28.3%。城鎮居民基本醫療保險基金總支出12.6億元，比上年增長106.6%。這還不包括農村醫療保障。可以預料，未來20年四川醫療保障的壓力將會非常大。

最后，高齡老年人口群體的擴大對社會養老服務提出更多的需求。高齡老年人在老年人口群體中具有一定的特殊性，高齡老年人的撫養是老年人口撫養問題的難中之難，高齡老年人由於其生活自理能力較差甚至完全喪失生活自理能力，在生活照料、日常保健和疾病護理等方面有特定需求。與此同時，家庭的發展變化和人口遷移流動使應對快速老齡化的處境變得更加艱難，家庭觀念的改變和家庭人口規模的下降，以及婚姻穩定性的下降，對以家庭為主的養老模式提出了挑戰；而人口遷移流動造成的家庭空巢化和農村空心化，加深了老年人口生活照料模式的困境。這些方面都加大了我們社會照料的需求。對老年人的照料往往需要社會和社區的專

業化服務才能更好地滿足這些需求。因此高齡老年人對老年社會服務體系、老年醫療保健和老年生活服務提出了更高的要求。即使按照中國老年發展「十二五」規劃提出的「每千名老年人擁有養老床位數 30 張」的標準不變，到 2030 年四川還應該擁有養老床位 52.72 萬張。而四川現有養老服務設施床位只有 29.1 萬張。如果按照國際標準最多 4 個入住養老機構的老人就配備一個服務人員，那就意味著 2030 年四川省將擁有超過 13 萬人的養老服務人員。

總之，由於老年人口規模擴大造成的社會需求迅速增多，以及為解決這些需求而進行的經濟社會資源配置調整，是四川經濟社會發展將要面臨的主要挑戰。

4. 人口年齡結構變化對教育發展的影響

未來人口年齡結構變化過程中，各教育階段適齡人口必然發生相應變化，從而對教育事業的發展產生直接影響。特別是教育適齡人口波動較大的情況，對教育發展產生的影響也會比較大。

(1) 各個教育階段適齡人口的變動情況預測

第一，小學適齡人口（6~11 歲）數量將會出現一定程度的波動。根據人口預測結果對未來人口的變動狀況分析顯示，2016 年以前小學適齡人口數量基本保持穩定，但從 2017 年開始，不同的生育水平就會對小學適齡人口數量產生影響。如果是按照低方案設計的生育水平（即嚴格執行生育政策），2017—2030 年小學適齡人口數量將連續下降，從 2016 年的 512.34 萬人降低到 2030 年的 444.84 萬人，平均每年下降 4.82 萬人。如果按照中方案（維持現行生育狀況）的生育水平，小學適齡人口數量會發生波動，在經歷 2015—2019 的小幅度下降之後（由 2015 年的 527.18 萬人下降到 2019 年的 510.41 萬人），2020—2025 又會大幅度上升（2025 年增長到 539.46 萬人），2026—2030 年將會再次下降（2030 年降至 508.39 萬人）。如果按照高方案（放寬生育政策）的生育水平，小學適齡人口數量從 2021 的大幅度上升將會比中方案上升的幅度更大，維持的時間更長，其峰值出現在 2029 年，為 643.11 萬人（見圖 7-19）。由此可見，不同的生育政策對未來小學適齡人口數量有直接的影響，不過總體判

斷，變化幅度不會太大。

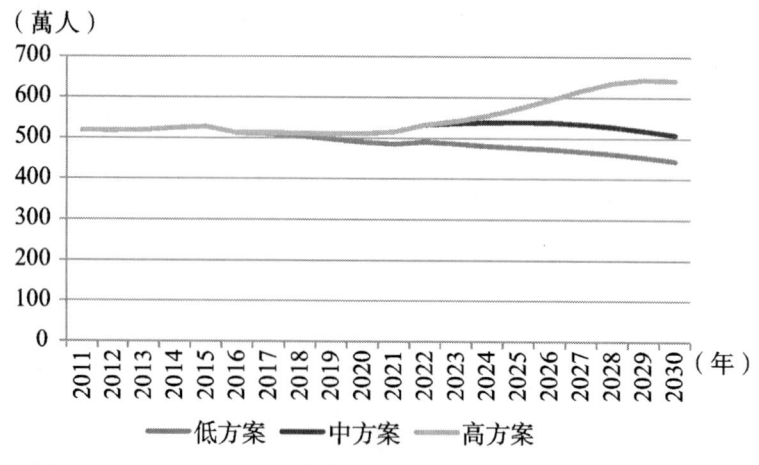

（萬人）

圖 7-19　2011—2030 年小學適齡人口（6~11 歲）變化狀況預測

第二，初中適齡人口（12~14 歲）將出現大幅度的下降。2010 年第六次人口普查時的四川初中適齡人口多達 327.07 萬，預測顯示該數據在 2030 年將下降到 237.11 萬～287.90 萬。而且，初中適齡人口的下降主要集中在 2015 年之前，其下降幅度達到 67 萬人，平均每年下降 13 萬餘人。2015 年之后初中階段適齡人口的變化狀況會受到不同預測方案的影響，不過各方案的差異比小學階段要小很多。如果是按照低方案的預測，初中教育適齡人口是呈連續下降狀態；如果按照中方案，則是在波動中基本保持平穩；高方案的預測結果和中方案基本一致，區別就在於高方案在 2029、2030 兩年的人數比中方案稍高（見圖 7-20）。

第三，高中適齡人口（15~17 歲）也會經歷先大幅度下降然后持續波動的狀況。高中適齡人口變化的大體狀況是 2011—2018 年連續大幅度下降，2010 年第六次人口普查時四川高中階段適齡人口數量是 395.20 萬人，而到了 2018 年將下降到 252.68 萬人，下降達 142 萬餘人，其下降幅度比初中適齡人口的下降幅度還要大。2019—2030 年高中適齡人口雖稍有波動但變化幅度不大，具體的變化狀況中方案和高方案沒有差別，而低方案的差別也是在預測期的最后幾年，差距也並不大（見圖 7-21）。

第四，高等教育適齡人口（18~22 歲）呈現持續下降態勢。三種預

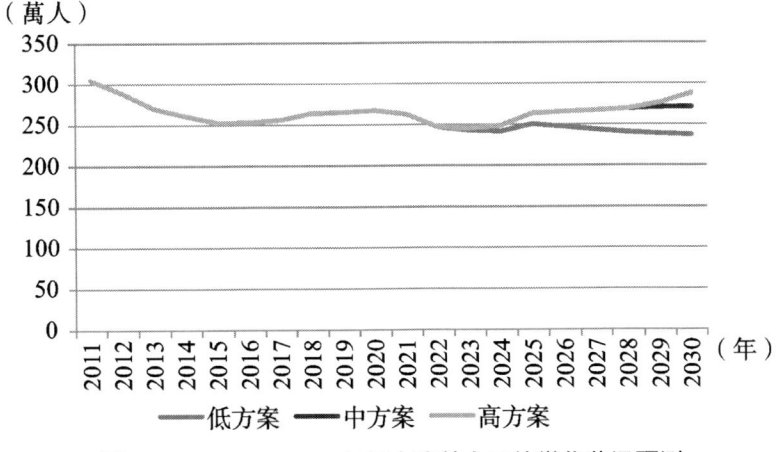

圖 7-20　2011—2030 年初中適齡人口的變化狀況預測

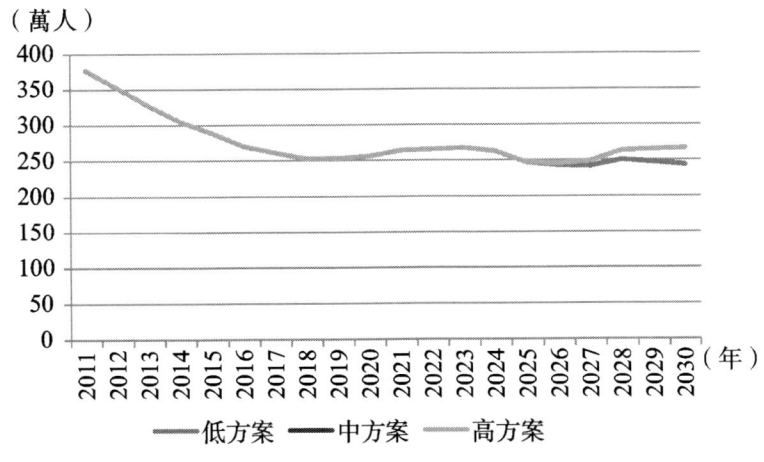

圖 7-21　2011—2030 年高中適齡人口的變化狀況預測

測方案對高等教育適齡人口的預測基本不存在差別，高等教育適齡人口呈現下降態勢，其中 2011—2023 年連續下降，尤其是 2015—2021 年的下降幅度較大，2024—2030 年雖有波動，但也呈現緩慢下降的態勢（見圖 7-22）。

（2）未來中小學適齡人口對師資隊伍的影響

教育適齡人口的變化直接關係到教育資源的配置，其中師資是教育資源中最重要的資源，教育適齡人口變化對師資隊伍有較大的影響。當然，

（萬人）

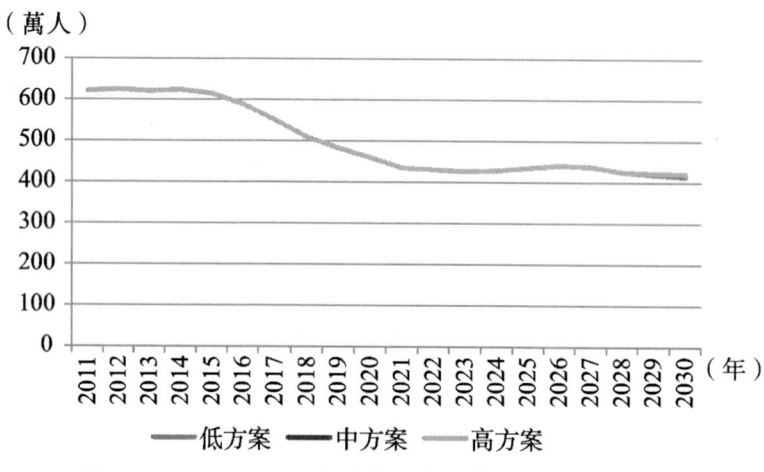

图7-22　2011—2030年高等教育適齡人口變化狀況預測

不同的教育階段適齡人口變化情況不同，發展基礎和目標也不同，受教育適齡人口對師資等教育資源的具體影響也不同。

第一，義務教育階段師資需求會有所降低。義務教育階段毛入學率較高，可提升的空間不大，小學和初中適齡人口的下降，必將會造成師資力量需求的下降。參考中國各級普通學校2008年生師比：小學18.38，初中16.07，[1] 按照中方案預測的小學、初中適齡人口數計算得出小學教師需求量的變化狀態，2011—2030年小學教師需求數量在27.65萬～29.35萬波動，初中教師需求數量在15.27萬～18.98萬波動。2010年小學教師需求量為28.49萬，初中教師需求量為20.35萬，表明2011—2030年小學教師需求量變化不大，但初中教師需求量會有所降低（見圖7-23）。

第二，高中教育階段師資需求壓力會得到緩解。高中階段毛入學率有較大提升空間，按照《四川省中長期教育改革和發展規劃綱要（2010—2020年）》和《四川省「十二五」教育事業發展規劃》，四川高中毛入學率將從2010年的75%提升到2015年的85%，並在2020年提高到90%以上。假定2010—2015年每年提升兩個百分點，2015—2030年每年提升1

---

[1] 中國教育和科研計算機網. 各級普通學校生師比（截至2008年）[EB/OL]. (2010-01-21). http://www.edu.cn/school_496/20100121/t20100121_441884.shtml.

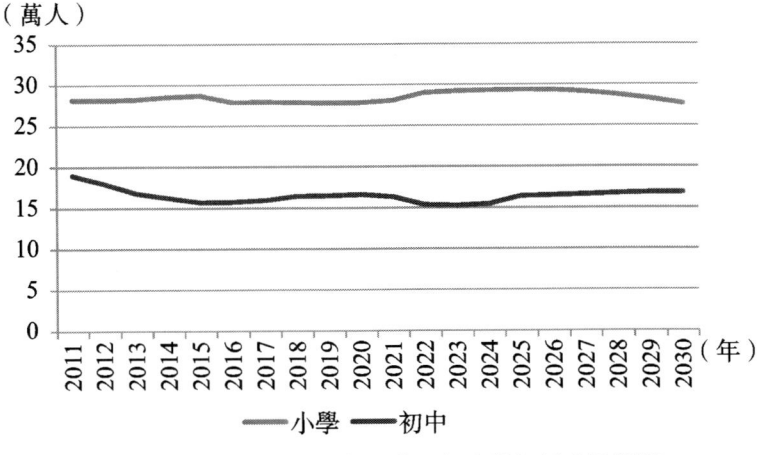

图 7-23　2011—2030 年小學、初中教師需求量預測

個百分點，則 2011—2030 年高中在校生人數發展變化狀況如圖 7-24 所示；2011—2018 年，高中在校生人數大幅度下降，之后波動增長，但變化幅度不大。當然，實際過程中，高中適齡人口數量的減少，為高中毛入學率的迅速提高提供了「契機」，因此即便如此，和 2010 年相比，高中在校生規模也會出現縮小的趨勢。

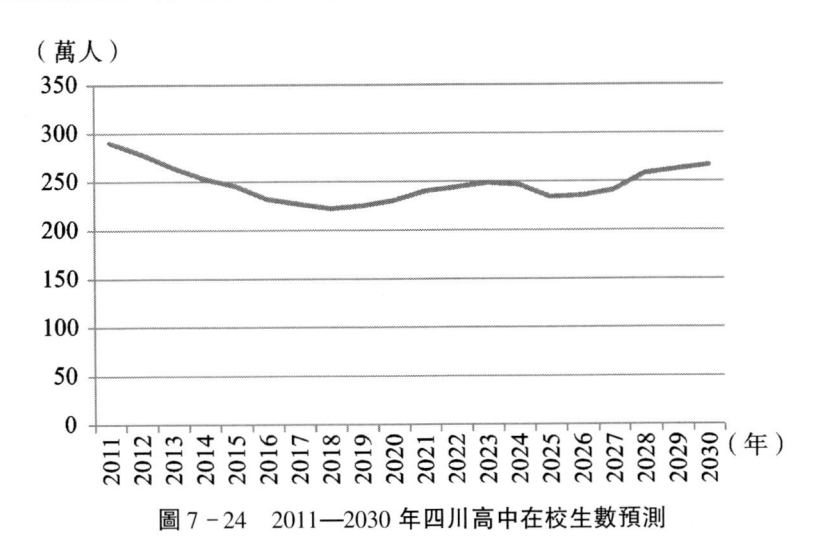

圖 7-24　2011—2030 年四川高中在校生數預測

綜合上述判斷，無論是小學、初中還是高中階段將來出現的在校學生數減少情況，都不意味著教育資源的「過剩」，因為無論就四川還是全國

來講，中小學教育資源都是相對緊張的，一定階段出現的受教育人口萎縮，為整合教育資源、提高教育質量提供了戰略機遇。

(3) 高等教育適齡人口變化對高等教育發展的影響

《四川省中長期教育改革和發展規劃綱要（2010—2020年）》和《四川省「十二五」教育事業發展規劃》提出2015年高等教育在校生總規模達到196萬人左右，毛入學率從2010年的25%提高到32.7%，2020年高等教育毛入學率進一步達到40%，在校生總規模達到210萬左右。根據人口變動預測的結果，2015—2021年四川高等教育適齡人口會出現大幅度的下降（見圖7-25），如此一來，2015年的196萬人可以使高等教育毛入學率達到32.7%的目標，但由於2015—2021年下降幅度較大，2020年210萬的在校生，足以使高等教育毛入學率達到45.7%。如果繼續保持這個毛入學率的水平不變，那麼2021—2030年的高等教育在校人數也會保持在200萬人以下。

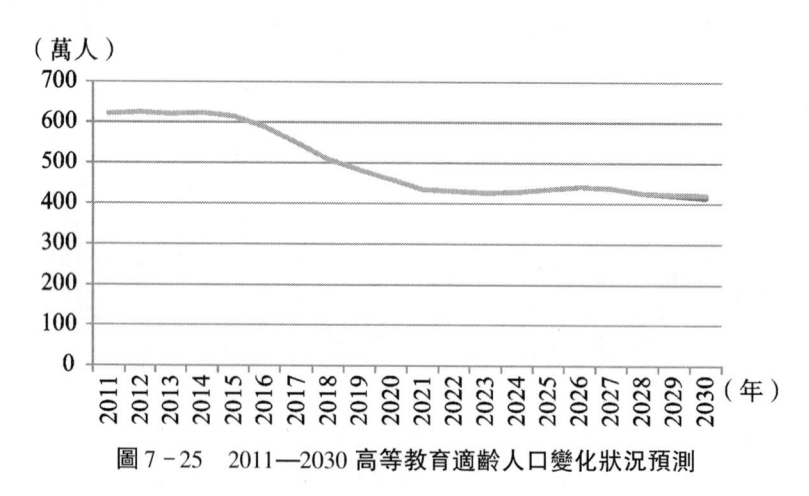

圖7-25 2011—2030高等教育適齡人口變化狀況預測

根據上述預測，我們可以得出這樣的結論：2011—2020年四川高等教育發展的負擔較重，應該進一步加大對高等教育的投資力度；而2021—2030年的十年間，是四川高等教育發展壓力較輕的時期，可以利用這個機遇，將高等教育發展的側重點由擴大高等教育規模轉向提高高等教育質量。

5. 勞動力供給狀況與經濟需求之間的不均衡

（1）2011—2030 年四川勞動力供給狀況

關於勞動力的供給狀況，在勞動年齡人口部分已經有了描述。需要強調的是，四川勞動年齡人口在 2013 年出現 5,846.20 萬的峰值，之後逐步減少，在 2030 年要下降到 5,400 余萬，減少 400 萬左右。

（2）2011—2030 年四川勞動力需求趨勢分析

預測未來勞動力的需求，必須首先確定經濟增長率和就業彈性係數，就業彈性係數是指經濟（GDP）增長率與就業增長率的比值。但由於四川二元經濟特徵明顯，非農產業部門和農業部門對勞動力需求的形勢不同，非農產業部門將會大量吸納勞動力，而農業部門對勞動力是反向需求，即農村剩餘勞動力轉出。因此對勞動力需求的預測，應該將非農產業部門和農業部門分別考察。

①非農產業部門勞動力需求分析

要預測未來勞動力需求，必須首先確定經濟增長率和就業彈性係數。

關於經濟增長率的假定：1978—2010 年四川地區生產總值年均增長 10.31%；根據《四川省國民經濟和社會發展第十二個五年規劃綱要》，預計「十二五」期間四川地區生產總值年均增長 12%。由此可以計算出 1978—2015 年四川地區生產總值年均增長 10.53%，假定 2015—2030 年年均增長速度保持該數值不變。因此，本研究關於經濟增長率的假定是：四川地區生產總值年均增長速度 2010—2015 年為 12%，2016—2030 年為 10.53%。

關於就業彈性係數的假定：非農就業部門又分為城鎮就業部門和農村非農就業部門，二者對勞動力的吸納能力不同。從圖 7-26 可以看出，1991 年以來，城鎮就業彈性係數只有個別年份低於 0，大部分年份都在 0.13 上下波動；農村非農產業就業彈性係數儘管波動較大，但並沒有表現出遞減趨勢，平均值也在 0.4 左右，21 世紀以來，則圍繞 0.2 上下波動。三次產業的就業彈性均會隨產業 GDP 的增加而減小，即隨著各產業產值的增加，其對勞動力的吸納能力會相應減弱。據此，假定 2011—2030 年城鎮就業彈性係數保持在 0.1 的水平。而從農村非農部門就業需求來

看，四川農村第二、三產業發展基礎差、水平低，制約因素較多，尤其是鄉鎮企業發展速度放慢，吸納勞動力就業能力減弱制約因素較多。因此假定 2011—2015 年農村非農部門就業彈性系數保持在 0.15 的水平，2016—2030 年保持在 0.1 的水平。

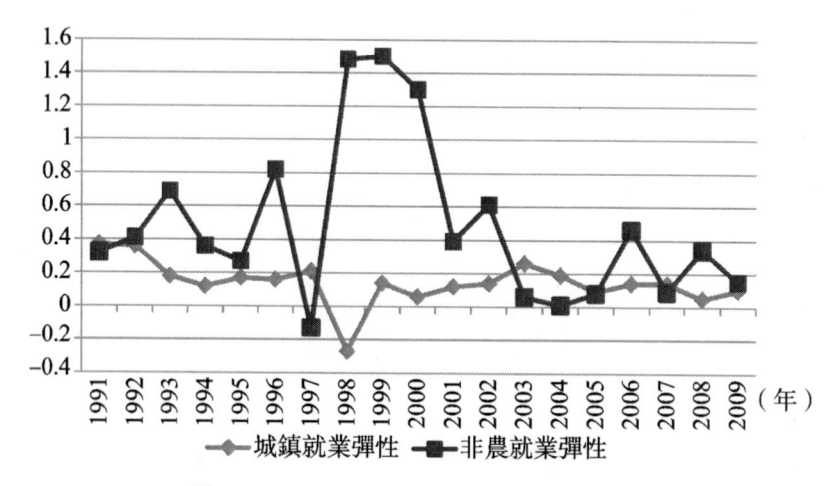

圖 7－26　1991—2009 年四川就業彈性系數

資料來源：《四川統計年鑒 2010》。

註：就業彈性系數採用就業人數增長率與 GDP 增長率的比值來確定。

根據上述兩項假定，可以預測出農村非農產業勞動力需求和城鎮勞動力需求數量（見圖 7－27）。

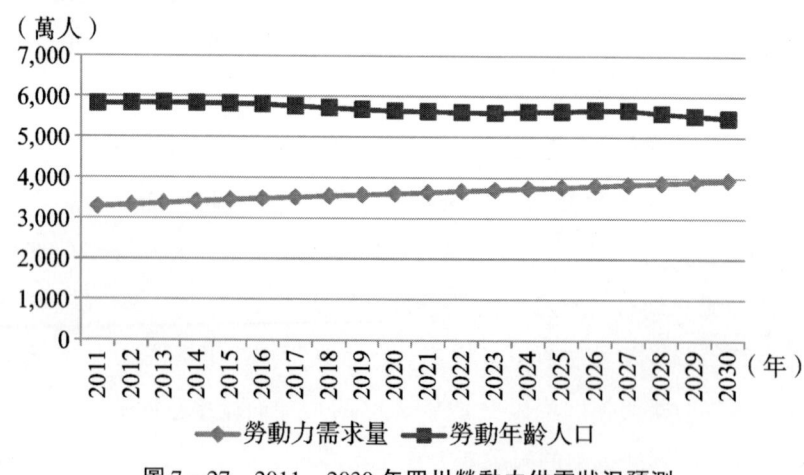

圖 7－27　2011—2030 年四川勞動力供需狀況預測

②農業部門勞動力需求分析

根據二元經濟理論，在工業化和城市化進程中的發展中國家，農業部門一般不會創造出新的就業機會。農業部門的作用類似於勞動力供給的蓄水池——在非農就業機會增加的時候，農業部門向非農部門提供勞動力，在非農就業機會緊張的時候農業部門則停止或減緩勞動力的轉移。從這一基本假設出發，可以認為農業部門的勞動力需求是一個相對固定值，在這一固定值以上的都是剩餘勞動力。關於農業實際勞動力需求的估算，由於方法不盡相同，結果差別很大。一般可以採用計算農作物播種面積的公頃數、確定每公頃農作物播種面積容納的農業從業人員數來計算農業部門所需勞動力，其他一概視為剩餘勞動力。農業部課題組參照日本1985年的農業技術水平，以每個勞動力耕種12.7畝地為標準，估算出1998年中國大約需要1.96億農業勞動力。考慮到全省耕地中多為坡耕地，機械化生產程度比全國平均水平低，因此將勞動力耕種標準設定為0.67公頃/人（即人均10畝土地）。2010年年末四川實有耕地401.07萬公頃，① 實際需要農業勞動力601.61萬人。本研究假定2011—2030年農業勞動力需求保持在這一水平（見表7-3）。

表7-3　　　　2011—2030年四川城鄉勞動力需求　　　　單位：萬人

年份	農業勞動力需求	農村非農產業勞動力需求	城鎮勞動力需求	總計
2011	601.61	1,318.64	1,365.26	3,285.51
2012	601.61	1,342.38	1,381.64	3,325.63
2013	601.61	1,366.54	1,398.22	3,366.37
2014	601.61	1,391.14	1,415.00	3,407.75
2015	601.61	1,416.18	1,431.98	3,449.77
2016	601.61	1,431.09	1,447.06	3,479.76
2017	601.61	1,446.16	1,462.30	3,510.07
2018	601.61	1,461.39	1,477.70	3,540.70

① 2010年四川年末實有耕地面積為401.07萬公頃（《四川統計年鑒2011》）。

表7-3(續)

年份	農業勞動力需求	農村非農產業勞動力需求	城鎮勞動力需求	總計
2019	601.61	1,476.78	1,493.26	3,571.65
2020	601.61	1,492.33	1,508.98	3,602.92
2021	601.61	1,508.04	1,524.87	3,634.52
2022	601.61	1,523.92	1,540.93	3,666.46
2023	601.61	1,539.97	1,557.16	3,698.74
2024	601.61	1,556.19	1,573.56	3,731.36
2025	601.61	1,572.58	1,590.13	3,764.32
2026	601.61	1,589.14	1,606.87	3,797.62
2027	601.61	1,605.87	1,623.79	3,831.27
2028	601.61	1,622.78	1,640.89	3,865.28
2029	601.61	1,639.87	1,658.17	3,899.65
2030	601.61	1,657.14	1,675.63	3,934.38

（3）四川勞動力供需狀況分析

人口預測結果顯示，2011—2030年四川勞動年齡人口數量將從2014年開始下降，而四川經濟發展對勞動力的需求不斷提升（見表7-3），因此，四川剩餘勞動力會越來越少。將中方案預測的勞動年齡人口數（即假定按照保持現行生育水平下四川勞動年齡人口的變化狀況）與該階段勞動力需求的預測相比，四川勞動力的剩餘數量將會從2,534.64萬人降低到1,530.91萬人（見圖7-27）。一方面，可以說明未來20年四川將長期存在人口就業壓力，另一方面說明四川就業壓力呈現下降趨勢。這背後隱含的一個現象是，農村剩餘勞動力持續減少，農業部門剩餘勞動力的供給並非無限，在成本收益約束下的農民也會「待價而沽」自己的商品，導致工資水平連續上漲。

（4）四川勞動年齡人口發展變化的機遇與挑戰

根據人口預測發現，在2029年以前人口總撫養比都在50%以下，2030年前四川始終有超過5,400萬的勞動年齡（15~64歲）人口。這意

味著四川勞動年齡人口規模龐大，勞動力供給優勢將繼續保持，還有相當豐厚的「人口紅利」。

但是，三個問題直接影響到潛在「人口紅利」的實現。一是充分就業任務艱鉅。四川勞動年齡人口在業率一直不高，而且呈逐年下降趨勢（見圖7-28）。就業不足導致「人口紅利」難以充分利用。二是勞動力素質與產業結構升級不匹配，這一點在上面部分已有充分論述。三是勞動力高齡化問題日益嚴重。勞動力高齡化會導致勞動力創新能力和生產效率的下降，因為從人口生命週期來看，勞動力在20～40歲是創新能力和體力最強的時期，勞動力過大則會影響勞動生產率的提高。桑代克在《人的生命力與社會秩序》中指出，年齡對勞動生產率的影響在50歲以後最為明顯。當一個人進入50歲以後，能力和速度平均每年要下降1%～2%。因此，勞動力高齡化嚴重這種狀況是四川經濟發展面臨的新挑戰。

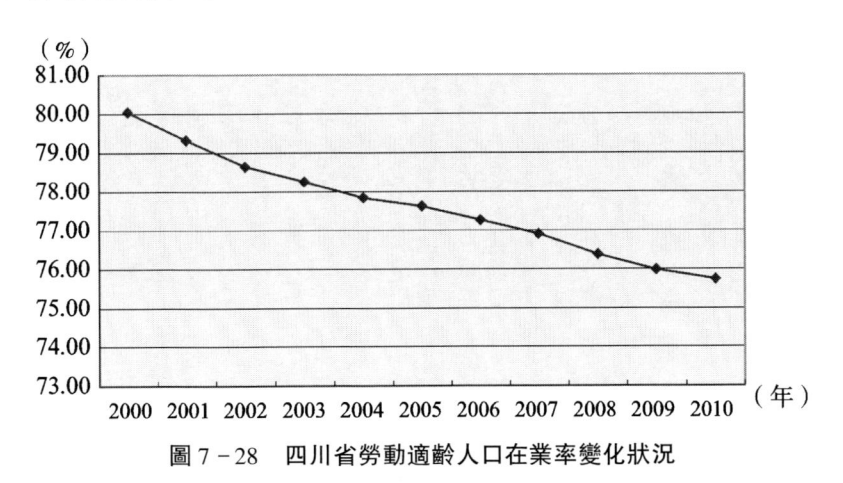

圖7-28 四川省勞動適齡人口在業率變化狀況

數據來源：《四川統計年鑒》（2001—2011）。

6. 性別結構造成了嚴重的婚姻擠壓

（1）婚姻擠壓預測指標的選擇

性別比是用來衡量兩性數量平衡關係的最常用指標，但通常意義下的（同齡）性別比用於對婚姻擠壓的分析有明顯缺陷，因為男女婚配大部分不是在同一年齡人口之間進行的。一般來講，男性傾向於在比自己年輕的女性中尋找配偶，而女性的情況則正好相反。因此，利用男女平均結婚年

齡差計算得到的性別比（即相對性別比），更能反應各年齡組男女人口在婚姻市場上的狀況。本預測根據學術界的一般認識，選擇兩歲作為平均婚齡差。

（2）未來婚姻擠壓預測對象的選擇

本研究並不預測每個年齡階段人口的婚姻擠壓狀況，而只預測婚姻高峰期年齡段人口的婚姻擠壓狀況。具體選擇為男性為22～26歲年齡段的人口；相應地，女性為20～24歲年齡段的人口。

（3）未來婚姻擠壓預測結果的分析

結果顯示，只有2011和2014年相對性別比低於100，其他年份均高於100，而且有11個年份高於110（分別是2018—2026年、2029年、2030年）（見圖7-29）。男性過剩的現象非常明顯。

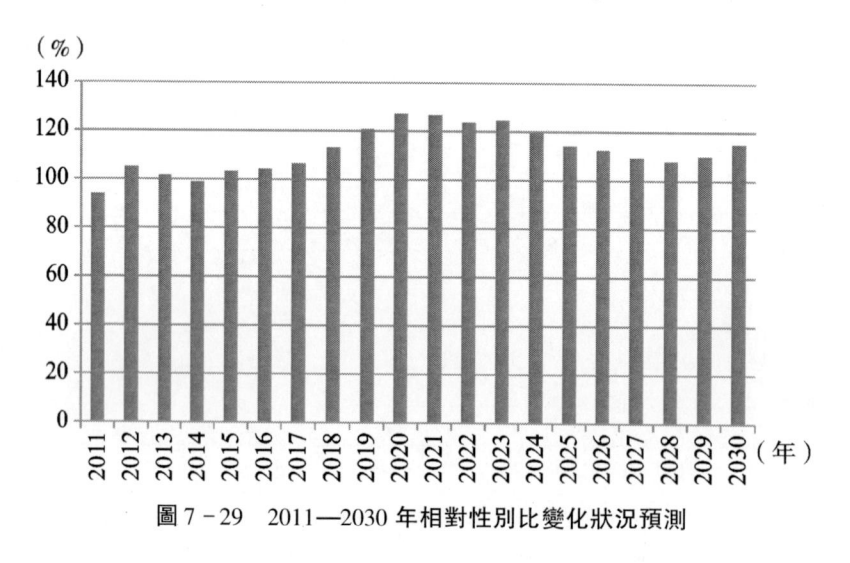

圖7-29 2011—2030年相對性別比變化狀況預測

需要強調的是，預測的婚姻擠壓程度只能反應將有多少男性或女性不能按假設的理想婚齡差或理想初婚年齡結婚，而並不意味著這些「過剩人口」將終身不婚。有學者對國內外歷史上出現過的大量的婚姻擠壓現象及其后果的研究發現，婚姻擠壓的程度會造成不同的婚姻狀況（見表7

-4)。① 由此判斷，未來20年四川會出現中度甚至高度的男性婚姻擠壓，而且會形成長期的累積，因此將來會出現部分人口終身不婚的現象。

表7-4　　不同婚姻擠壓程度可能導致的婚姻擠壓狀況

婚配性別比	婚姻擠壓程度	婚姻擠壓狀況
101～110	低度婚姻擠壓	只對夫婦年齡差和男、女初婚年齡有一定的影響
110～120	中度婚姻擠壓	對夫婦年齡差和男、女初婚年齡影響較為明顯，而且會導致少數人口終身不婚
120～130	高度婚姻擠壓	夫婦年齡差和男、女初婚年齡顯著變化，會有相當比例的人口終身不婚
130以上	嚴重婚姻擠壓	大量人口終身不婚

（4）男性婚姻擠壓的社會影響

從長期來看，這種不均衡可能會帶來嚴重的社會問題，需要引起高度的重視。許多男性會被擠出婚姻市場不能成婚，容易引發諸如單身未婚者的生理與心理健康問題，出現衝擊婚姻穩定性和破壞社會風氣的問題，容易滋生性犯罪、拐賣婦女等現象，將來還要面對獨身者的養老問題。在婚姻市場中受到擠壓的多為社會經濟最底層的個體，龐大的大齡未婚底層男性群體的存在本身對社會的安全和穩定就是一種威脅，可能產生犯罪、暴力等一系列問題。

7. 人口城鎮化進程與社會環境之間的不均衡

（1）四川人口城鎮化進程的假定

當前四川處於快速城鎮化時期，人口城鎮化率由2000年的26.7%提高到2010年的40.2%。根據城市化的理論，一個地區城鎮化水平在30%～70%時會保持高速增長，《四川省國民經濟和社會發展第十二個五年規劃綱要》提出2015年四川省人口城鎮化率達到48%左右。就全國的發展目標來講，2050年之前，中國的城市化率必須從現在36%提高到70%以上。可以假定，2016—2030年，四川城鎮化水平每年保持一個百

---

① 鄧國勝. 低生育水平與出生性別比偏高的后果［J］. 清華大學學報：哲學社會科學版，2000（4）：68-71.

分點的增長。因此可以假定，到 2020 年四川城鎮化水平應該達到 53% 左右，到 2030 年達到 63%。由此可以預測出 2011—2030 年四川城鎮人口數量以及每年實現城鎮化的人口數。

（2）城鎮人口數量預測

預測結果顯示，2030 年四川城鎮人口的規模，按照人口預測的低方案將達到 5,204.23 萬，中方案為 5,319.59 萬，高方案為 5,467.34 萬（見圖 7－30）。2010 年人口普查時，四川城鎮人口 3,234.44 萬，這意味著未來 20 年四川要增加城鎮人口 2,000 萬。根據預測結果，在「十二五」期間，每年需要有 140 萬以上的人口完成城鎮化，2016—2030 年每年將有 80 萬~100 萬的人口實現城鎮化，不過完成人數會逐年減少（見圖 7－31）。

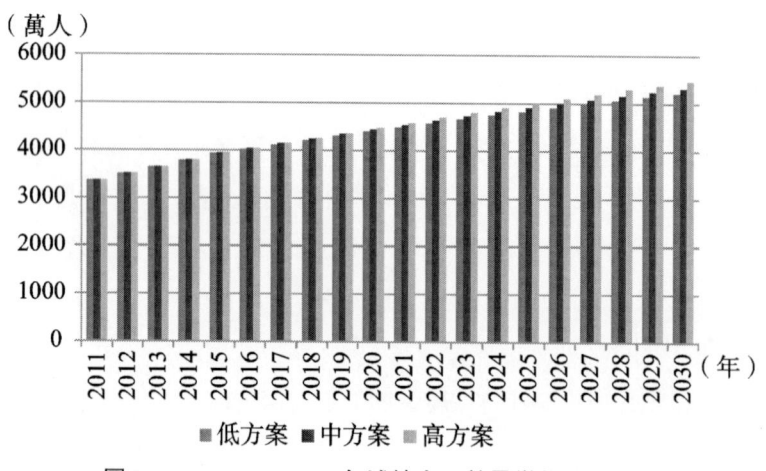

圖 7－30　2011—2030 年城鎮人口數量變化狀況預測

（3）人口城鎮化的影響

快速的、大規模的城鎮化進程對經濟社會以及資源環境都有深刻的影響。這個過程不僅需要占去更多的耕地良田，而且需要以更大的力度進行城市公共基礎服務設施建設。

四川省城市的軟硬件設施總體不健全。一是城市產業結構不合理、不能夠創造出更多的就業機會，城市對農村人口的吸引力降低，這就使得每年有大量的四川民工外出打工；二是四川城市產業結構升級換代滯后，缺

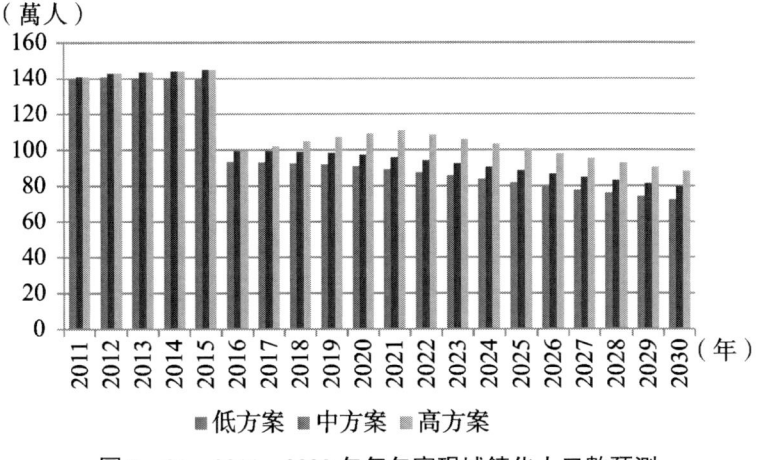

图 7-31　2011—2030 年每年實現城鎮化人口數預測

乏核心競爭力；三是各個城市的發展極不平衡，四川僅成都一市發展較快，其他城市發展都較慢；四是管理體制不夠健全，直接影響城市化和農民市民化的制度安排主要有：戶籍制度、土地制度、勞動制度、社會保障及社區管理制度等。城鄉間體制、制度的長期壁壘和政策上的缺陷、土地徵用制度的不完善，以及農民自身的思想觀念、文化素質、勞動技能等方面的不適應，造成農民難以真正融入城市社會，市民化進程非常緩慢。

8. 人口分佈和區域社會經濟發展不平衡

四川是流動人口的流出大省。全國第二次農業普查顯示，四川農村的外出人員中僅有 36.07% 在省內流動，60% 以上是跨省流動。第六次人口普查時，四川省居住在外省的人口達 1,050.5 萬人。龐大的流動人口為四川的社會經濟發展帶來了深刻的影響。就目前來講，外出務工減輕了四川的就業壓力，推動了城鄉經濟發展，給家庭生活帶來了巨大收益。但是從長遠來看，龐大規模的人口流出對四川的經濟社會發展極為不利。原因是：

第一，農村外出從業人員中以男性、青壯年為主。外出從業人員中，21~40 歲的人口占 70%，51 歲以上的人口僅占 4.6%。而目前四川農村的勞動力資源普遍存在著年齡偏大的問題，在農村勞動力資源中有一半以上的勞動力處於 40 歲以上，在農業從業人員中，更有 3/5 的人口年齡在

40歲以上。這背后隱藏的是大齡民工就業難的問題。這些外出人員，在年輕的時候在沿海地區務工，由外省尤其是沿海地區收割其「人口紅利」，但年齡一旦稍大（超過35或40歲）就會面臨就業難問題，然后被迫返回四川，由四川承擔其老齡化的負擔。

第二，流動人口造成了一定程度的「人才流失」。四川農村外出從業人員的文化程度比留守人員高。農村外出從業人員中僅有0.8%的文盲率，遠遠低於農村勞動力資源10.8%的文盲率水平，更低於農業從業人員12.9%的文盲率。從其文化程度看，外出從業人員中初中、高中及以上文化程度的勞動力所占的比重均高於農村勞動力資源和農業從業人員的比重。有學者預測，預期收入差異的長期存在將使人口流動仍然遵循由農村流向城市、由落后地區流向相對發達地區、由中小城市流向大中城市的基本規律。但隨著沿海地區產業結構的進一步高級化，流向東部地區的流動人口質量會出現較大幅度的調整，文化素質較高、具有專業技能的人口比重會相對提高，一般性勞動者將分流或回流到其他地區。①

9. 人口與資源環境之間的緊張關係將長期存在

四川龐大的人口規模及經濟社會發展給資源環境系統造成的壓力依然巨大。在資源環境方面存在的主要問題包括：

（1）四川省能源供需壓力加大。四川能源資源雖品種較齊，但總量不足、人均資源少。同時，四川是能源消費大省，隨著工業化、城鎮化持續加快，重化工發展階段特徵明顯，能源需求旺盛、消費總量持續快速增長，保障供給壓力持續增大，對外依存程度上升。當前，電力峰谷豐枯矛盾突出，煤炭供需由「自給自足」轉為「調煤入川」，天然氣儲量較豐，但產量遠低於省內需求，供應缺口逐年擴大，石油資源極度匱乏，幾乎全部依賴外調，成品油在數量、品種、區域、時段上不能完全及時滿足需求。中長期看，四川將面臨日益突出的能源發展瓶頸，能源供需矛盾緊張可能常態化。能源供需缺口將不斷擴大，部分能源品種供需矛盾可能比較

---

① 盧繼宏. 農村流動人口就業的趨勢及公共政策選擇——以四川省為例 [J]. 農村經濟，2011（8）：113.

突出，中長期看能源供需矛盾緊張可能常態化。

（2）人均用能水平、用能效率較低。四川人均用能水平僅為全國平均的80%，單位GDP能耗、主要工業產品單位能耗高於全國平均水平，建築物、交通領域用能效率低於全國平均水平，短期內大幅度提高能源效率難度較大。

（3）能源生產消費的生態環境制約將日益凸現。四川煤炭開採與生態環境矛盾加劇，礦山生態破壞等已經成為制約煤炭維持生產和可持續發展的主要因素。水電資源得天獨厚，但移民安置容量和生態環境約束越來越強。可再生能源資源有一定潛力，但大規模商業化開發制約因素多，短期內對傳統能源替代作用有限。

（4）能源消費給生態環境帶來了較大壓力。四川煤炭含硫量高，盆地地形條件以及以煤炭直接燃用為主的能源消費結構加重了煤煙型大氣污染的壓力，酸雨污染嚴重且尚有擴大趨勢。此外未來家用小汽車、家庭用能需求高速增長對省內能源供應保障可靠性、節能減排和城市環境也將帶來巨大壓力。未來應對氣候變化國際壓力將不斷增加，而四川所處的經濟社會發展階段決定了短時期內能源效率難以大幅度提高、碳排放難以大幅度降低。

（5）城鎮地區人口與資源環境的矛盾更突出。迅速的城鎮化進程，不僅增加了對資源特別是能源的需求，而且規模龐大的人口湧入擁擠的城鎮，將使原本脆弱的城市生態環境面臨嚴峻的考驗。

（三）四川人口長期均衡發展面臨的挑戰

經過上述分析，對四川人口長期均衡發展面臨的挑戰可總結為如下幾個方面：

1. 人口基數龐大

四川是全國第四位的人口大省，第六次人口普查時人口數量多達8,041.8萬人。龐大的人口基數在多方面制約著人口長期均衡發展。第一是龐大的人口基數帶來的人口數量壓力，使我們無法通過提高生育率來調節不合理的人口結構，致使我們長期面臨人口數量與人口結構不協調的挑戰。第二是龐大的人口基數決定了未來的人口發展的強大慣性，使人口數

量長時間大幅度增長。第三是龐大的人口數量決定了分母效應較強，影響四川經濟的累積，也使資源與環境面臨較大的壓力。第四是龐大的基數決定了龐大的勞動力隊伍和龐大的老年群體，前者就業的需求加大了經濟發展的壓力，而后者對社保的需求則加大了社會建設的壓力。

2. 人口文化素質水平較低

文化素質在科技迅猛發展的今天發揮著舉足輕重的作用。儘管四川人口文化素質有一定程度提高，與全國相比、與科學技術迅猛發展的要求相比，依然偏低，不利於產業結構升級，阻礙了經濟的快速發展。而經濟發展的緩慢又激發人口向外流動，其中很大比例都是素質相對較高的人口流出到外省，造成了四川的人才流失，使四川人才集聚更加困難。當前四川一定程度上存在著這種惡性循環。

3. 長期嚴格的人口政策導致的複雜人口問題

19世紀70年代以來，四川一直嚴格執行限制人口增殖的生育政策，即「一孩加照顧」生育政策，與全國絕大部分省份執行的農村「一點五」政策相比，該政策屬於比較苛刻的生育政策，全國範圍內只有江蘇也是這種情況。經過近40年的努力，據測算，四川少生了4,000萬人口。這個成績是巨大的，但在人口數量得到有效控製的同時，也出現了不少其他方面的人口問題，比如，老齡化提前到來和性別比偏高問題。長期的低生育率造成人口內部非均衡發展，產生了更為複雜的人口現象，引發了人口結構性的失衡和矛盾，成為制約四川經濟和社會發展的人口難題。

4. 不利於人口長期均衡發展的經濟結構

首先是產業結構，四川是農業大省，農村存在大量的剩餘勞動力；而第二產業中重工業所占比重較大，就業彈性系數較小，對就業的吸納能力不強，造成了勞動年齡人口在業率不高的狀況。其次是經濟的城鄉結構，城鄉二元結構明顯，城市的發展無法有力帶動農村經濟的起步，造成了四川農村經濟社會的普遍落後，不利於人口全面發展。

5. 不可持續的發展方式

四川省經過幾十年的發展，已建立起了一個龐大的產業體系，而這個產業體系又是一個粗放型、高消耗、高污染的體系。目前雖然經濟還不十

分發達，但環境污染已十分嚴重，特別是廢水廢氣的排放量大（見表7-5），大氣環境質量和水體質量已嚴重惡化，環境容量有的已飽和或接近飽和。

表7-5　　　　　　　　　四川省廢水廢氣排放情況

	單位	2005年	2008年	2009年
廢水排放總量	（億噸）	26.17	26.23	26.39
工業廢水排放量	（億噸）	12.26	10.87	10.71
生活污水排放量	（億噸）	13.91	15.36	15.68
化學需氧量（COD）排放量	（萬噸）	78.32	74.90	74.77
氨氮排放量	（萬噸）	6.65	6.19	5.95
工業廢水排放達標量	（億噸）	10.82	10.32	10.16
工業SO_2排放量	（萬噸）	114.08	96.89	94.64
工業煙塵排放量	（萬噸）	63.40	21.89	19.57
工業粉塵排放量	（萬噸）	38.37	14.04	11.36

數據來源：歷年《四川統計年鑒》。

從能耗上看，全省能源消費2000年為4,986萬噸標準煤，2005年達到8,493萬噸，2010年達到15,013.97萬噸，增長幅度非常大。能源結構仍以污染嚴重的煤炭為主，佔能源消費的61.72%，石油佔14.52%，天然氣佔15.53%，水電、核電佔9.33%。單位GDP的能耗高，2005年全省萬元GDP消費能源1.53噸標準煤，比全國平均水平1.22噸高25.4%，比廣東的0.79噸、江蘇0.92噸、浙江的0.90噸高出更多；與發達國家比較，差距更明顯，約為日本的6.58倍，德國的4.49倍，美國的3.65倍，巴西的2.35倍，印度的1.24倍。「十一五」期間，四川省的節能減排工作取得了巨大進步，全省單位地區生產總值能耗大幅度降低，2009年則進一步降低至1.219噸標準煤/萬元，比2005年降低了20.31%，但仍處於偏高的水平。

第八章　四川人口長期均衡發展的政策建議

由於主客觀方面的眾多原因，四川省的人口長期均衡發展面臨著種種困境，人口長期均衡發展的戰略目標正面臨多方面的巨大挑戰。在這個關鍵的人口戰略時期，為突破人口長期均衡發展的現實困境，有效推動人口長期均衡發展的實踐，必須在發展思路和操作對策方面進行深入的研究。

一、四川人口長期均衡發展的目標

通過實施人口長期均衡發展戰略，積極應對人口長期均衡發展面臨的難題，不斷提高人口長期均衡發展水平，保持人口長期均衡發展協調性，促進人口長期均衡發展可持續性。爭取在2030年之前，使人口長期均衡發展水平、人口長期均衡發展協調度、人口長期均衡發展可持續度均達到並保持在0.8以上。實現四川人口總量控製在8,400萬人左右；人口質量大幅度提高，嬰兒死亡率下降至9‰；國民平均受教育年限達12年左右；出生人口性別比趨於正常；就業比較充分；基本建立覆蓋城鄉居民的社會保障體系，群眾普遍享有較好的醫療保健服務；貧困人口繼續減少；城鄉間差距不斷縮小；人居環境質量明顯提高。到2030年時，基本實現人口規模適當、人口質量優良、人口結構優化、人口分佈合理，人口與經濟、社會、資源、環境相互協調、相互適應、相互促進的良好局面。

二、四川人口長期均衡發展的基本原則

1. 必須堅持以人為本

在宏觀的人口政策中，如何在不同的選擇方案中做出抉擇，最終取決

於決策者的立場。不同的立場會形成不同的政策，不同的原則會導致不同的權衡結果。由於人口問題的特殊性，任何一項人口政策都直接關係到人民群眾的切身利益，直接影響到群眾的生活質量和發展機會。因此，在人口均衡發展戰略決策中，我們必須堅持以人為本的原則，以保障人的權利和促進人的全面發展為基本宗旨。

2. 必須正確認識和尊重人口發展規律

人口變化和人口發展都有著其內在的客觀規律。實現人口均衡發展的戰略目標，必須正確認識和尊重這些規律，並以其作為決策的客觀依據。

3. 必須具有戰略性思維

人口發展是一個長期的過程，人口變化的影響也是一個長期的過程，因此要求決策者必須具備科學的、綜合性的戰略思維。一項人口政策很可能決定著人口變化的世紀走向，任何「顧前不顧后，顧左不顧右」的政策只能導致人口問題的加劇和新人口問題的不斷產生。人口長期均衡發展戰略應該是一項長期的國家戰略，戰略最終目標的達成可能需要 20 年、50 年、100 年甚至更長的時間，切忌急功近利。

4. 必須堅持系統性思維

從關注人口數量的單一目標轉向人口適度、資源節約、環境保護、可持續發展統籌兼顧的多元目標。必須把人口長期均衡發展納入經濟社會發展全局，統籌規劃，綜合決策，整體推進，堅持人口分佈與經濟發展佈局及資源環境承載能力相適應，人口政策與經濟社會政策相協調，人口發展目標與經濟社會發展目標共同落實。

5. 必須抓主要矛盾和矛盾的主要方面

由於受歷史條件的制約，人口長期均衡發展一般是不會在理想狀態下實現的。因此，我們應該著重解決那些具有基礎性意義和廣泛、長期影響的人口問題。由於人口現象（問題）之間的關聯性，我們必須在決策上做出合理的權衡，優先解決主要矛盾和矛盾的主要方面。

6. 必須超越人口手段

人口長期均衡發展問題的解決牽涉人口和計劃生育政策、公共衛生、健康和安全政策、戶籍政策、人口遷移政策、教育政策、住房政策、社會

保障政策、交通政策等。因此，當前需要將這些政策進行整合，促進人口長期均衡發展的公共政策組合體系。

三、四川人口長期均衡發展的戰略舉措

1. 優先投資於人的全面發展，促進人口自身系統均衡發展

實施優先投資於人的全面發展的戰略，實現由人口大省向人力資源強省轉變，重點加強四方面投入：一是對控製人口數量、穩定低生育水平的投入，包括對生殖健康服務、計劃生育群眾獎勵與保障，對「少生快富」工程等的投入；二是對提高人口質量、開發人力資源的投入，包括對提高人的健康、技能、知識和道德等素質的投入，特別是對農村基礎教育和職業教育的投入，不斷提高人口身體素質和文化素質；三是對優化人居環境、改善生態環境、引導人口合理分佈的投入，包括對流動人口、生態移民、生態恢復與治理等的投入；四是對提高人民生活質量、促進社會公平公正的投入，包括對社會保障、促進性別平等、消除貧困等的投入。最終實現人口規模適當、人口質量優良、人口結構優化、人口分佈合理的均衡發展狀態。

2. 加快轉變經濟增長方式，促進人口與經濟均衡發展

轉變經濟增長方式，推進產業結構調整。切實走新型工業化道路。堅持以信息化帶動工業化，以工業化促進信息化，走出一條科技含量高、經濟效益好、資源消耗低、環境污染少、人力資源優勢得到充分發揮的新型工業化路子。著力解決產業結構層次低，城鄉、區域發展不協調，投資和消費關係失衡，經濟整體素質和效益不高的問題。加快產業結構的優化升級和現代產業體系建設，大力發展第三產業和技術密集型產業，促進現代服務業發展，培育更多的新的經濟增長點。同時大力推進人力資源綜合開發，增加社會人力資本存量，逐步實現由「廉價規模勞動力」向「技能勞動力」再向「知識勞動力」轉變，實現四川人口質量對人口數量的替代。

3. 實施城鄉一體化發展戰略，促進人口與社會均衡發展

改變城鄉間二元結構和城鎮內二元結構非均衡社會制度構架，逐步建

立城鄉均衡統一的社會管理框架。堅持立足省情，圍繞加快人口城鎮化進程，穩妥推進戶籍、土地、社會保障制度改革，推進流動人口教育、住房、社會保障以及空巢家庭、留守兒童照料服務等制度建設，實現流動人口基本公共服務均等化。

4. 推進人口發展功能區建設，促進人口與資源環境均衡發展

根據全省主體功能區規劃，以人口承載力研究為基礎，科學確定國土功能分區，在重點開發區域實施積極的人口遷入政策，鼓勵有穩定就業和住所的外來人口在重點開發區域定居落戶；引導人口有序地向重點發展區域集聚，鼓勵人口向資源承載力強、經濟發展空間大的區域轉移，使人口分佈與資源環境承載力相適應。

四、四川人口長期均衡發展的具體措施

1. 穩定適度低生育水平

穩定適度低生育水平是實現四川人口長期均衡發展的前提。

第一，堅持依法管理人口和計劃生育工作。認真實施《中華人民共和國人口與計劃生育法》《四川省人口與計劃生育條例》及相關法律法規，保持現行生育政策的穩定性和連續性，進一步完善人口和計劃生育法律法規及政策體系。全面推進依法行政，切實提高各級人口和計劃生育部門依法行政的能力和水平。加強人口和計劃生育及相關法律法規的宣傳教育，努力增強廣大群眾依法實行計劃生育的自覺性。

第二，要更加注重利益導向。豐富計劃生育利益導向政策體系，將計劃生育利益導向政策作為保障和改善民生的重要組成部分，納入政府改善民生行動計劃。進一步完善計劃生育家庭獎勵扶助制度和特別扶助制度，擴大範圍、提高獎勵扶助標準並建立動態調整機制。全面落實獨生子女父母獎勵政策和計劃生育免費基本技術服務、節育手術保險、城鎮職工生育保險等制度。探索建立長效節育措施獎勵制度。深入開展計劃生育「三結合」工作。各級人民政府、各有關部門在制定經濟社會政策時，要優先考慮並加強與人口計生政策的有機銜接和協調配套，在就業培訓、扶貧開發等方面，對計劃生育家庭予以傾斜照顧。

第三，要更加注重服務關懷。完善計劃生育服務體系，健全省、市、縣三級計劃生育服務網絡，優化縣和鄉鎮中心服務站，探索社區生殖健康教育模式。加強優生優育技術服務，實施計劃生育生殖健康促進計劃，面向育齡群眾開展旨在增強生殖保健意識和自我保健能力的科普知識教育，全面推行避孕方法知情選擇，大力推進生殖道感染干預和婦科病普查防治工作，逐步建立已婚育齡婦女生殖健康檔案。完善藥具不良反應監測網絡和藥具隨訪制度，加強避孕節育措施，降低意外妊娠率和節育手術併發症、藥具嚴重不良反應發生率。加強對未婚人群、流動人口和老年人口的生殖健康服務，擴大優質服務覆蓋面，實現人人享有生殖健康的目標。完善技術服務質量安全體系，以創建計劃生育優質服務先進縣（市、區）為載體，全面推行計劃生育優質服務，提升服務管理水平，提高群眾對人口和計劃生育工作的滿意度。

第四，要更加注重宣傳倡導。加強人口文化建設，拓展宣傳教育平臺，大力普及計劃生育及生殖健康知識，深入宣傳人口和計劃生育法律法規，堅持正確輿論導向，形成有利於人口和計劃生育工作的社會環境。

2. 全面提升人口質量

優良的人口質量是實現四川人口長期均衡發展的關鍵。

第一，提高出生人口質量。普及優生優育知識，加強遺傳與優生諮詢指導，鼓勵婚前和孕前醫學檢查。實施出生缺陷干預項目，加強孕前和孕產期保健、產前篩查和診斷、產後訪視、新生兒疾病篩查和康復等工作，對影響出生缺陷的生物遺傳、社會環境、不良生活方式等重大危險因素進行研究、評估和干預。促進住院分娩和母乳喂養。積極開展嬰幼兒早期教育，探索建立以素質教育為核心、以人的全面發展為目標的早期教育和獨生子女培養模式。

第二，提高人口受教育水平。一要積極發展學前教育。完成學前教育三年行動計劃，提高幼兒園辦學水平，重點發展農村學前教育，大力發展公辦幼兒園，鼓勵和支持民辦幼兒園發展。二要深入實施素質教育。對農村和少數民族地區文盲半文盲率較高、基礎教育薄弱的地區，要繼續加強九年制義務教育，使普及九年義務教育人口覆蓋率保持在100%；推進義

務教育標準化建設，實施教師素質提升計劃，大力改善中小學辦學條件，鞏固義務教育普及成果，全面提高普及九年義務教育人口覆蓋率水平和教育質量。三要促進教育公平。強化政府對義務教育的保障責任，完善農村義務教育經費保障機制，推進義務教育公平，優化中小學佈局結構，均衡配置教育資源，重點向農村、邊遠、貧困、民族地區傾斜，努力縮小城鄉之間、區域之間、學校之間的差距，推進義務教育均衡發展。逐步實行縣域內城鄉中小學教師編製和工資待遇同一標準以及教師交流和校長交流制度。改善特殊教育學校辦學條件，完善殘疾學生資助政策，全面提高殘疾兒童義務教育水平。關愛農村留守學生，做好農村留守兒童寄宿制學校建設工作，著力解決進城務工人員子女接受義務教育問題。搞好「兩免一補」，健全教育資助制度，提高家庭經濟困難學生資助水平，扶持家庭經濟困難學生完成學業。加快民族地區、革命老區和貧困地區的教育發展，切實改善辦學條件。

第三，提高人口健康水平。按照保基本、強基層、建機制的要求，深化醫藥衛生體制改革，健全基本醫療衛生制度，推進基本公共衛生服務均等化，優先滿足群眾基本醫療衛生服務需求。在發展醫療衛生事業上，擴大基本藥物實施範圍，深化公立醫院改革，鞏固提升醫療衛生保障能力；加快中醫藥和民族醫藥發展，做好重大傳染病、地方病以及職業病防控工作；尤其要保證基本醫療衛生服務覆蓋到少數民族地區、邊遠山區和貧困家庭，切實解決群眾看病難、看病貴問題。構建以預防為主的公共衛生服務體系，建立新型農村合作醫療制度，建立以社區衛生服務為基礎的新型城市衛生體系。加強預防保健工作，有效預防和控製各種傳染性疾病，建立健全公共衛生應急處理體系。開展全民預防性病愛滋病知識普及教育和安全套推廣活動，遏制愛滋病蔓延。開展群體性體育活動，提倡全民健身運動。完善全民體質監測系統。

3. 動態優化人口結構

優化的人口結構是人口長期均衡發展的重要內容。

第一，遏制出生人口性別比升高勢頭。繼續開展出生人口性別比升高問題的專項治理，加強過程評估和責任考核。深入開展「關愛女孩」行

動，營造男女平等、尊重女性、保護女童的社會氛圍。制定有利於女孩健康成長和婦女發展的社會經濟政策，促進男女平等就業和共同參與經濟社會活動。嚴格實行 B 超使用准入和執業資質認證制度，建立 B 超和染色體檢查、流產手術、接生「三定點」制度，加強對 B 超檢查、孕情檢測、人工終止妊娠的過程管理。依法打擊非法胎兒性別鑒定、非法人工終止妊娠、非法生產銷售終止妊娠藥品器械和溺棄殘害女嬰、拐賣婦女兒童等違法犯罪行為。

第二，積極應對人口老齡化。加快建立覆蓋城鄉的基本養老保險制度，在推進職工基本養老保險全覆蓋的同時，逐步探索個人繳費、集體補助和政府補貼籌資模式的新型農村社會養老保險制度。加強社區老年服務機構和基礎設施建設，初步構建以居家養老為基礎、社區服務為依託、機構照料為補充的養老服務體系。加強農村鄉鎮敬老院、老年活動中心和綜合性老年福利服務中心建設，積極推進農村五保戶集中供養。大力發展老齡產業，鼓勵社會開辦各種形式的養老機構和老年護理機構，為老年群體提供醫、養、樂等多方面的市場服務。加強敬老愛老教育，切實保障老年人合法權益。倡導「積極老齡社會」，積極發展適合老年人特點的知識和經驗密集型服務產業，為老年人提供自主參與社會的機會。

4. 引導人口有序流動

有序的人口流動是人口長期均衡發展的調控器。

努力優化人口空間分佈。實施主體功能區和人口發展功能區戰略，重點深入開展主體功能區和人口發展功能區編製和實施工作。通過專項法規確立人口長期均衡發展在主體功能區和人口發展功能區規劃中的基礎地位和作用。遵照主體功能區劃理念要求，合理佈局劃分省域內空間資源，逐漸形成功能定位清晰、發展導向明確、開發秩序規範、經濟發展與人口及資源協調的區域開發格局，嘗試構建與主體功能區、人口發展功能區劃相適應的行政區劃，降低行政管理成本。針對不同人口發展功能區的戰略取向，制定差異化的政策體系，鼓勵在優化開發區域、重點開發區域有穩定就業和住所的外來人口定居落戶；引導限制開發區域和禁止開發區域的人口逐步自願平穩有序轉移。

5. 加快推進新型城鎮化

第一，強化城市產業支撐。支持有條件的地方依託特色優勢產業基地打造一批示範新城區。全面貫徹落實房地產市場調控政策，促進房地產市場健康發展。引導一些產業項目在全省範圍內合理佈局和有序轉移，提升交通軸線等級質量和帶動作用，推進城市之間基礎設施共享、產業分工協作、城市功能互補，形成各具特色的區域經濟。促進工業向產業園區集中，促進土地適度規模經營。

第二，協調推進大中小城市和重點小城鎮發展。科學規劃「四大城市群」發展，推進成都城市群和川南城市群一體化發展，推動川東北城市群、攀西城市群建設；積極發展中小城市，強化縣城綜合承載能力，為農民低成本就近轉移創造條件。

第三，加強城鄉統籌協調發展。以城帶鄉，加快推動城鄉一體化發展戰略，促進人口與社會均衡發展，構建城鄉均衡統一社會制度框架。統籌安排城鄉規劃、產業發展、基礎設施、公共服務和社會管理，促進城市基礎設施向農村延伸、城市社會服務向農村覆蓋、城市文明向農村輻射，推動城鄉發展一體化。

第四，強化城鄉規劃的編製、實施和監督。加強公共交通、能源、信息、供排水、垃圾污水處理、防洪、排澇等基礎設施建設，提高城市綜合承載能力和綜合防災減災能力。改善城鎮人居環境，把生態文明理念和原則融入城鎮化全過程，走集約、智能、綠色、低碳的新型城鎮化道路。優化城市功能與環境質量，新建公共服務設施要達到國家建設用地標準的要求。

第五，促進城鄉產業融合。提高城市的現代化工業和服務業與鄉村產業融合度，從而推動城鄉經濟、社會、文化的一體化發展。加快改革戶籍制度，探索建立城鄉生產要素自由流動機制、生產方式和生活方式同步變革推進機制。繼續抓好成都統籌城鄉綜合配套改革試驗區建設和省內梯次改革試點，推動統籌城鄉試點示範建設。徹底打破當前城鄉產業分割的格局，加快城鄉產業融合，增強城鄉產業關聯度，實現城鄉產業結構優勢互補的一體化發展，使城鄉之間形成一種相互支撐的經濟技術聯繫。中心城

市作為區域的發展極，重點應發展金融、貿易、信息、服務、文化和教育等第三產業；中小城鎮以生產性功能為主，充當中心城市向農村擴散經濟技術能量的仲介和農村向城市集聚各種要素的節點；農村以規模化、聯片種植的農業生產支撐大中小城市對資源和要素的需求，獲取農業經營的規模效益和城市化發展的整體效益。

第六，創新流動人口管理服務體制。消除對流動人口管理的政策性障礙，建立以流動人口現居住地管理為主、現居住地與戶籍所在地管理相結合的管理制度和服務網絡。強化社區流動人口管理和服務，努力實現流動人口信息適時變動、異地查詢和跟蹤管理。改善農民進城就業、定居的政策制度環境，切實解決流動人口在就業、就醫、定居、子女入托入學等方面的實際困難，逐步將進城務工人員納入社會保障體系。加強流動人口計劃生育管理和服務，探索建立流動人口計劃生育區域協作和部門合作制度，將流動人口納入流入地計劃生育經常性管理和服務範圍，使其享有與戶籍人口同等待遇。積極探索農村社會保障制度的統籌銜接，逐步把符合條件的遷移人口納入城鎮社會保障體系。

6. 實施人力資源綜合開發戰略

第一，實施就業優先策略。實現潛在人口紅利向現實人口紅利轉變。完善促進就業、鼓勵創業、扶助失業等系列相關政策，重點做好高校畢業生、農民工、藏區「9+3」畢業生、退役軍人等重點群體就業工作。優化產業結構，大力發展第三產業、中小企業，技術密集型和勞動密集型產業並舉，千方百計擴大就業崗位。充分發揮投資和重大建設項目建設對就業的帶動作用，積極開發公益性就業崗位，支持非全日制、臨時性、季節性等靈活多樣的、非正規的彈性就業形式。完善公共就業服務體系，建立統一規範的人力資源市場，完善市場導向的就業機制。注重省內就業與勞務輸出並舉，鼓勵開展對外勞務合作，促進跨區域勞務協作和國際勞務輸出，積極擴大勞務輸出。

第二，加強人力資源開發。大力發展中等、高等職業教育，加強實用型和技能型人才開發；繼續實施「千萬農民工培訓工程」，加強大規模勞務培訓；深入實施「民族地區人才振興行動」等人才計劃，加強民族地

區、革命老區、貧困地區和地震災區人才建設；加強職業技能培訓和創業培訓，增強培訓的針對性和有效性，開展就業見習，增強培訓效果。逐步實現由「廉價規模勞動力」向「技能勞動力」再向「知識勞動力」轉變，實現勞動力質量對數量的替代，不斷提升四川人力資本的優勢。

7. 加強社會建設和改善民生

第一，加快完善覆蓋城鄉居民的社會保障體系。擴大城鄉居民基本養老保險參保人數，實現新型農村社會養老保險制度全覆蓋，逐步提高保障標準。以民營經濟組織、個體和靈活就業人員為重點，不斷擴大社會保險覆蓋面。大力促進農民工按規定參加城鎮社會保險，制定農民工養老保險關係轉移接續辦法。推動機關事業單位養老保險制度改革。全面實施和完善城鎮企業職工基本養老保險省級統籌制度，逐步做實養老保險個人帳戶，實現轉移接續。加快推進城鎮基本醫療保險、失業保險、工傷保險、生育保險市（州）級統籌。完善社會救助體系，提高城鄉低保水平。推進社會福利事業向普惠型發展，大力發展慈善事業。加強孤兒保障、五保供養保障和服務工作。加快殘疾人服務設施建設，發展殘疾人事業。

第二，切實提高城鄉居民收入。深化收入分配制度改革，建立健全工資共決機制和正常增長機制，逐步提高最低工資標準，實現城鄉居民收入增長與經濟發展同步、勞動報酬增長與勞動生產率提高同步。

第三，大力增強住房保障。推進保障性安居工程，完善保障性住房體系，加大廉租住房、經濟適用住房、公共租賃住房和限價商品住房等保障性住房建設力度，按時完成保障性住房建設目標任務，穩步提高保障性住房在住房供應總量中的比例。完成棚戶區改造，加快城中村改造，加大農村危房改造力度，加快推進農村安居工程建設，改善城鄉困難群眾住房條件。完善住房體制機制和政策體系，加強土地、財稅、金融政策調節，加快住房信息系統建設，合理引導住房需求，加大普通商品住房供應。

第四，積極發展養老事業。建立以居家養老為基礎、社區養老為依託、機構養老為支撐的養老服務體系，培育發展老齡服務事業和產業。優先發展社會養老服務，鼓勵社會資本投入養老服務業。加強公益性養老服務設施建設，完善面向老年人和孤老的福利設施。拓展醫療健康、精神慰

藉、緊急援助、法律服務等養老服務領域，切實維護老年人的合法權益。

第五，持續加大公共財政對民生領域的投入。集中公共財力、公共資源實施重大民生工程，完善促進基本公共服務均等化的公共財政體系，確保全省財政民生支出比例穩步上升。切實推進民族地區重大民生工程項目，努力實現城鄉人民群眾生活普遍改善。

8. 促進人口與資源環境可持續發展

第一，狠抓節能減排。抓好落后產能企業及工藝技術裝備關閉和淘汰。推進工業、建築、交通等重點領域節能降耗，搞好公共機構節能，推行合同能源管理。大力實施總量減排，推進火電機組和水泥企業脫硝，啟動火電機組脫硫增容改造和菸道旁路拆除。加快固廢垃圾廠（場）和污水處理設施及配套管網建設。強化水污染防治和飲用水源保護，抓好重金屬、危險廢棄物和危險化學品污染防治。加強農業面源污染防治。對污染物排放量前30位的縣（區）和160戶企業實行重點控製。

第二，促進資源節約。加強資源節約全過程管理，推動資源利用方式根本轉變，大幅降低能源、水、土地消耗強度。提高資源綜合利用水平，突出加強城市資源循環利用，促進減量化、再利用、資源化。深化國家、省循環經濟試點，推行強制性清潔生產審核制度，支持節能低碳產業和新能源、可再生能源發展。加強水源地保護和用水總量管理，推進工業節水和水循環利用。堅持保護耕地的基本國策，實行最嚴格的耕地保護制度，嚴守耕地保護紅線。節約集約利用土地，落實用地節地責任，控製建設用地過快增長，盤活存量建設用地，加大閒置土地清理處置力度，鼓勵深度開發利用地上地下空間，提高土地集約利用水平。合理開發利用能源和礦產資源，優化能源結構。推動能源生產和利用方式變革，大力提高非化石能源和低碳清潔能源的比重。優先發展水電，優化發展煤電，積極發展核電，適度發展天然氣發電，加快發展生物質能、太陽能、風能、煤層氣、頁岩氣、沼氣等新能源。積極發展智能電網、分佈式能源。推進循環流化床技術等高效潔淨燃煤發電，促進煤炭安全集約生產和清潔高效利用。擴大天然氣利用規模，優化用氣結構，優先滿足城鄉居民生活用氣和城市公共服務用氣。

第三，加強環境治理。加快建設長江上游生態屏障。加強自然生態系統保護和修復，深入推進天然林保護、退耕還林、退牧還草、濕地恢復保護、防沙治沙、石漠化治理、水土保持、野生動植物保護等重點工程。加強城鄉綠化，增強生態產品生產能力。突出重點區域造林，改造低產低效林，提高森林覆蓋率。加快生態文明示範片區建設，深化城鄉環境綜合治理。

第四，建立人口資源環境監測制度。根據不同地區、階段的特徵建立反應人口資源環境協調程度的統計指標體系和規範的定期監測評估制度，發布全國及各地區人口資源環境評價指數，充分發揮評價體系的動態預警功能，引起社會各界關注，引導地方政府採取相應的調控措施。

第五，轉變發展方式。改革現有財稅體制，引導地方政府的發展重點由GDP增長轉向居民生活的改善，適時建立以居民財產為稅基的稅收制度，逐步形成地方財政收入隨居民財富增加而增長的機制。改革資源稅、開徵環境稅，推進資源價格形成機制改革；提高資源消耗的成本，扭轉過分依賴高耗能、高污染重工業的增長模式；實現經濟發展方式、生產方式的根本轉變，探索工業新型化、生產清潔化、農業生態化、經濟發展循環化的新經濟模式，完善生態補償機制，加快推進生態建設。探索建立適合公共設施建設的融資模式，必要時允許有條件的地方政府發行債券，扭轉地方政府對「土地財政」的過分依賴狀況，保護和有序開發土地資源。

第六，塑造親生態生產生活方式。大力發展循環經濟，按照減量化、再利用、資源化的原則，從生產、流通、消費各個環節整體推進循環經濟發展，加快構建覆蓋全社會的資源循環利用體系。提高節能環保准入門檻，建立落后產能退出機制，遏制高耗能、高排放行業發展。推廣綠色消費模式，倡導文明、節約、綠色、低碳消費觀念，形成綠色生活方式和消費模式。實行生活性資源差異價格，確定家庭規模資源消耗合理需求限額，限額內執行補貼價格，超出部分執行市場價格。落實國家資源節約財政補貼政策，鼓勵消費者購買使用節能節水產品、節能環保型汽車和節能省地型住宅，減少使用一次性用品，抵制過度包裝，抑制不合理消費。政府推行綠色採購，推進無紙化辦公，逐步提高使用節能節水產品和再生利

用產品比重。培育生態文化，充分發揮新聞媒體等社會監督的作用，營造環境保護人人有責的濃厚氛圍。

五、四川人口長期均衡發展的保障措施

1. 制定人口長期均衡發展的戰略性指導框架

組織開展人口與經濟、社會、資源、環境，人口發展與社會管理、公共資源配置、經濟結構調整等重大課題研究，研究展示人口長期均衡發展前景和趨勢。深入研究全省人口發展面臨的突出矛盾，確定與經濟社會資源環境相適應的人口數量、人口素質、人口結構、人口分佈等發展指標，為制定人口長期均衡發展規劃提供戰略指導和基礎框架。

2. 修定完善重點人口領域的各項政策法規

在修訂完善以穩定適度低生育水平為核心的現行生育政策的基礎上，完善在提升人口素質、引導人口合理流動和遷移、推進人口城市化、促進流動人口市民化、應對人口老齡化、落實農民工權益保障、促進人口均等化服務、解決農村留守老人和留守兒童問題、加快人力資源開發、促進男女平等、促進家庭發展、統籌處理人口資源承載力、環境容量問題等人口領域的政策法規，促進人口問題的統籌解決。

3. 制定符合經濟、社會發展要求和區域特點的人口均衡發展規劃

將人口長期均衡發展的理念引入地區發展戰略部署，確立人口與資源環境、人口與經濟社會發展相適應的發展戰略，把人口問題引入系統規劃範疇，在省級層面制定科學的人口長期均衡發展規劃。針對中國地域經濟發展不平衡、人口分佈不均的實際情況，分別制定具有地方特點的區域人口長期均衡發展規劃。

4. 轉變人口工作機制，從部門行為向政府行為轉變

建立人口工作綜合決策和統籌協調機制，在重大經濟社會政策出抬之前，開展對人口發展影響的綜合評估，促進部門間、區域間相關經濟社會政策與人口政策有機銜接和良性互動。在人口工作動員機制上，人口計生系統要和相關部門密切合作，實現從人口計生部門的獨立行動向政府動員下的多部門協調行動轉變；在人口工作方法上實現從「行政管理型」向

「統籌服務型」轉變，不斷拓展服務領域，從面向育齡群眾的計劃生育生殖健康服務逐漸向全人群和生命的全過程轉變。如積極開展嬰幼兒早期教育、青少年性與生殖健康教育、老年人服務關懷等工作，不斷完善以群眾需求為導向的公共服務。事實上人口工作機制轉變的本質主要體現為政府動員機制的轉變。促進人口長期均衡發展不是人口計劃生育系統的單打獨鬥，而是要形成政府主導、部門協同和社會共識的體制機制。在人口工作思路上實現由單純控製人口數量向統籌解決人口問題轉變。具體而言，人口計生工作機制將圍繞「統籌協調、科學管理、優質服務、利益導向、群眾自治、人財保障」六大機制進行全方位、深層次、成系統、可持續的綜合改革。

5. 建立人口長期均衡發展指標評估和監測體系

加快完善以部門間人口信息共享、基層信息動態採集和更新的經常化機制為保障的「國家人口基礎信息庫」，建立起與經濟、社會發展相適應的人口長期均衡發展數據體系，建立完善人口與發展綜合決策信息系統。設計人口長期均衡發展的階段性目標及其相應的考評指標體系，健全科學的人口動態監測評估機制。建立人口發展趨勢預警預報制度，為各級政府制定和實施經濟發展規劃提供全面的人口長期均衡發展數據。

第九章　仁壽縣人口長期均衡發展實證研究

本次研究將利用人口長期均衡發展的分析模型和評價指標體系對人口大縣仁壽縣的人口長期均衡發展問題進行實證研究，描述仁壽人口長期均衡發展的現狀，剖析仁壽人口長期均衡發展面臨的主要問題，提出促進仁壽人口長期均衡發展的政策建議。

一、選擇仁壽縣作為研究對象的原因

選擇仁壽縣作為人口長期均衡發展實證研究對象是因為：

第一，縣級單位的人口長期均衡發展具有戰略基礎地位。張五常曾經指出，中國的經濟是「縣現象的經濟」，縣級是經濟權力最大也是競爭最激烈的一級行政單位。[1] 因此在縣範圍內對人口自身及與社會經濟資源環境關係進行研究，剖析人口長期均衡發展的障礙性因素，從而為制定相應的、可供操作的人口發展戰略、政策、規劃等提供科學依據，不僅對於縣級政府有重要指導作用，也對中國經濟發展具有重要的戰略作用。

第二，仁壽縣是全國人口大縣，其人口特徵和問題在全國具有代表性。仁壽縣（戶籍）人口規模達160萬，位居全國前列。仁壽縣自實施計劃生育基本國策以來，人口發展取得了卓越的成績，人口出生率、人口死亡率、人口自然增長率都顯示出仁壽縣進入了人口低生育水平時期。從近期統計數據來看，仁壽的全民基本素質和文化水平都有了很大的提高，人口總體結構和地區分佈更加均衡和適合城鎮化的發展，經濟產業結構更加合理。這些促進

---

[1] 張五常. 中國的經濟制度 [M]. 北京：中信出版社，2009：144 - 160.

了仁壽社會經濟的持續健康發展、資源的長遠和可持續利用及人們生活水平的不斷提高。但是，人口問題始終是制約仁壽經濟、社會全面可持續發展的因素之一，人口總量快速增長的勢頭尚未被遏制，人們的生活水平和整體素質都有待於進一步提高；長期的低生育率造成的人口內部非均衡發展，產生了更為複雜的人口現象，引發了人口結構性的失衡和矛盾；由於重男輕女思想的根深蒂固，人們生男孩的意願較強烈，造成出生人口性別比偏高；隨著老齡化進程的不斷推進，養老問題導致的社會保障、老人照料等問題也日益成為社會關注的焦點；人口流動造成人才流失和農村人口空心化。人口問題嚴重制約了仁壽經濟社會的發展，對仁壽經濟模式的轉變和城鎮化進程的推進都產生了許多不利的影響。仁壽的問題在全國也具有代表性，仁壽縣人口長期均衡發展實證研究具有重要的示範意義。

二、仁壽縣人口發展現狀

（一）仁壽縣人口自身發展狀況

1. 人口數量

人口規模方面，仁壽是全國人口大縣，無論是戶籍人口數量還是常住人口數量均在百萬以上。2000年以來，戶籍人口數基本保持在160萬左右，常住人口數低於戶籍人口數，並且呈現出略有下降的趨勢，2011年常住人口數為123.76萬（見圖9-1）。

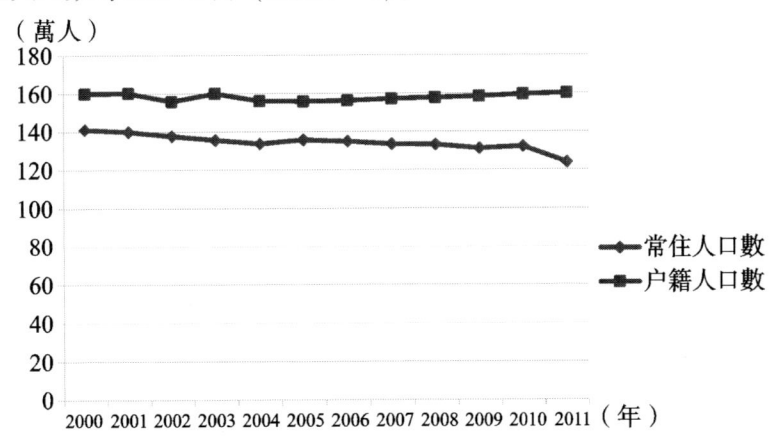

圖9-1 仁壽縣常住人口數與戶籍人口數（2000—2011）

數據來源：歷年《仁壽統計年鑒》《眉山統計年鑒》。

除人口遷移流動之外，人口數量的變化主要取決於人口的出生率、死亡率和自然增長率。從出生率來看，2000年以來仁壽出生率都在6‰～8‰波動，2008年以後出生率有所提高，2009年、2010年和2011年分別是8.05‰和9.99‰和11.17‰。死亡率的變化趨勢與出生率相同，2000—2008年都在5‰上下，2008年之後略有提高，2011年死亡率為8.45‰。自然增長率一直比較穩定，保持在2‰左右（見圖9-2）。這些數據表明，人口大縣仁壽縣的人口自然變動屬於「低出生率－低死亡率－低自然增長率」的現代型人口再生產類型。

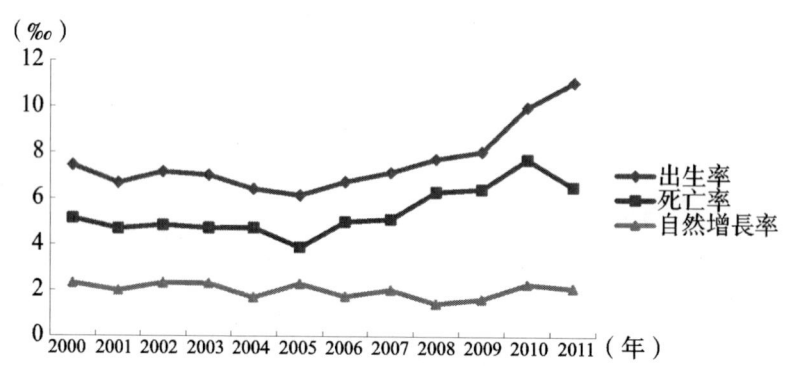

圖9-2　仁壽縣歷年人口出生率、死亡率和自然增長率（2000—2011）

數據來源：歷年《仁壽統計年鑒》《眉山統計年鑒》。

2. 人口結構

人口年齡結構方面，從老年人口所占比重來看，2009年60歲及以上人口所占比重為17.85%，2010年為18.17%，到2011年進一步提高到了19.01%，表明仁壽已處於老齡化社會，並且老齡化的速度比較快。從2010年仁壽縣的年齡結構（戶籍人口）來看，0～14歲人口所占比重為14.71%，60歲及以上人口所占比重為15.08%，15～59歲人口所占比重為70.21%，表明仁壽人口中勞動年齡人口所占比重依然較大，人口撫養比較低，擁有豐厚的「人口紅利」。不過，這是戶籍人口的數據，如果按常住人口計算，並且假定遷移流動外出的以勞動年齡人口為主，則仁壽15～59歲人口所占比重會降低為60%左右，明顯低於戶籍人口的勞動年齡人口比重。

人口的性別結構方面，仁壽出生性別比狀況比較好。從2006年開始，仁壽的出生性別比最高只有106.8，最低為103.5，都在正常範圍之內（見圖9-3）。在出生性別比普遍明顯偏高的大背景下，能夠有人口出生性別比連續多年保持在正常範圍之內的局面，是非常難得的，這是仁壽縣人口工作的重大成就，也為人壽人口長期均衡發展奠定了有利基礎。

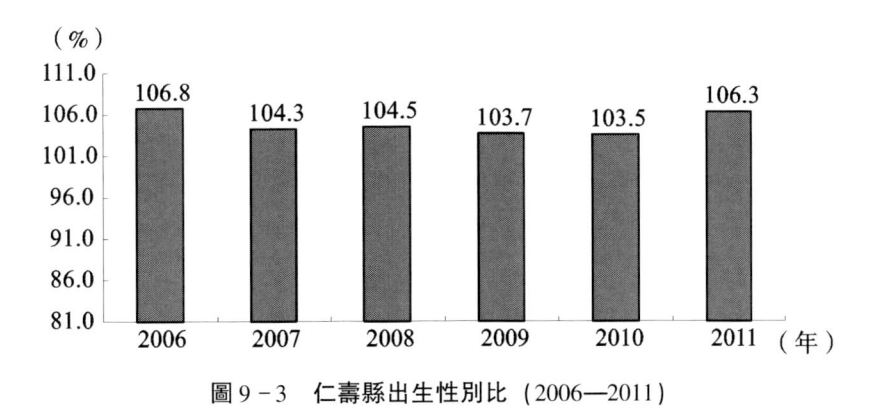

图9-3 仁壽縣出生性別比（2006—2011）

數據來源：歷年《仁壽統計年鑒》《眉山統計年鑒》。

3. 人口質量

仁壽人口身體素質較好。2004年以來仁壽的嬰兒死亡率和5歲以下兒童死亡率經歷了先降低後反彈的過程，2004年嬰兒死亡率11.4‰，到2008年降到最低3.8‰，到2011年又反彈至8‰。5歲以下兒童死亡率2005年最高，高達12.9‰，2006年降至最低5.4‰，2011年又回升至10.9‰（見圖9-4）。這些數據都低於同期四川省平均水平。根據人口百歲表計算出的2010年仁壽人口平均預期壽命為男76.17歲，女79.79歲，也高於同期四川省水平。這些情況表明仁壽人口身體素質較好。不過，嬰兒死亡率和新生兒死亡率先降後升的趨勢也表明提高人口質量依然任重道遠。

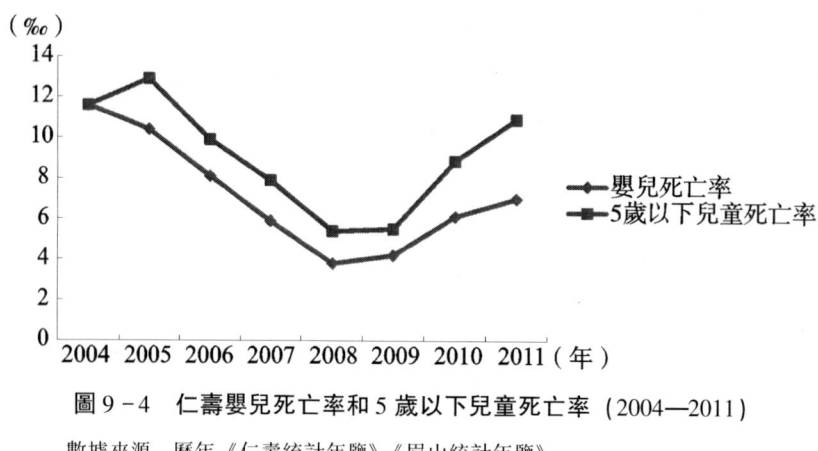

图 9-4 仁寿婴儿死亡率和 5 岁以下儿童死亡率（2004—2011）

数据来源：历年《仁寿统计年鉴》《眉山统计年鉴》。

仁寿人口的文化水平也得到了显著提高。高中毕业升学率连年提高，已经由 2004 年的 49.2% 增长到 2012 年的 72%（见图 9-5）。

图 9-5 仁寿高中升学率（2004—2012）

数据来源：历年《仁寿统计年鉴》《眉山统计年鉴》。

4. 人口分佈和遷移流動

人口分佈方面，2011 年仁寿人口密度為 474.8 人/平方公里，屬於人口稠密地區。這與仁寿地勢平坦、氣候溫和、適宜生存、交通便利、農業基礎良好、生活水平高等要素密切相關。

人口流動方面，仁寿是人口流動大縣，流動人口所占比重較高，2011 年遷入人口 42,837 人，遷出人口 46,339 人，人口流出比較多。人口流動的範圍以省內為主，2009 年、2010 年和 2011 年三年的數據表明，省內的遷入和遷出人數明顯多於省外的遷入和遷出人數（見圖 9-6）。

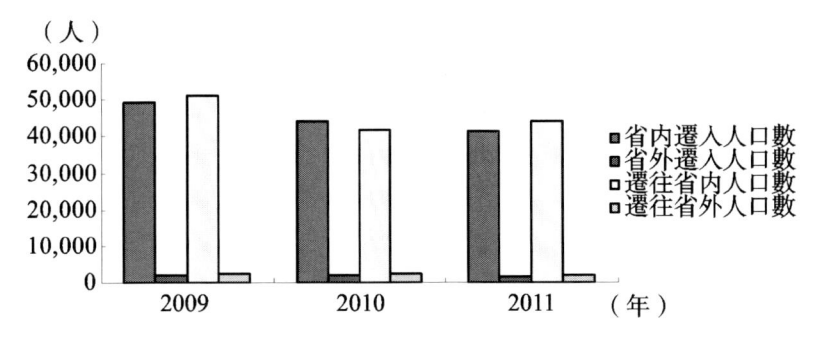

图9-6 仁寿人口流动状况（2009—2011）

数据来源：历年《仁寿统计年鉴》《眉山统计年鉴》。

（二）仁寿县人口发展的外部环境

1. 经济发展方面

2000年以来仁寿经济一直保持快速发展，取得了巨大成就。全县GDP由2000年的41.8亿元发展到2011年的224亿元，年均增长16.5%（见图9-7）。2011年的经济总量居全省59个扩权强县试点县第2位，同时位居四川省各区县排行榜第21位。人均GDP由2000年的2,963元增长到了2011年的18,193元（见图9-8），年均增长17.9%。社会固定资产投资由2000年的105,740万元增长到2011年的1,183,592万元（见图9-9），年均增长24.6%。

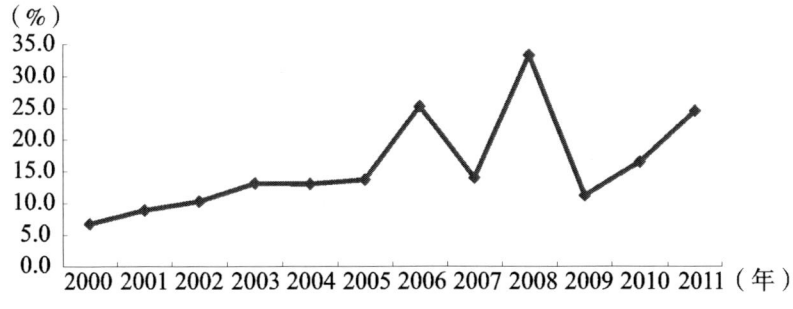

图9-7 仁寿GDP增长率（2000—2011）

数据来源：历年《仁寿统计年鉴》《眉山统计年鉴》。

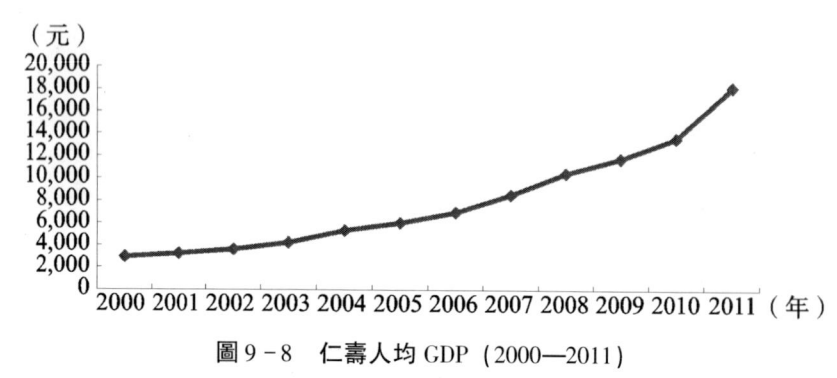

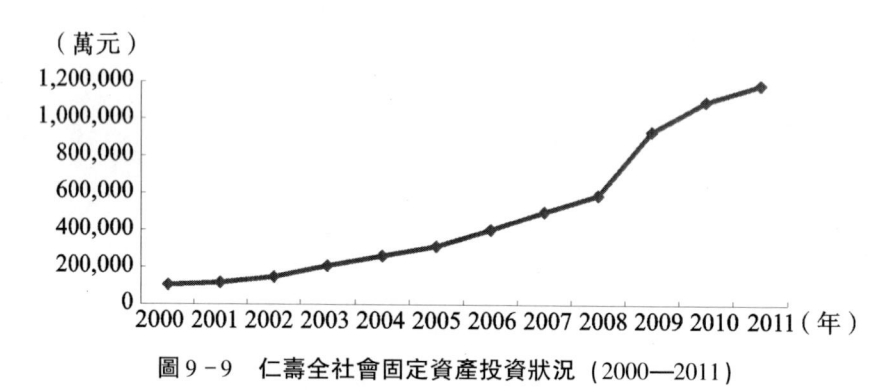

图 9-8　仁寿人均 GDP（2000—2011）

数据来源：历年《仁寿统计年鉴》《眉山统计年鉴》。

图 9-9　仁寿全社会固定资产投资状况（2000—2011）

数据来源：历年《仁寿统计年鉴》《眉山统计年鉴》。

三次产业结构不断优化。由 2000 年的 41.5∶26.1∶32.4 优化为 23.6∶52.4∶24.0，第一产业所占比重不断降低，第二产业所占比重迅速升高，只是第三产业的比重所有减少（见图 9-10、9-11），表明仁寿还处于迅速工业化的阶段。近年来仁寿工业发展迅猛，新能源、新材料、电子信息、生物医药、机械制造、化工、建材、农副产品深加工 8 大产业日益壮大，文林、视高、汪洋、龙正四大园区蓬勃发展。文林工业园区、视高经济开发区分别进入「2011 年成渝经济区最具投资价值产业园区」前 10 强和前 20 强。仁寿现代农业快速发展，建成现代特色效益农业、现代粮食等 6 大示范基地，是中国枇杷之乡、中国青见之乡。第三产业日益繁荣，是省级乡村旅游示范县，商贸流通、餐饮娱乐、邮电通信等传统服务业持续发展，仓储物流、电子商务、金融保险、仲介服务等现代服务业迅猛发展。

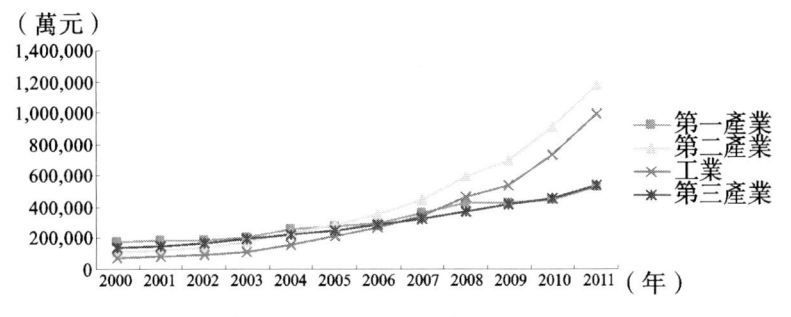

圖 9 - 10　仁壽三次產業生產總值變化狀況（2000—2011）

數據來源：歷年《仁壽統計年鑒》《眉山統計年鑒》。

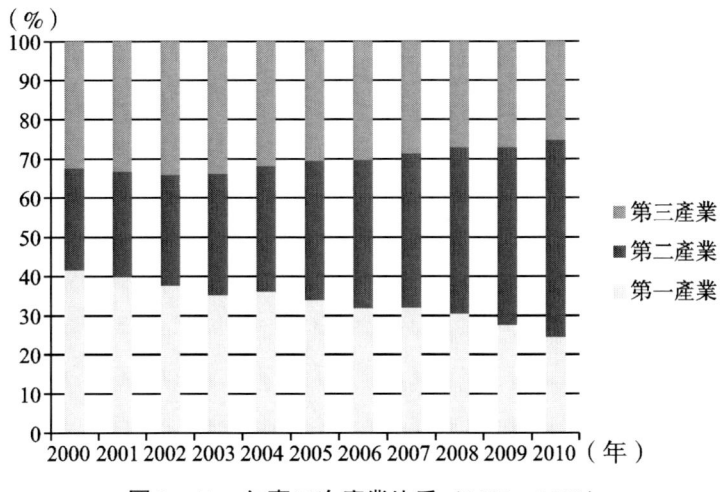

圖 9 - 11　仁壽三次產業比重（2000—2010）

數據來源：根據歷年《仁壽統計年鑒》《眉山統計年鑒》數據計算。

　　人均可支配收入穩步增長。城鎮人均可支配收入由 2002 年的 9,606 元增長到 2011 年的 16,657 元，年均增長 5.1%；農民人均純收入由 2000 年的 1,852 元增長到 2011 年的 6,836 元，年均增長 12.6%（見圖 9 - 12）。農村居民的恩格爾系數由 2000 年的 62.93% 下降到 2008 年的 50.72%，人民生活水平得到了極大提高。

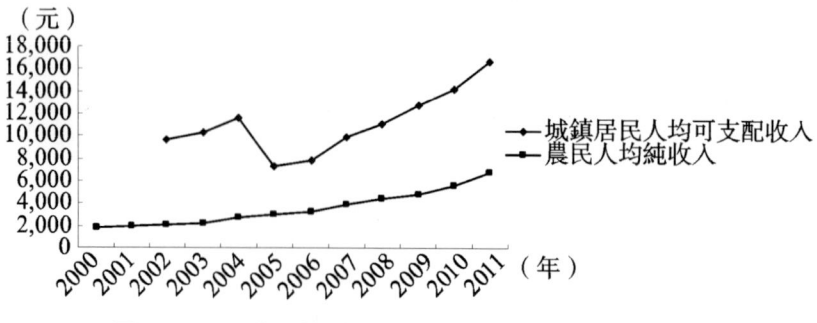

圖9-12　仁壽城鎮居民和農民收入狀況（2000—2011）

數據來源：歷年《仁壽統計年鑒》《眉山統計年鑒》。

2. 社會發展狀況

仁壽社會發展迅速。城鎮化水平出現了新的跨越，由10.22%增長到了2011年的19.28%（見圖9-13）。就業方面，社會從業人員所占比重有所提高，由2002年的53.1%提高到2011年的57.3%（見圖9-14）。教育事業取得顯著進步，教育財政支出連年攀升，由2002年的14,190萬元提高2011年的67,815萬元，年均增長15.3%（見圖9-15）；師生比明顯降低，2000年師生比為23.7人，到2011年已降至17.8人。公共衛生、醫療服務體系全面增強，2011年醫療機構病床數達到3,365張，是2002年的兩倍（見圖9-16）。社會保障體系不斷完善，覆蓋面不斷拓寬，參加基本養老保險的人數從2000年的20,066人增長到2011年的94,941人，增長近5倍；參加基本醫療保險的人數由2001年的26,500人增長到2010年的61,097人，增長兩倍多（見圖9-17）。2007年開始統計「新農合」，當時有113.6萬人，從2009年開始統計「新農保」，當時有4.2萬人。到2011年時參加「新農合」的達到125.1萬人，參加「新農保」的達到81.0萬人。

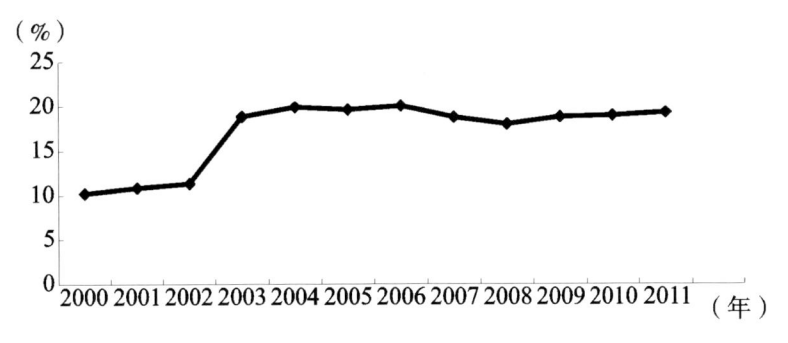

图 9-13　仁寿城镇化水平（2000—2011）

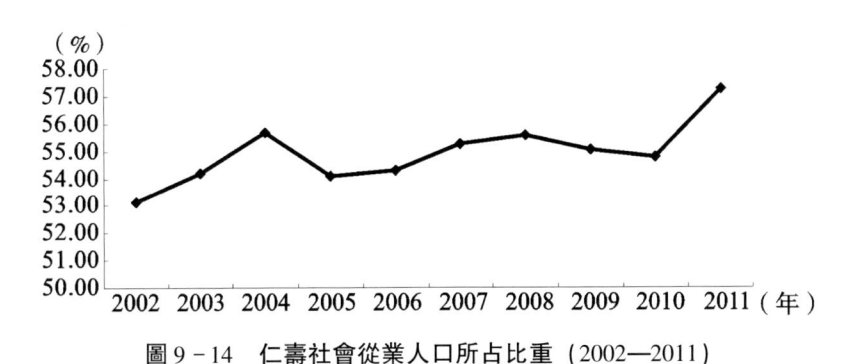

数据来源：历年《仁寿统计年鉴》《眉山统计年鉴》。

图 9-14　仁寿社会从业人口所占比重（2002—2011）

数据来源：根据历年《仁寿统计年鉴》《眉山统计年鉴》数据计算。

图 9-15　仁寿教育财政支出（2002—2011）

数据来源：历年《仁寿统计年鉴》《眉山统计年鉴》。

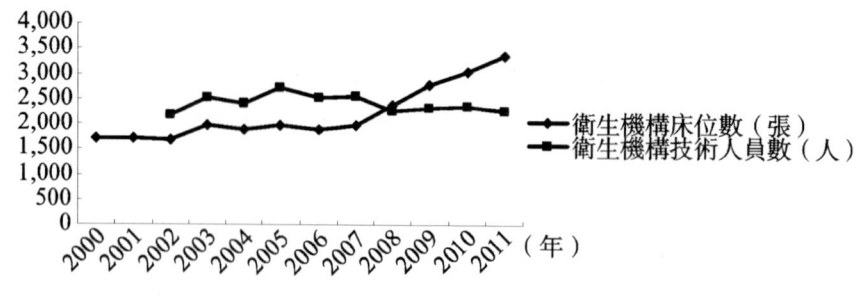

圖 9-16　仁壽衛生機構床位數和技術人員數狀況（2000—2011）

數據來源：歷年《仁壽統計年鑒》、《眉山統計年鑒》

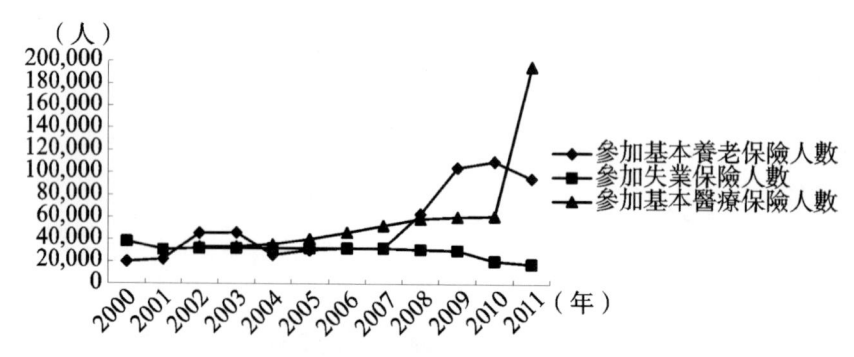

圖 9-17　仁壽參加城鎮基本養老保險、失業保險和
基本醫療保險人數（2000—2011）

數據來源：歷年《仁壽統計年鑒》《眉山統計年鑒》。

3. 資源方面

仁壽耕地面積持續減少，糧食產量不斷增加，人均糧食產量持續提高。耕地面積由 2000 年的 90,300 公頃減少到 2011 年的 75,359 公頃，到 2011 年時人均耕地面積僅為 0.96 畝，略高於四川省平均水平但明顯低於全國平均水平（見圖 9-18）。不過仁壽的糧食產量從 2000 年的 773,500 萬噸增長到了 866,100 萬噸，人均糧食產量從 2000 年的人均 549 公斤增長到了 2011 年的人均 700 公斤，保持了持續增長的勢頭（見圖 9-19）。

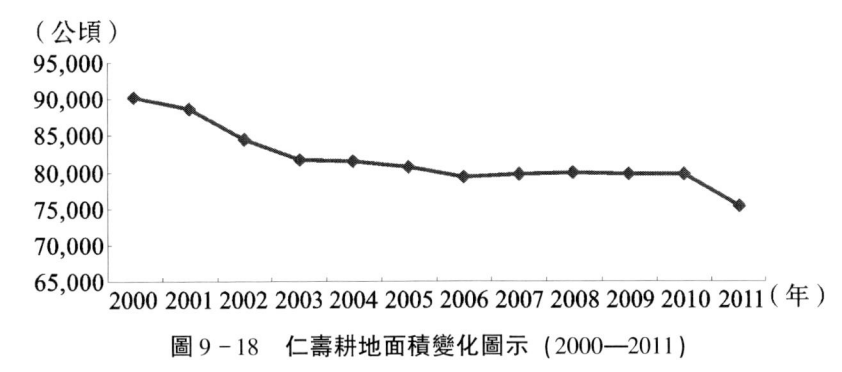

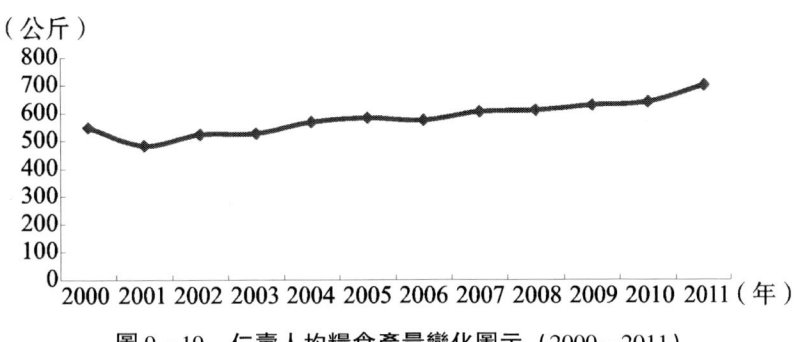

图 9-18　仁寿耕地面积变化图示（2000—2011）

数据来源：历年《仁寿统计年鉴》《眉山统计年鉴》。

图 9-19　仁寿人均粮食产量变化图示（2000—2011）

数据来源：根据历年《仁寿统计年鉴》《眉山统计年鉴》数据计算。

仁寿自然资源比较丰富丰富。煤炭、石灰石、石英砂、膨润土等矿产资源储量过亿吨，开发潜力巨大。水资源非常丰富，有贵平、通江、龙水等 8 条河流过境，可供水量 3.94 亿立方米，可开采的地下水量 1.2 亿立方米。单黑龙滩水库可蓄水 3.6 亿立方米，可解决仁寿县城区及大部分区乡镇生产生活用水，控灌仁寿、井研、简阳三县田土 7.07 万公顷。煤炭储量 3,000 万吨，膨润土储量 100 万吨，丰富的石灰石和生物资源均有工业开发价值。

4. 环境方面

仁寿生态环境基础较好。2011 年仁寿森林面积 88,715 亩，森林覆盖率 44.44%。野生动物 100 余种，野生植物 130 余种，中草药种类达 558 余种。空气质量和水质量均达国家 II 级标准。

随著经工业化的迅速发展，仁寿环境面临的压力越来越大。SO_2 排放量大幅度提升（见图9-20）。不过，仁寿治理环境污染的力度比较大，工业废水、废气排放的达标率迅速提高，废水排放达标率由2002年的62%提高到2010年的100%（见图9-21），废气排放达标率由2004年的30.3%提高到2010年的100%（见图9-21）。绿化工作不断进步，森林覆盖率迅速提高，由2000年的20.4%提高到2010年的44.4%（见图9-22）。2010年人均公园绿地面积8.7平方米。

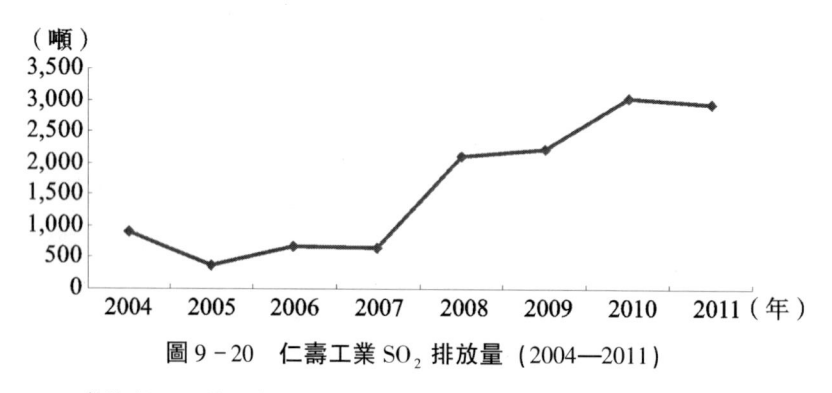

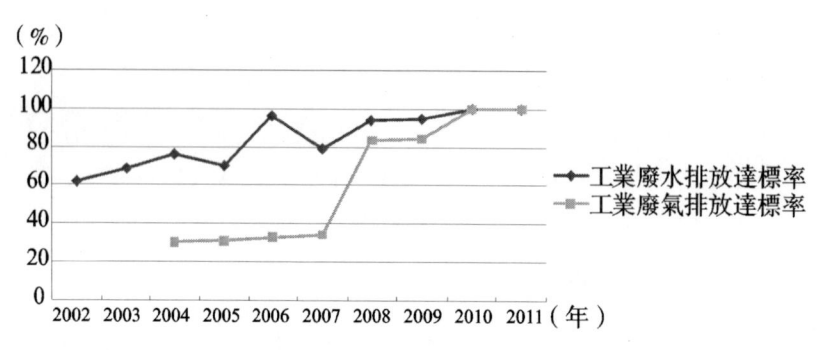

图9-20 仁寿工业 SO_2 排放量（2004—2011）

数据来源：历年《仁寿统计年鉴》《眉山统计年鉴》。

图9-21 仁寿工业废水、废弃排放达标率（2002—2011）

数据来源：历年《仁寿统计年鉴》《眉山统计年鉴》。

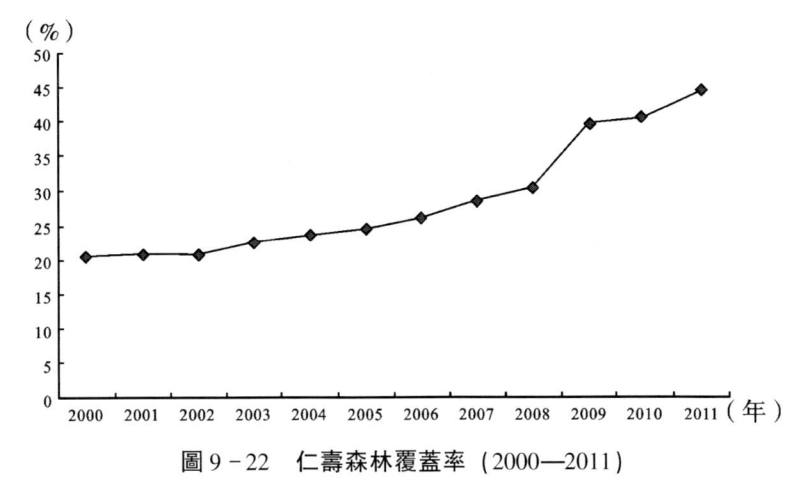

图 9-22　仁寿森林覆盖率（2000—2011）

数据来源：根据历年《仁寿统计年鉴》《眉山统计年鉴》数据计算。

三、仁寿县人口长期均衡发展状况分析

利用人口长期均衡发展评价指标体系和测度模型对仁寿县 2000—2011 年的人口长期均衡发展状况进行实证分析，是仁寿人口长期均衡发展实证研究的核心内容。

（一）仁寿县人口长期均衡发展评价指标体系

可靠、准确的统计数据是人口长期均衡发展测评研究的基础。县域层面人口长期均衡发展研究，由于统计工作基础的原因，数据的可得性是限制指标选取的主要因素。以仁寿县为例，本次研究所能利用的数据一般直接或间接（由公布数据计算得来）来源于正式出版的《仁寿统计年鉴》《眉山统计年鉴》等综合性统计出版物以及相关部门和产业的权威性出版物。但这些资料包含的内容有限，在已经设计的指标评价体系中的 27 个指标中多个指标的数据无法获得，因此，需要对原有的指标体系进行适当调整。

1. 评价指标的选取

根据人口长期均衡发展的内涵及指标体系的基本框架，在人口自身发展特征分析和经济、社会、资源、环境发展基本要素分析的基础上，决定把指标体系设定为三级。第一级包括人口内部均衡和人口外部均衡两个方

面。第二級由八個部分組成，分別是人口數量、人口質量、人口結構、人口分佈、人口與經濟、人口與社會、人口與資源、人口與環境，其中前四項是對人口內部均衡的細化，后四項是對人口外部均衡的具體化。三級指標是二級指標的具體體現，其中對於第三級指標的選取與考量，由於受數據的限制，難以採取 R 聚類分析的方式，因此是在眾多指標中反覆權衡、比較、取捨的結果。

（1）人口內部均衡評價指標的選取

人口自身發展水平由人口系統內部的主要內容決定，即人口數量、人口素質、人口結構、人口分佈。

第一，對於人口數量的統計指標。人口長期均衡發展更加關注人口數量及變動狀況對人口的其他方面和經濟、社會、資源、環境的影響，因此在人口數量的指標選取上，應該包括人口總量和人口變動兩個方面。人口總數按照常規選擇常住人口數指標。人口數量變動的統計指標一般有人口出生率、人口自然增長率、總和生育率等。本來總和生育率是一個具有標準化年齡構成的指標，亦即是一個消除了結構因素影響的指標，另外還具有反應生育水平的綜合性和計量單位的確切性與直觀性的特點，是表徵人口變動的較好指標。但由於市縣統計年鑒中沒有年齡別生育率的數據，因此缺乏計算總和生育率的有效數據來源，致使總和生育率無法納入評價指標體系。而人口出生率、人口自然增長率都是反應人口增量的統計指標，具有很強的相關性，依據指標體系的簡便原則，本研究只選取人口自然增長率指標。

第二，人口質量包括身體素質、文化素質和思想素質三個方面。常見的衡量人口身體素質的指標有平均身高體重、出生缺陷率、殘疾人口占總人口的比重、機能與體力等，但最有價值的還是嬰兒死亡率和平均預期壽命。它們都能夠比較綜合地反應一個國家或地區的醫療衛生條件、社會經濟實力、人民生活水平以及科學技術水平的高低等各個方面的國情、國力狀況，是體現一個國家人口健康素質高低的定量描述。由於嬰兒死亡率的高低是人口平均預期壽命高低的重要影響因素，二者高度相關，同時由於難以查詢到仁壽縣公布的平均預期壽命，因此選取嬰兒死亡率一項。反應

人口文化素質的指標一般都用平均受教育年限或 15 歲及以上人口平均受教育年限，但是目前統計年鑑資料並沒有公布該指標數據。已公布人口統計年鑑中有各年度的高中畢業生升學率的統計數據，因此將其納入人口長期均衡發展指標體系。人口思想素質因難以量化，而無法納入評價指標體系。

第三，人口結構，在這裡講的是人口的自然結構，包括人口年齡結構和人口性別結構。人口性別比構成發端於出生人口性別比的構成，因此選取出生嬰兒性別比作為衡量人口性別結構的指標。老年人口所占比重是測量人口年齡結構的常用指標，能夠用來判斷人口老齡化的程度，但是《仁壽統計年鑑》只從 2009 年才開始統計 60 歲以上人口數，年限太短，不宜於列入指標體系。這樣人口結構方面只有一個指標，對於人口長期均衡發展指標體系來講，確實是一個令人遺憾的缺陷。

第四，對於人口分佈，人口密度是反應人口分佈現狀的主要指標，但是人口密度和常住人口數有直接關係，因此不宜再納入指標體系。而人口遷移變動是改變人口分佈狀態的重要因素，尤其是人口遷移流動相當活躍的社會，更加應該注意遷移流動對人口分佈的影響。人口遷移研究的計量指標有遷入率、遷出率、總遷移率和淨遷移率，它們分別從不同的側面反應一個地區一定時期內人口的遷入和遷出程度。但是，仁壽統計年鑑對於遷入和遷出人數統計的時間也太短，因此也無法納入指標體系。由於人口分佈也包括人口的城鄉分佈，人口城鎮化水平的提高也在一定程度上體現了人口在縣內的遷移流動，因此將人口城鎮化水平作為一個反應人口分佈的指標。

綜上所述，人口內部均衡的評價中的人口數量、人口素質、人口結構、人口分佈，分別以常住人口數、人口自然增長率、嬰兒死亡率、高中畢業生升學率、出生人口性別比、人口城鎮化水平 6 個三級指標表徵。

（2）人口與外部系統均衡評價指標的選取

第一，衡量人口與經濟關係的指標。經濟社會發展的最終目的在於提高人的生活水平，而就業參與是連通「經濟發展」與「提高生活水平」的橋樑。因此，人口與經濟關係可以從經濟總體狀況、就業參與和生活水

平三個方面來考察。GDP是全社會產出效益的綜合反應，人均GDP則是人口與經濟狀況之間關係的核心指標。至於直接評價就業參與的指標，勞動年齡人口在業率是反應就業參與的直接指標。恩格爾系數是國際上普遍採用的反應居民生活質量、評估一個國家或地區窮富水平的一個指標。但仁壽公布的農村恩格爾系數時間略長，而城鎮居民恩格爾系數公布時間太短，二者沒法統一。因此，只能選擇城鄉收入比作為反應城鄉收入差距的指標。另外，全社會固定資產投資是拉動經濟增長的主要力量之一，是當前經濟發展的重要因素，因此，全社會固定資產投資狀況也能間接反應經濟的發展狀況，也是反應人口與經濟關係的指標之一。

第二，衡量人口與社會關係的指標。人口與社會的關係涉及的方面非常多，主要涉及家庭結構狀況、公共服務狀況、社會公平（主要是貧富差距）狀況。家庭是連接個人和社會的橋樑，是兩者的中間單位。家庭變化很好地反應了社會和個體之間的互動關係。家庭的規模與結構是家庭的最重要的兩個方面，同時家庭的規模和結構之間有著緊密的關係。由於家庭結構測量相對複雜，因此選擇平均家庭規模作為衡量家庭狀況的重要指標。社會公共服務與人口關係主要集中體現在醫療、教育和社會保障等幾個方面。教育財政投資額能夠反應社會教育服務的水平，教師人數、師生比等也能體現教育所能達到的水平，現有數據中教育投資額度指標不全，只有用師生比來反應教育所能達到的水平。反應醫療狀況的指標，醫療機構床位數是個比較理想的指標。而反應社會保障狀況的指標較多，為了簡化指標體系，只選擇和人們生活緊密相關的基本養老保險和基本醫療保險參與人數來衡量。總之，反應人口與社會關係的指標共四項——家庭平均人口數、師生比、基本養老保險參與人數、基本醫療保險參與人數。

第三，衡量人口與資源關係的指標。耕地、淡水和能源是最為基礎的資源，因此衡量人口與資源的關係主要就是分別考察人口與耕地、淡水和能源的關係狀況，但從數據可得性上來考慮，關於水資源和能源的年度數據並不連續，因此難以納入指標體系。需要補充的是，人均耕地數量能反應人口與耕地關係，但因為耕地數量無法反應耕地質量的影響，因此也選擇用人均糧食產量進一步補充人口與資源的關係。最終，選取人均耕地面

積和人均糧食產量反應人口與資源的關係。

第四，衡量人口與環境關係的指標。人口與環境的關係，既考慮對環境資源的破壞程度，同時也得考慮環境的恢復與治理。從生態系統的完整性、穩定性來看，植被狀況是生態系統存在的關鍵，而人類對環境的影響則體現在污染物的排放，對環境的恢復與治理可以用廢氣、廢水排放的達標率體現，這三個方面分別選取一個指標來衡量。因此，人口與環境關係的評價中選取森林覆蓋率、工業廢氣（SO_2）排放量和工業廢氣排放達標率3個指標。

總之，仁壽縣人口長期均衡發展指標體系，人口內部均衡使用6個指標，人口外部均衡使用14個指標來做具體描述（見表9－1）。其中部分指標為適度指標，其適度區間及確定依據詳見表9－2。

表9－1　　　　　　　人口長期均衡發展評價指標體系

一級指標	二級指標	三級指標	單位	備註
人口內部均衡	人口數量	常住人口數	萬人	適度指標
		人口自然增長率	‰	適度指標
	人口質量	嬰兒死亡率	‰	逆指標
		高中畢業生升學率	%	正指標
	人口結構	出生性別比	—	適度指標
	人口分佈	城鎮化水平	%	適度指標
人口外部均衡	人口與經濟	人均GDP	元	正指標
		勞動適齡人口在業率	%	正指標
		全社會固定資產投資	萬元	正指標
		城鄉收入比	—	逆指標
	人口與社會	家庭平均人口數	人/戶	適度指標
		衛生機構床位數	張	正指標
		師生比	—	逆指標
		參加基本養老保險人數	人	正指標
		參加基本醫療保險人數	人	正指標
	人口與資源	人均糧食產量	千克/人	正指標
		耕地面積	畝	正指標
	人口與環境	工業廢氣排放量	噸	逆指標
		工業廢氣排放達標率	%	正指標
		森林覆蓋率	%	正指標

表9-2　　　　　各適度指標的適度區間及確定依據

指標名稱	單位	下限	上限	確定區間的依據
人口總量	萬人	—	170	仁壽縣淡水資源決定的最大人口容量。根據中國缺水標準，人均水資源300立方米為維持適當人口生存的最低標準。
人口自然增長率	‰	0	5	下限為0是國際通用標準，上限選取5‰是根據西方發達國家人口轉變實現階段的自然增長率水平。
出生性別比	—	103	107	人口出生性別比通用衡量標準。
城鎮化水平	%	—	—	根據人口城鎮化率與非農產業就業比重的關係計算，人口城鎮化率大概占非農產業就業率的0.77~0.83。
家庭平均人口數	人	3	4	下限3表示一對夫妻一個孩子的核心家庭人口數，上限4是一對夫妻按更替水平生育的家庭人口數。

2. 指標權重的確定

運用熵權法，通過第五章的公示（1）到（5），可以得出人口長期均衡發展指標體系中的每個指標的權重，指標的權重越大，表示該指標對人口長期均衡發展的影響程度就越大，反之亦然。最終得出的每個指標的權重如表9-3所示。

表9-3　　　人口長期均衡發展指標體系的各級指標權重

一級指標		二級指標		三級指標		歸一化
名稱	權重	名稱	權重	名稱	權重	
人口內部均衡	0.441,7	人口數量	0.184,1	常住人口數	0.802,0	0.065,2
				人口自然增長率	0.198,0	0.016,1
		人口質量	0.322,9	嬰兒死亡率	0.343,8	0.049,0
				高中畢業生升學率	0.656,2	0.093,6
		人口結構	0.276,6	出生性別比	1.000,0	0.122,2
		人口分佈	0.216,4	城鎮化水平	1.000,0	0.095,6

表9-3(續)

| 一級指標 || 二級指標 || 三級指標 || 歸一化 |
名稱	權重	名稱	權重	名稱	權重	
人口外部均衡	0.558,3	人口與經濟	0.255,7	人均GDP	0.037,0	0.005,3
				勞動適齡人口在業率	0.224,2	0.032,0
				全社會固定資產投資	0.473,0	0.067,5
				城鄉收入比	0.265,8	0.037,9
		人口與社會	0.286,6	家庭平均人口數	0.046,8	0.011,7
				衛生機構床位數	0.152,1	0.038,2
				師生比	0.097,7	0.024,5
				參加基本養老保險人數	0.125,6	0.031,5
				參加基本醫療保險人數	0.215,5	0.054,1
		人口與資源	0.221,1	人均糧食產量	0.604,7	0.074,6
				耕地面積	0.395,3	0.048,8
		人口與環境	0.236,5	工業廢氣排放量	0.211,6	0.027,9
				工業廢氣排放達標率	0.450,6	0.059,5
				森林覆蓋率	0.337,8	0.044,6

(二) 仁壽縣人口長期均衡發展現狀分析

收集人口長期均衡發展指標體系中2000—2010年的原始數據（見表9-4）並對其進行無量綱化處理，依據人口長期均衡發展測度模型，計算仁壽人口長期均衡發展狀況，並依據人口長期均衡發展評價尺度（見表9-4）進行評價。

1. 人口長期均衡發展水平的測量與評價

從計算結果可以發現，2000—2011年，仁壽的人口長期均衡發展狀況不容樂觀（見表9-5）。

首先，人口內部長期均衡發展的水平長期較低，直到2006年才達到可接受的（中等）發展階段（[0.5，0.8]區間），只有2011年才達到實現階段（[0.8，1]區間），啓蒙階段（[0，0.5]區間）和發展階段徘徊的時間比較長。說明仁壽人口自身長期均衡發展狀況較差，而且發展緩慢。

表 9-4 仁壽縣人口長期均衡發展各項指標原始值

指標	單位	2000年	2001年	2002年	2003年	2004年	2005年	2006年	2007年	2008年	2009年	2010年	2011年
常住人口數	萬人	141.0	139.8	137.6	135.5	133.5	135.6	134.8	133.3	133.0	131.1	132.1	123.8
人口自然增長率	‰	2.3	2.0	2.3	2.3	1.7	2.3	1.7	2.0	1.4	1.6	2.3	2.7
嬰兒死亡率	‰	11.6	10.4	8.1	5.9	11.6	10.4	8.1	5.9	3.8	4.2	6.1	7.0
高中畢業生升學率	%	49.2	53.5	54.9	52.6	49.2	53.5	54.9	52.6	53.1	62.2	59.6	72.0
出生性別比	—	107.0	107.0	107.0	107.0	107.0	107.0	106.8	104.3	104.5	103.7	103.5	106.3
人均GDP	元	2,963	3,254	3,639	4,236	5,334	6,013	6,948	8,517	10,442	11,781	13,622	18,193
城鎮化水平	%	10.2	10.9	11.3	18.8	19.9	19.6	20.1	18.8	18.0	18.8	19.0	19.3
勞動適齡人口在業率	%	54.9	54.9	53.1	54.2	55.7	54.1	54.3	55.2	55.6	55.1	54.8	57.2
家庭平均人口數	人/戶	3.0	3.0	3.0	3.0	2.8	2.9	2.9	2.8	3.2	2.9	2.9	2.8
城鄉人口比	—	4.5	4.5	4.6	4.6	4.3	2.4	2.4	2.6	2.5	2.6	2.5	2.4
全社會固定資產投資	萬元	105,740	117,670	148,026	208,256	262,355	312,653	403,723	500,323	590,007	933,335	1,093,630	1,183,592
衛生機構床位數	張	1,715	1,700	1,686	1,984	1,889	1,967	1,882	1,983	2,373	2,775	3,030	3,365
師生比	—	23.7	23.1	24.0	23.1	22.0	20.9	19.9	21.1	20.5	21.6	21.3	17.8
參加基本養老保險人數	人	20,066	22,073	45,703	46,160	25,958	30,349	32,176	32,211	62,964	104,565	110,191	94,941
參加基本醫療保險人數	人	33,182	33,503	33,182	33,503	35,499	40,221	46,421	52,680	58,582	60,371	61,097	195,356
人均糧食產量	公斤/人	548.7	483.6	523.5	527.2	568.0	583.3	573.7	604.6	609.3	627.6	640.0	699.8
耕地面積	畝	90,300	88,600	84,483	81,744	81,476	80,619	79,235	79,713	79,902	79,770	79,681	75,359
工業廢水排放量	噸	62	68.6	62	68.6	82.1	70.4	96	78.9	93.9	94.7	100	100
工業廢氣排放達標率	%	30.3	30.9	33	34.3	30.3	30.9	33	34.3	83.5	84.2	100	100
森林覆蓋率	%	20.4	20.7	20.8	22.4	23.5	24.5	26	28.6	30.46	39.6	40.59	40.59

其次，仁壽人口外部均衡的發展水平長期低於內部發展水平，2008 年才達到可接受的發展階段（[0.5, 0.8]區間），直到 2011 年都沒有達到實現階段。這表明仁壽人口外部長期均衡發展狀況比人口自身長期均衡發展還要差。

最后，人口總體長期均衡的發展水平和外部均衡的發展水平的發展狀況比較一致，達到可接受的發展階段的時間比較晚，最終達到的水平也並不高，沒有達到 0.8 的水平。

總體來看，2000—2011 年仁壽人口長期均衡發展水平發展緩慢，前景不容樂觀。

表 9-5　　　　2000—2011 年仁壽人口長期均衡發展水平

年份	內部	外部	總體
2000	0.288,5	0.246,6	0.265,1
2001	0.368,6	0.214,9	0.282,8
2002	0.429,7	0.178,6	0.289,5
2003	0.466,9	0.209,8	0.323,3
2004	0.403,7	0.254,4	0.320,4
2005	0.435,6	0.305,2	0.362,8
2006	0.517,1	0.349,6	0.423,6
2007	0.554,0	0.319,2	0.422,9
2008	0.635,1	0.556,1	0.591,0
2009	0.743,5	0.553,6	0.637,5
2010	0.692,0	0.587,8	0.633,8
2011	0.918,0	0.685,4	0.788,1

2. 人口長期均衡發展協調度的測量與評價

人口長期均衡發展的協調度相對比較樂觀。人口內部長期均衡發展的協調度發展狀況，連續多年協調度都非常低，2008 年才達到可接受的一般協調水平（[0.5, 0.8]區間），起點低、起步較晚，最終也只有 2011 年達到了高度協調的水平（[0.8, 1]區間）。說明仁壽人口自身各要素之間的關係狀況一直較為緊張，經過艱難的發展才實現了高度協調。就人口外部長期均衡發展狀況而言，其狀況比內部協調狀況要好，2007 年以

來一直穩居一般協調水平之上，而且 2009 年以來的三年都保持在 0.8 以上的高度協調水平。這說明人口與外在經濟社會資源環境的關係比較協調，為人口長期均衡發展提供了良好的外部環境。人口內部均衡與人口外部均衡的總體協調狀況也一直很好，最低的協調度也在 0.5 以上，而且多數年份處於 0.8 以上的高度協調水平（見表 9-6）。這說明內外部系統之間的協作與互動關係比較好，良好的外部發展環境能夠比較容易地推動人口自身各要素之間的協調。

表 9-6　　2000—2011 年仁壽人口長期均衡發展協調度

年份	內部	外部	總體
2000	0.000,0	0.017,4	0.981,8
2001	0.004,7	0.028,8	0.805,8
2002	0.024,1	0.199,9	0.571,0
2003	0.076,9	0.529,4	0.626,4
2004	0.000,0	0.385,9	0.853,4
2005	0.152,3	0.412,6	0.909,9
2006	0.319,6	0.419,2	0.892,2
2007	0.434,5	0.606,3	0.798,3
2008	0.604,8	0.556,6	0.986,9
2009	0.660,3	0.877,8	0.937,0
2010	0.623,2	0.884,3	0.980,2
2011	0.830,6	0.894,6	0.938,2

3. 人口長期均衡發展可持續度的測量與評價

人口長期均衡發展的可持續性方面，人口內部可持續發展緩慢，2004 年以前可持續度都處於 0.1 以下的非常低水平，直到 2008 年才達到一般可持續水平（[0.5，0.8) 區間），只有 2011 年才實現了可持續良好水平（[0.8，1] 區間）。這表明人口內部各要素之間的關係經過艱難的發展終於趨向穩定。人口外部長期均衡發展的可持續性，在 2005 年及以前其狀況比內部可持續性稍好，但 2006 年開始一直低於人口內部長期均衡的可持續狀況，其水平一直未能實現可持續性良好的水平。這表明，人口與外

部各系統之間的關係，存在的變數相對還比較大。總體可持續性狀況相對較好，長期高於0.4，多數年份保持在一般可持續水平，2011年還達到了可持續性良好的水平。這說明人口內外部長期均衡之間的良好互動關係是比較穩定的（見表9-7）。

表9-7　　2000—2011年仁壽人口長期均衡發展可持續度

年份	內部	外部	總體
2000	0.000,0	0.065,6	0.510,2
2001	0.041,5	0.078,6	0.477,4
2002	0.101,9	0.188,9	0.406,6
2003	0.189,4	0.333,3	0.450,1
2004	0.000,0	0.313,3	0.522,9
2005	0.257,6	0.354,8	0.574,5
2006	0.406,5	0.382,9	0.614,7
2007	0.490,6	0.439,9	0.581,0
2008	0.619,8	0.556,3	0.763,7
2009	0.700,7	0.697,1	0.772,9
2010	0.656,7	0.720,9	0.788,2
2011	0.873,2	0.783,0	0.859,9

4. 總結

從上述描述可以發現，2000—2011年的人口內部均衡狀況較差，無論是發展水平、協調度還是可持續性，都表現出「起點低、起步晚、發展水平不高」的特點，較長時期一直處於不可接受區間（[0, 0.5）區間），2008年才達到不好但可接受的區間（[0.5, 0.8）區間），只有2011年才發展到了良好區間（[0.8, 1]區間）。人口外部均衡狀況比內部狀況好，其發展水平相對較高，協調性較高，可持續性也比較好，說明人口發展的外部環境較好，諸要素之間比較協調，發展前景也比較好。就人口總體均衡狀況而言，其發展水平發展緩慢，一直沒達到實現階段，協調度一直較高，而可持續性也一直在0.4以上，說明人口與外部環境之間的關係良好，存在的矛盾比較少，發展前景也比較好（見表9-8）。

表9-8　　　2000—2011年仁壽人口長期均衡發展狀況

年份	內部 發展水平	內部 協調度	內部 可持續度	外部 發展水平	外部 協調度	外部 可持續度	總體 發展水平	總體 協調度	總體 可持續度
2000	0.288,5	0.000,0	0.000,0	0.246,6	0.017,4	0.065,6	0.265,1	0.981,8	0.510,2
2001	0.368,6	0.004,7	0.041,5	0.214,9	0.028,8	0.078,6	0.282,8	0.805,8	0.477,4
2002	0.429,7	0.024,1	0.101,9	0.178,6	0.199,9	0.188,9	0.289,5	0.571,0	0.406,6
2003	0.466,9	0.076,9	0.189,4	0.209,8	0.529,4	0.333,3	0.323,3	0.626,4	0.450,1
2004	0.403,7	0.000,0	0.000,0	0.254,4	0.385,9	0.313,3	0.320,4	0.853,4	0.522,9
2005	0.435,6	0.152,3	0.257,6	0.305,2	0.412,6	0.354,8	0.362,8	0.909,9	0.574,5
2006	0.517,1	0.319,6	0.406,5	0.349,6	0.419,2	0.382,9	0.423,6	0.892,2	0.614,7
2007	0.554,0	0.434,5	0.490,6	0.319,2	0.606,3	0.439,9	0.422,9	0.798,3	0.581,0
2008	0.635,1	0.604,8	0.619,8	0.556,1	0.556,6	0.556,3	0.591,0	0.986,9	0.763,7
2009	0.743,5	0.660,3	0.700,7	0.553,6	0.877,8	0.697,1	0.637,5	0.937,0	0.772,9
2010	0.692,0	0.623,2	0.656,7	0.587,8	0.884,3	0.720,9	0.633,8	0.980,2	0.788,2
2011	0.918,0	0.830,6	0.873,2	0.685,4	0.894,6	0.783,0	0.788,1	0.938,2	0.859,9

第十章 仁壽縣人口長期均衡發展趨勢分析

一、仁壽縣2011—2030年人口發展趨勢預測

（一）基礎數據

本研究採用隊列要素預測方法，對2011—2030年仁壽人口狀況進行預測。本次預測採用的基礎數據是仁壽2010年人口百歲表和2010年12月31日年度生育人數及生育率數據，即預測的基礎年份為2010年。預測基礎年份（2010年）仁壽人口數量為162.8萬人，總和生育率1.15，出生性別比為103.5，平均預期壽命為男76.17歲，女79.79歲。其性別年齡結構和生育模式分別如圖10-1、10-2所示。

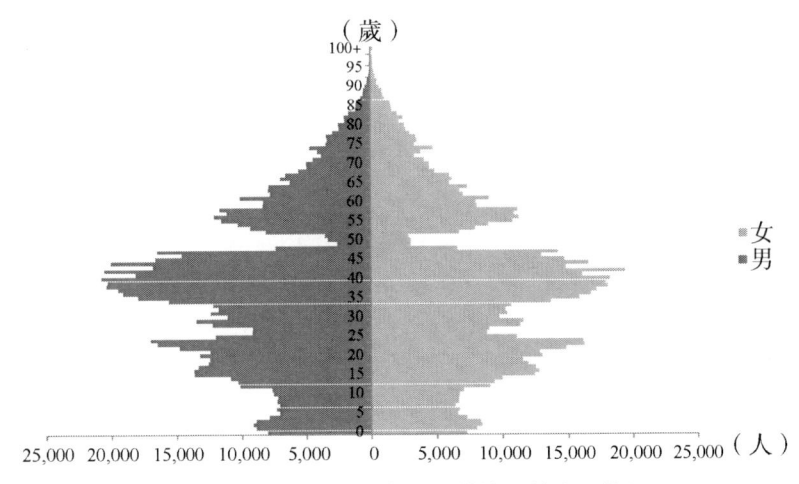

圖10-1 2010年仁壽分年齡性別的人口狀況

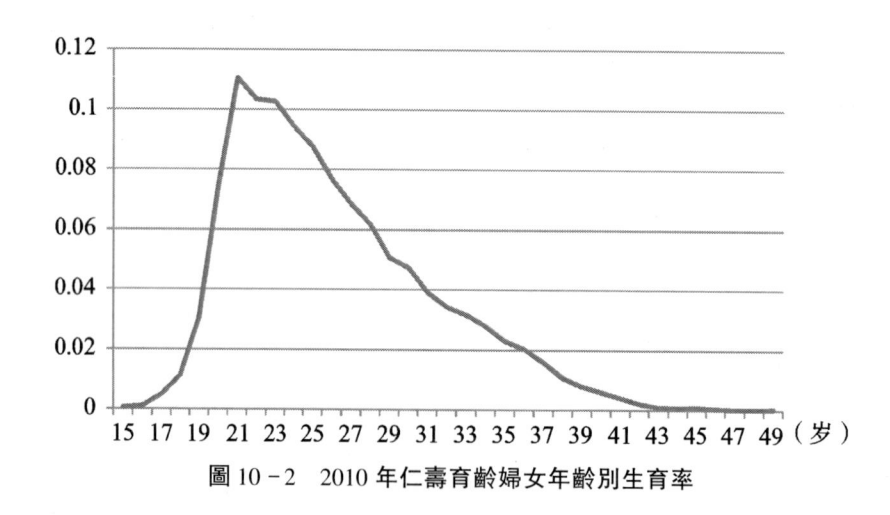

圖 10-2　2010 年仁壽育齡婦女年齡別生育率

（二）預測參數的設置

生育參數確定為育齡婦女總和生育率。當前仁壽的總和生育率僅為 1.15，屬於超低生育水平。而 2000—2010 年四川總和生育率一直保持在 1.5 左右。在預測方案的選擇上，將生育率設計為低、中、高三種方案：低方案假定生育水平繼續保持當前的總和生育率為 1.15 的水平；中方案假定仁壽人口的生育水平保持在當前政策生育水平，由於國家生育政策規定，夫妻雙方均為獨生子女的，在一定間隔之后可以生育第二個孩子，現行生育政策的政策總和生育率為 1.4 左右，考慮到隨著獨生子女群體不斷地進入婚育期，政策生育率將會略有上浮，因此中方案將總和生育率設置為 1.5；高方案是假定生育政策適度放寬，生育水平保持在一個略低於更替水平的狀況，該方案將總和生育率設置為 1.8。至於生育模式，假定未來生育模式保持 2010 年的模式不變，在此基礎上，參照寇爾—特拉賽爾的生育模型設計未來不同生育率方案下的生育模式。

出生性別比假定能夠維持在正常範圍之內，設置為 107。

死亡水平的設置選擇平均預期壽命作為指標。從四川人口發展的歷史來看，1982—1990 年平均預期壽命增長了接近 4 歲，1990—2000 年的 10 年間增長了 3.6 歲。考慮到平均預期壽命水平越高，其增長的空間越小，增長速度也越緩慢，因此預測假定到 2030 年平均預期壽命比 2010 年增長 4 歲。

(三) 預測結果

1. 人口總量將會出現拐點

從預測結果（參見附表6、附表7、附表8）來看，未來20年仁壽總人口增長有放緩的趨勢。按照低方案的預測結果，仁壽人口總數將於2020年達到165.28萬的高峰，然后出現明顯下降，到2030年下降到161.63萬，低於2010年的人口總數，平均年增長速度為－0.36‰。按照中方案，仁壽總人口將會於2024年達到170.01萬的峰值，到2030年下降至168.80萬人，比2010年增長6萬人，其平均年增長速度為1.81‰。而高方案的預測結果顯示，2028年仁壽總人口會達到175.13萬的峰值，到2030年下降到175.01萬，比2010年增加12.2萬人，年均增長速度3.63‰（見圖10－3）。總之，無論哪種方案，仁壽人口總量的拐點會在2030年之前到來。

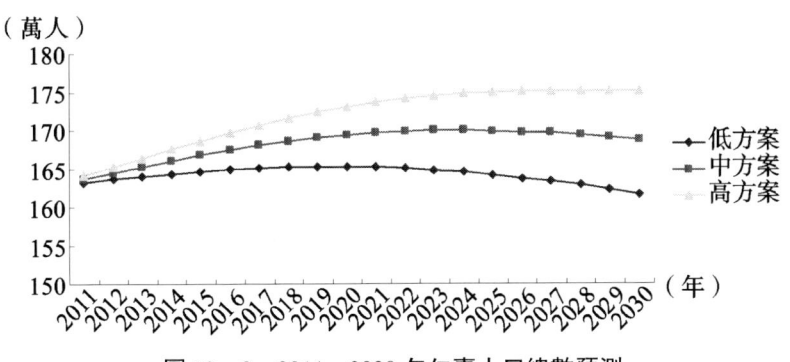

圖10－3　2011—2030年仁壽人口總數預測

2. 出生人口不斷減少

預測結果顯示，仁壽出生人口數量呈逐年降低的趨勢，低方案的出生人數將由2011的1.47萬人降至2030年的0.91萬人，出生率由8.9‰降至5.6‰；中方案的出生人數將由2011年的1.91萬人降至2030年的1.19萬人，出生率由11.6‰降至7.0‰；高方案的出生人數將由2.29萬人降至2030年的1.44萬人，出生率由13.9‰降至8.1‰（見圖10－4）。

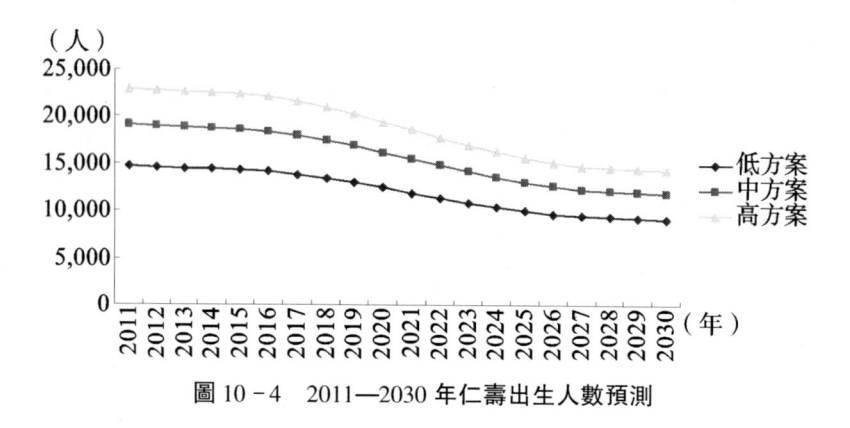

图 10-4　2011—2030 年仁寿出生人数预测

3. 劳动年龄人口数量出现下降趋势

根据人口预测的结果，未来 20 年仁寿劳动年龄（15-64 岁）人口数会经历一个下降→略有回升→再下降的过程，但总体上呈现下降趋势。三种预测方案只是 2015 年及之后的劳动力数量有差异，而且数量差异不大。仁寿劳动力的总数，2011 年为 122.5 万人，2013 年达到 122.9 万人的顶峰。同时 2013 年是仁寿劳动力总量的拐点，从此逐年下降，直到 2022 年降至 116.5 万人，此后会有个短暂的回升，之后会继续下降。受生育水平的影响，2030 年的劳动力数量大概在 113.8 万~117.8 万（见图 10-5）。

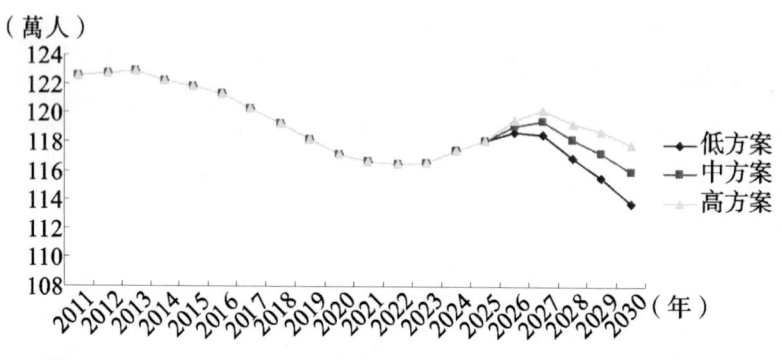

图 10-5　2011—2030 年仁寿劳动年龄（15~64 岁）人口数预测

4. 劳动力老化现象严重

预测结果显示，仁寿将面临严峻的劳动力老化的问题，45 岁及以上的劳动年龄人口数量逐年攀升，所占劳动人口的比重逐年上升，45~64 岁人口数量由 2011 年的 37.9 万人增加到 2030 年的 55.9 万人（见图 10-

6)，占勞動人口的比重從 2010 年的 30.9% 左右上升到 2030 年的 48% 左右（見圖 10－7）。這也就意味著到 2030 年仁壽近半數的勞動力屬於高齡勞動力，這將對經濟發展帶來非常不利的影響。

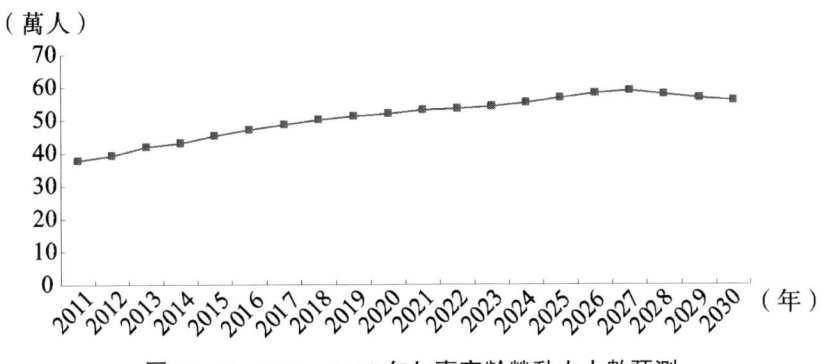

圖 10－6　2011—2030 年仁壽高齡勞動力人數預測

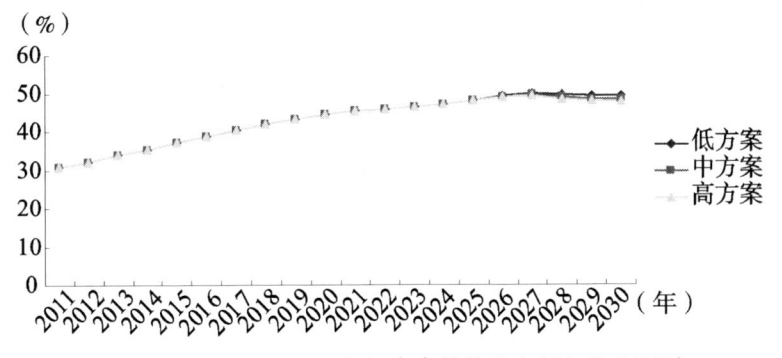

圖 10－7　2011—2030 年仁壽高齡勞動力所占比重預測

5. 人口快速老齡化即將到來

人口老齡化問題也是仁壽將面臨的重大挑戰。到 2030 年，仁壽老年（65 歲及以上）人口數量將達到 31.2 萬人，比 2011 年多出 13.8 萬人（見圖 10－8）。儘管不同的預測方案老年人口所占比重將略有差異，但是高方案老年人口比重依然會高達 17.8%，低方案會高達 19.3%（見圖 10－9），老齡化的速度非常快，屬於典型的快速老齡化。

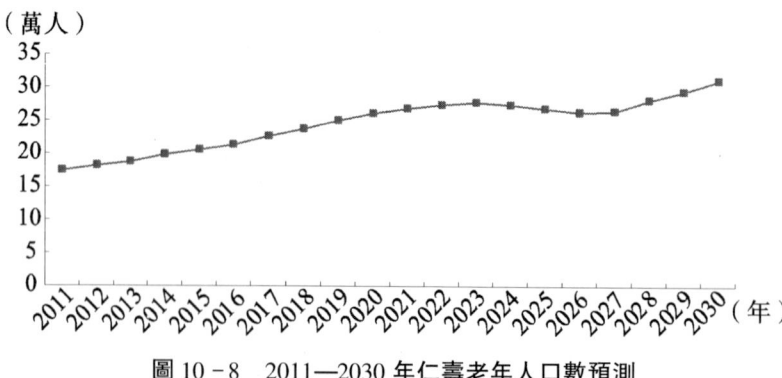

圖 10-8　2011—2030 年仁壽老年人口數預測

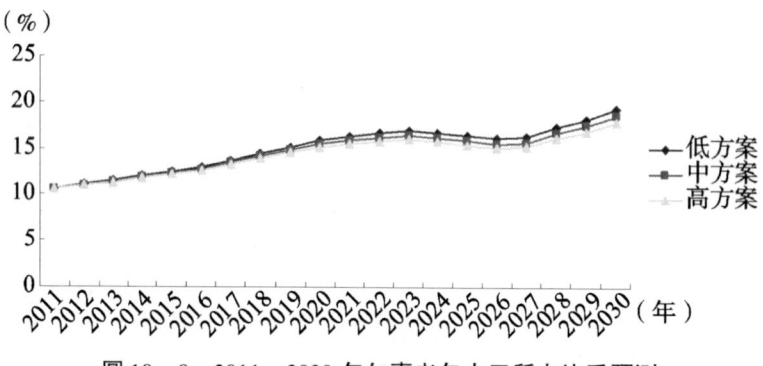

圖 10-9　2011—2030 年仁壽老年人口所占比重預測

二、仁壽縣 2011—2030 年人口長期均衡發展態勢判斷

根據人口預測結果，將三種人口預測方案對比發現：

首先，仁壽人口數量的發展趨勢將發生根本改變，人口總量的拐點即將出現。但是，人口數量眾多的現實不會發生變化，仁壽仍會是 160 萬人以上的人口大縣。

其次，人口老齡化問題日益突出。隨著壽命延長和以往高出生率時出生人口進入老年，老年人口規模增加較快；而出生人口不斷減少使得人口老齡化程度不斷加重，未來 20 年仁壽人口老齡化水平將由 10% 提高到近 20%。

最后，生育水平的提高會明顯影響 20 年之後的人口結構。高方案會使 0~14 歲的少年兒童人口數比低方案高出 9.37 萬人，使其所占比重高

出4.5個百分點。高方案會使勞動力人口多出4.01萬人,但其所占比重會由60.06%下降到57.75%。由於未來20年的出生情況不會影響到老年群體的變化,因此三種方案之下的老年人口數量(60歲以上和65歲以上兩種方案)沒有區別,只是由於總人口數的變化會使老年人口所占比重略有降低。但同時我們發現,三種不同方案的總撫養比會有所升高,高方案的人口總撫養比會高出低方案6.5個百分點(見表10-1)。這就說明放寬生育政策只會帶來表面的人口老齡化速度略微放緩,但不能實際減輕養老負擔,而且反而會給社會帶來少年兒童撫養比和老年人口撫養比「兩頭重」的人口狀況。

表10-1　　　　　　　2030年人口狀況預測結果

	低方案	中方案	高方案
人口總數(萬人)	161.6	168.8	175.0
年均增長率(‰)	-0.36	1.81	3.63
0~14歲人口數(萬人)	16.7	21.7	26.0
15~59歲人口數(萬人)	97.1	99.2	101.1
65歲及以上人口數(萬人)	31.2	31.2	31.2
勞動力人口所占比重(%)	60.06	58.78	57.75
老年人口所占比重(%)	19.3	18.5	17.8
總撫養比(%)	42.1	45.6	48.6

三、仁壽縣人口長期均衡發展面臨的問題與挑戰

(一)人口自身均衡面臨的問題

1. 人口數量龐大

仁壽是全國人口大縣,雖然未來20年仁壽人口總量將出現拐點,但是其基本特徵並未發生改變。龐大的人口基數仍會繼續在多方面制約著人口長期均衡發展。

第一,龐大的人口基數帶來的人口數量壓力,使我們無法通過提高生育率來調節不合理的人口結構,致使我們長期面臨人口數量與人口結構不

協調的挑戰。

第二，龐大的人口基數決定了未來的人口發展的強大慣性，使人口數量長時間大幅度增長。

第三，龐大的人口基數決定了分母效應較強，影響仁壽經濟的累積，也使資源與環境面臨較大的壓力。

第四，龐大的人口數量決定了龐大的勞動力隊伍和龐大的老年群體，前者就業的需求加大了經濟發展的壓力，而後者對社保的需求則加大了社會建設的壓力。

2. 人口結構不合理

為控制人口數量而執行的長期的低生育率政策，引發了人口結構性的失衡和矛盾，產生了更為複雜的人口現象。19世紀70年代以來，四川一直嚴格執行限制人口增殖的生育政策，即「一孩加照顧」生育政策。與全國絕大部分省份執行的農村「一點五」政策相比，該政策屬於比較苛刻的生育政策，雖然使人口數量得到了有效控製，但也出現了不少其他方面的人口問題，比如老齡化社會的提前到來。未來20年仁壽將會經歷比較快的老齡化進程，20年間老年人口的數量會由16.5萬增加到30萬以上，老齡化比重大約會提高10個百分點。

現有的人口結構非常不利於人口政策的調整。幾種預測方案的對比發現，生育政策的放鬆，會使仁壽人口由養老負擔的「一頭重」變為養老和撫育均重的「兩頭重」的局面，加重人口負擔。

3. 人口素質提高面臨的壓力較大

仁壽人口的身體素質方面，7‰左右的嬰兒死亡率已經屬於平均水平，但如何降低出生缺陷率卻是一個任重道遠的重大問題。

文化素質方面，連續30年來，仁壽的中學教育非常成功，取得並保持了不凡的成績，但作為縣域經濟，能夠留住的人才比較少。職業教育的普及面不廣，質量有待提高，為仁壽經濟發展做出的貢獻有限。

4. 人口流動問題

仁壽是人口流出大縣，龐大的流動人口為仁壽的社會經濟發展帶來了深刻的影響。就目前來講，外出務工減輕了仁壽的就業壓力，推動了城鄉

經濟發展，給家庭生活帶來了巨大收益。但是從長遠來看，大量人口流出對仁壽的經濟社會發展極為不利。原因是：

第一，農村外出從業人員中以男性、青壯年為主。這會造成農村的「空心化」，婦女和老人承擔了過多的農業生產，不利於農村經濟發展和現代農業技術的推廣。

第二，人口流動造成了一定程度的「人才流失」。外出從業人員的文化程度一般比留守人員要高。從其文化程度看，外出從業人員中初中、高中及以上文化程度的勞動力所占的比重均高於農村勞動力資源和農業從業人員的比重。這就造成了仁壽人才的流失，不利於全縣經濟的發展。

第三，人口流動導致人口老齡化問題的加重。外出人口基本上是青壯年，65歲以上的幾乎沒有。本研究中對人口預測的基礎數據實際是戶籍人口數據，如果以常住人口計算，未來20年仁壽的人口老齡化水平將會更高。同時，外出務工造成的農村「空巢家庭」會造成養老的不便，使農村養老問題更加複雜。

(二) 人口外部均衡面臨的問題

1. 經濟發展模式對人口發展提出新的要求

根據人口預測發現，未來仁壽勞動力資源具有以下特點：仁壽新增勞動力正在出現逐年遞減的趨勢，從勞動力資源總量規模趨勢看，2013年仁壽將出現勞動年齡人口高峰，之後逐年遞減。但值得注意的是在2030年以前，勞動年齡人口都會保持在115萬以上，人口總撫養比都在50%以下，這意味著仁壽勞動年齡人口規模龐大，勞動力供給優勢將繼續保持，還有相當豐厚的「人口紅利」能夠為經濟發展提供強大的動力。

但是，仁壽要將潛在「人口紅利」轉化為現實的「人口紅利」依然面臨很多障礙。一是充分就業任務艱鉅，難以實現充分就業，潛在「人口紅利」就難以實現。仁壽勞動適齡人口在業率一直不高，長期低於60%，就業不足導致「人口紅利」難以充分利用。二是第一產業勞動力所占比重過大，2011年仁壽第一產業的從業人員占到了60.2%，第二產業只占19.6%，第三產業的占20.2%。這種就業結構與經濟的三種產業的產值非常不匹配，勞動力轉移的壓力比較大。三是勞動力高齡化問題日

益嚴重，會影響勞動力的生產效率。四是勞動力素質較低與產業結構升級不匹配使潛在「人口紅利」難以兌現。仁壽的現有人口素質狀況也難以滿足產業發展需求。仁壽發展規劃是「強力推進新型工業化」和「積極發展現代服務業」，工業化方面「堅持把園區作為工業發展主戰場，以投資和科技創新為動力，以產業集聚為方向，推動工業經濟加快發展……推動產業優化升級，大力引進和培育發展特色優勢產業、戰略性新興產業」，服務業方面「積極引進 IT 服務、商務服務、科技研發等現代服務業……深化銀政企合作，引進成都銀行等境外金融機構，規劃建設金融后臺服務中心」。這兩方面都對人口的文化素質有較高的要求。而仁壽現有的人口素質狀況難以滿足經濟發展戰略的需要。較低的人口素質不利於產業結構升級，會阻礙經濟的快速發展。

2. 社會發展程度難以適應人口長期均衡發展的需要

快速老齡化日益成為影響經濟社會發展的主要因素，人口老齡化對社會保障事業發展的壓力是人口長期均衡發展面臨的重大問題。仁壽已經進入了老年型社會，並且將面臨快速的人口老齡化過程，仁壽將要負擔的老年人口數量也極為龐大；但仁壽的經濟水平還比較落後，仁壽的人均 GDP 還明顯低於四川省的人均 GDP，因此仁壽也屬於典型的「未富先老」。仁壽經濟水平相對落後，經濟供養能力不足，在養老金、醫療保障、長期照料等方面的準備和供應還不充分，還沒有能力應對如此迅速的老齡化進程，造成了快速老齡化與養老保障制度不匹配、老齡化水平與經濟社會發展水平的不平衡。

老年人由於人體生物有機體的老化，免疫功能不斷下降，身體健康狀況較差，對醫療的依賴程度會有較大提高，因此用於醫療保健的費用也會大幅度提高，造成醫療保障的巨大開支。

更大的挑戰是來自農村地區，新農保的保障能力不夠強，即使在不考慮通貨膨脹因素的前提下，農村居民的年給付都難以提供基本的生活費用，無法滿足農村老年人的養老保障。另外，考慮到我省農村居民的實際收入狀況，各地區的新農保支付能力差異較大，且多數地區的支付負擔較重。人口流動會使人口老齡化更加嚴重，也會使養老問題更加複雜化。

3. 資源環境對人口長期均衡發展的制約

仁壽龐大的人口規模對資源環境系統的壓力依然巨大。人均耕地面積不斷減少，隨著工業化、城鎮化持續加快，重化工發展階段特徵明顯，能源需求旺盛、消費總量持續快速增長，保障供給壓力持續增大，並且規模龐大的人口湧入擁擠的城市，將使原本脆弱的城市生態環境面臨嚴峻的考驗。

第十一章　仁壽縣人口長期均衡發展的政策建議

一、仁壽縣人口長期均衡發展的目標

通過實施人口長期均衡發展戰略，積極應對人口長期均衡發展面臨的難題，不斷提高人口長期均衡發展水平，爭取在 2030 年之前，使人口長期均衡發展水平、人口長期均衡發展協調度、人口長期均衡發展可持續度均達到並保持在 0.8 以上。使仁壽人口總量控製在 170 萬人左右；人口質量大幅度提高，嬰兒死亡率下降至 9‰；國民平均受教育年限達 12 年左右；出生人口性別比保持正常；就業比較充分；基本建立覆蓋城鄉居民的社會保障體系，群眾普遍享有較好的醫療保健服務；貧困人口繼續減少；城鄉間差距不斷縮小；人居環境質量明顯提高。基本實現人口規模適當、人口質量優良、人口結構優化、人口分佈合理，人口與經濟、社會、資源、環境相互協調、相互適應、相互促進。

二、促進仁壽縣人口長期均衡發展的具體措施

為實現仁壽人口長期均衡發展的戰略目標，需要採取以下幾個方面的措施：

1. 持續穩定適度低生育水平

要堅持依法管理人口和計劃生育工作，認真實施《中華人民共和國人口與計劃生育法》《四川人口與計劃生育條例》及相關法律法規，保持生育政策的穩定性和連續性。積極推動計劃生育工作轉型，更加注重利益導向，更加注重服務關懷，更加注重宣傳倡導，進一步健全農村計劃生育

家庭獎勵扶助、計劃生育「少生快富」工程、計劃生育家庭特別扶助等制度，努力增強廣大群眾依法實行計劃生育的自覺性。

2. 全面提升人口質量

第一，提高出生人口質量。計劃生育部門要加大工作力度，鼓勵婚前和孕前醫學檢查；普及優生優育知識，加強遺傳與優生諮詢指導；實施出生缺陷干預項目，加強孕前和孕產期保健、產前篩查和診斷、產后訪視、新生兒疾病篩查和康復等工作，全力降低出生缺陷發生率。

第二，提高人口健康水平。構建以預防為主的公共衛生服務體系，建立新型農村合作醫療制度，建立以社區衛生服務為基礎的新型城市衛生體系。加強預防保健工作，有效預防和控製各種傳染性疾病，建立健全公共衛生應急處理體系。實施計劃生育生殖健康促進計劃，面向育齡群眾開展旨在增強生殖保健意識和自我保健能力的科普知識教育，全面推行避孕方法知情選擇，大力推進生殖道感染干預和婦科病普查防治工作，逐步建立已婚育齡婦女生殖健康檔案。

第三，進一步提高人口受教育水平。要繼續加強九年制義務教育，確保普及九年義務教育人口覆蓋率達到並保持在100%，推進義務教育標準化，提高義務教育質量。搞好「兩免一補」，推進寄宿制教育。加強職業教育發展，使職業學校培養目標和產業發展需求對接，增強技術技能人才培養的針對性和適應性，為產業轉型升級提供人才支撐。

3. 動態優化人口結構

嚴格管控出生人口性別比升高。嚴格實行B超使用准入和執業資質認證制度，建立B超和染色體檢查、流產手術、接生「三定點」制度，加強對B超檢查、孕情檢測、人工終止妊娠的過程管理。依法打擊非法胎兒性別鑒定、非法人工終止妊娠、非法生產銷售終止妊娠藥品器械和溺棄殘害女嬰、拐賣婦女兒童等違法犯罪行為。盡一切努力將仁壽出生性別比維持在正常範圍。

積極應對生育水平正常提高所帶來的少年兒童撫養比加重的情況。對於符合生育二胎的家庭進行理性引導，鼓勵他們合理發揮生育間隔的作用，防止出現生育過度集中，來減緩這種負擔。

4. 引導人口有序流動

充分發揮緊鄰天府新區的區位優勢，主動承接輻射影響，著力打造「一心四區」縣域經濟增長極，實現全域發展，加快仁壽崛起。以縣城和文林工業園區為支撐，建設50萬人、50平方公里大城市，加快形成縣域經濟核心增長極。堅持以縣城為依託，區域性中心場鎮為基礎，構建佈局合理、層次清晰、功能完善的新型城鎮體系。加快縣城擴容提質，加快小城鎮建設，強化功能分區、基礎配套和發展定位，抓好文宮、龍馬、北門、寶飛等區域中心城鎮建設。鼓勵有穩定就業和住所的人口在縣城和中心場鎮落戶。

5. 推動人力資源綜合開發，促進人口與經濟均衡發展

充分挖掘「人口紅利」。通過吸納本地勞動力、吸引勞動力回流和加強勞動力培訓，逐步實現由「廉價規模勞動力」向「技能勞動力」再向「知識勞動力」轉變，實現質量對數量的替代，不斷提升勞動力市場中人力資本的優勢。

優化人口產業分佈結構。加快農村勞動力轉移；通過強力推進以投資和科技創新為動力、以產業集聚為方向的新型工業化，積極擴大就業；通過積極發展現代服務業，努力提高服務業人口比重。

6. 提升社會事業水平，促進人口與社會均衡發展

實施教育強縣戰略，推進教育均衡發展。認真落實「兩免一補」政策，夯實義務教育基礎；提高教育教學質量，強化仁壽一中等學校帶頭示範作用，確保高考各項指標全市領先；縣職教中心通過聯合辦學模式，提高職業教育水平。

深入推進醫藥衛生體制改革，紮實開展公共衛生服務，著力解決群眾就醫難問題。加強重大疫病防控，鞏固血防達標成果。

加快老齡事業發展。加強以養老、醫療為核心的覆蓋城鄉社會保障體系建設的投入，尤其加快推進新型農村社會養老保險制度。確保社會保障體系的健全。加強社區老年服務機構和基礎設施建設，初步構建以居家養老為基礎、社區服務為依託、機構照料為補充的養老服務體系。加強農村鄉鎮敬老院、老年活動中心和綜合性老年福利服務中心建設，積極推進農村五保戶集中供養。加強敬老愛老教育，切實保障老年人合法權益。大力

發展老齡產業，鼓勵社會開辦各種形式的養老機構和老年護理機構，為老年群體提供醫、養、樂等多方面的市場服務。大力弘揚孝文化，積極倡導尊老、敬老、養老、愛老的良好社會風尚。

改變城鄉間二元結構和城鎮內二元結構非均衡社會制度構架，逐步建立城鄉均衡統一的社會管理框架。實現公共服務均等化。

7. 推進新型工業化和新型城鎮化，促進人口與資源環境均衡發展

推進新型工業化，扭轉過分依賴高耗能、高污染重工業的增長模式，實現經濟發展方式、生產方式的根本轉變，探索工業新型化、生產清潔化、農業生態化、經濟發展循環化的新經濟模式。

推進新型城鎮化，以統籌兼顧為原則，走科學發展、集約高效、環境友好、城鄉一體的城鎮化建設道路，不以犧牲農業和糧食、生態和環境為代價，推動城市生態化，全面提升城鎮化質量和水平。加快省級生態縣創建步伐，推進生態鄉鎮、生態村建設，加強森林資源和飲用水源保護，保護和有序開發土地資源。

塑造親生態生產生活方式。培育生態文化，充分發揮新聞媒體等社會監督的作用，營造環境保護人人有責的濃厚氛圍；提高節能環保准入門檻，建立落后產能退出機制，遏制高耗能、高排放行業發展；加快節能、減排技術的推廣；生活性資源實行差異價格，確定家庭規模資源消耗合理需求限額，限額內執行補貼價格，超出部分執行市場價格。

三、促進仁壽縣人口長期均衡發展的保障措施

1. 加大宣傳力度，加強理念倡導

不僅將人口長期均衡發展的理念引入地區發展規劃部署，引入人口發展工作，更應該引入人民群眾的日常觀念。積極開展對公民人口觀念引導的活動，在群眾日常生活實踐中推動性別平等教育，弘揚婚育新風，倡導新型人口文化，努力實現人口長期均衡發展的理念深入人心。

2. 制定和完善人口長期均衡發展戰略規劃

首先，將人口長期均衡發展的目標引入仁壽發展戰略規劃，確立人口與資源環境、人口與經濟社會發展相適應的發展戰略。其次，做好仁壽縣人口發

展專項規劃，確保相關規劃內容能夠在政策上得到支持，並將規劃指標和核心問題融入上下級部門綜合發展的考核指標裡。最后，要制定詳細的人口長期均衡發展的具體目標，將目標分解下派，分階段執行，並及時檢查監督落實情況。推動各部門協力合作、全面實施人口均衡發展規劃，統籌協調人口戰略與人口相關經濟社會發展政策的制定和實施，以此促進人口均衡發展。

3. 完善適應人口均衡發展要求的公共政策體系

要實現人口長期均衡發展，必須建立完善以人口政策為中心的人口長期均衡發展公共政策體系。

一是修訂完善重點人口領域的各項政策。在修訂完善以穩定適度低生育水平為核心的現行生育政策的基礎上，根據仁壽實際探索制定提升人口質量、引導人口合理流動、推進新型城鎮化、應對人口老齡化、解決農村留守老人、留守兒童問題、加快人力資源開發等重點人口領域的政策，促進人口問題的統籌解決。

二是必須轉變人口工作機制，即從部門行為向政府行為轉變。在人口工作動員機制上，人口計生系統要和相關部門密切合作，實現從人口計生部門的獨立行動向政府動員下的多部門協調行動轉變；在人口工作方法上實現從「行政管理型」向「統籌服務型」轉變，不斷拓展服務領域；從面向育齡群眾的計劃生育生殖健康服務逐漸向全人群和生命的全過程轉變，如積極開展嬰幼兒早期教育、青少年性與生殖健康教育、老年人服務關懷等工作，不斷完善以群眾需求為導向的公共服務。在人口工作思路上實現由單純控製人口數量向統籌解決人口問題轉變，圍繞「統籌協調、科學管理、優質服務、利益導向、群眾自治、人財保障」六大機制進行全方位、深層次、成系統、可持續的綜合改革。

三是加快完善以部門間人口信息共享、基層信息動態採集和更新的經常化機制為保障的「人口基礎信息庫」，建立起與經濟、社會發展相適應的人口均衡發展數據體系，建立完善人口與發展綜合決策信息系統，設計人口均衡發展的階段性目標及其相應的考評指標體系，利用健全科學的人口動態監測評估機制，建立人口發展趨勢預警預報制度，為各級政府制定和實施經濟發展規劃提供全面的人口長期均衡發展數據。

附 錄

附表 1   2011—2030 年四川總人口變化情況預測

年份	總人口（萬人） 低方案	總人口（萬人） 中方案	總人口（萬人） 高方案	出生率（‰）低	出生率（‰）中	出生率（‰）高	死亡率（‰）低	死亡率（‰）中	死亡率（‰）高	自然增長率（‰）低	自然增長率（‰）中	自然增長率（‰）高
2011	8,079.36	8,082.15	8,082.15	10.88	11.23	11.23	6.23	6.23	6.23	4.65	5.00	5.00
2012	8,113.38	8,120.63	8,120.63	10.75	11.31	11.31	6.56	6.57	6.57	4.19	4.74	4.74
2013	8,144.37	8,157.76	8,157.76	10.52	11.28	11.28	6.71	6.73	6.73	3.81	4.55	4.55
2014	8,172.66	8,193.87	8,193.87	10.33	11.29	11.29	6.86	6.88	6.88	3.46	4.41	4.41
2015	8,198.44	8,229.24	8,229.24	10.16	11.33	11.33	7.02	7.03	7.03	3.14	4.30	4.30
2016	8,221.64	8,263.80	8,263.80	10.00	11.37	11.37	7.17	7.18	7.18	2.82	4.18	4.18
2017	8,243.41	8,296.90	8,302.69	9.97	11.32	12.02	7.33	7.33	7.34	2.64	3.99	4.68
2018	8,263.33	8,328.10	8,345.30	9.90	11.23	12.61	7.49	7.49	7.50	2.41	3.75	5.11
2019	8,281.22	8,357.19	8,391.36	9.82	11.12	13.15	7.66	7.64	7.66	2.16	3.48	5.49
2020	8,296.08	8,383.06	8,439.38	9.62	10.88	13.50	7.82	7.79	7.81	1.79	3.09	5.69
2021	8,307.39	8,405.08	8,488.34	9.35	10.56	13.73	7.99	7.94	7.96	1.36	2.62	5.77
2022	8,315.36	8,423.51	8,531.38	9.13	10.30	13.16	8.17	8.11	8.11	0.96	2.19	5.05
2023	8,319.84	8,438.17	8,568.46	8.88	10.01	12.57	8.35	8.27	8.24	0.54	1.74	4.33
2024	8,320.74	8,448.99	8,599.60	8.64	9.72	12.00	8.53	8.44	8.38	0.11	1.28	3.62
2025	8,318.13	8,456.03	8,624.94	8.40	9.45	11.46	8.72	8.61	8.52	-0.31	0.83	2.94
2026	8,312.13	8,459.41	8,644.72	8.18	9.18	10.95	8.90	8.78	8.66	-0.72	0.40	2.29
2027	8,303.15	8,459.61	8,659.59	8.00	8.98	10.52	9.08	8.95	8.81	-1.08	0.02	1.72
2028	8,291.45	8,456.92	8,669.92	7.86	8.81	10.15	9.27	9.12	8.95	-1.41	-0.32	1.19
2029	8,277.18	8,451.51	8,676.00	7.74	8.67	9.81	9.47	9.31	9.11	-1.72	-0.64	0.70
2030	8,260.68	8,443.79	8,678.31	7.66	8.56	9.53	9.65	9.48	9.26	-2.00	-0.91	0.27

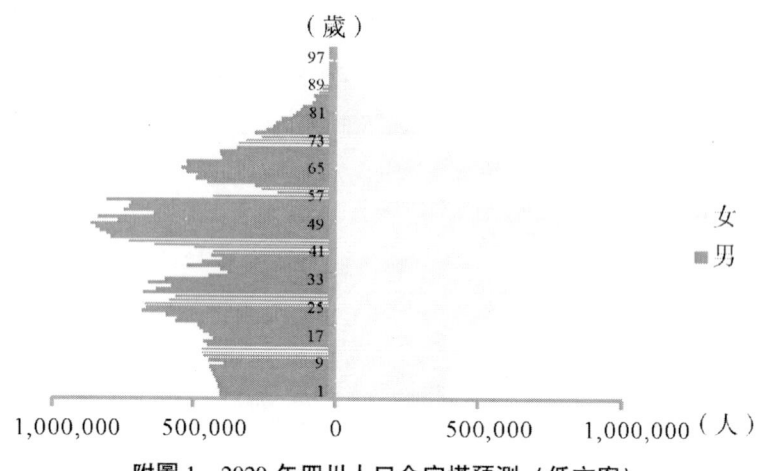

附圖1　2020年四川人口金字塔預測（低方案）

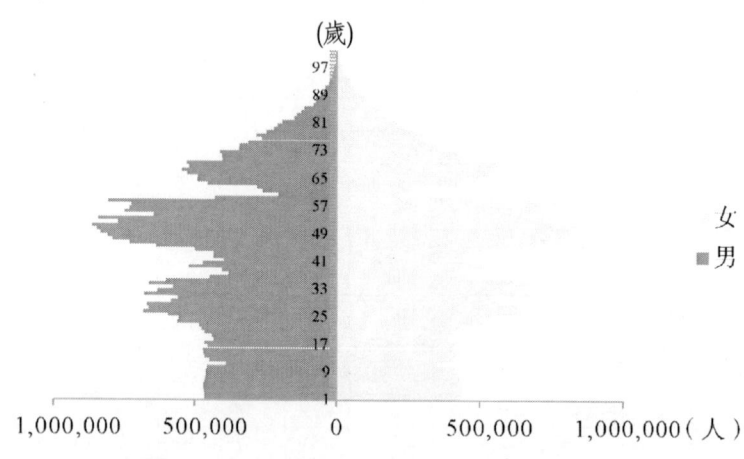

附圖2　2020年四川人口金字塔預測（中方案）

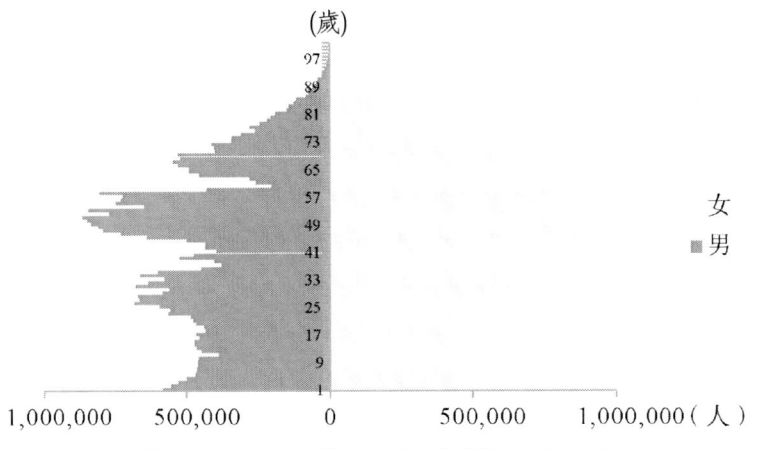

附圖3　2020年四川人口金字塔預測（高方案）

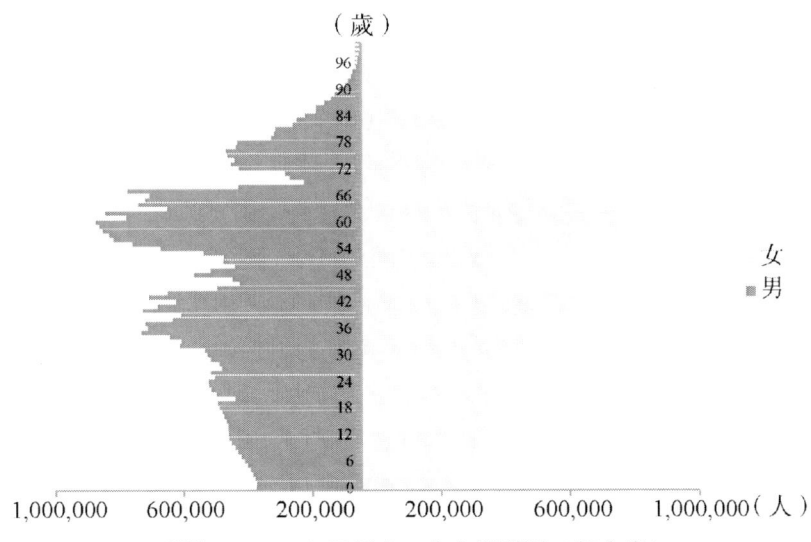

附圖4　2030年四川人口金字塔預測（低方案）

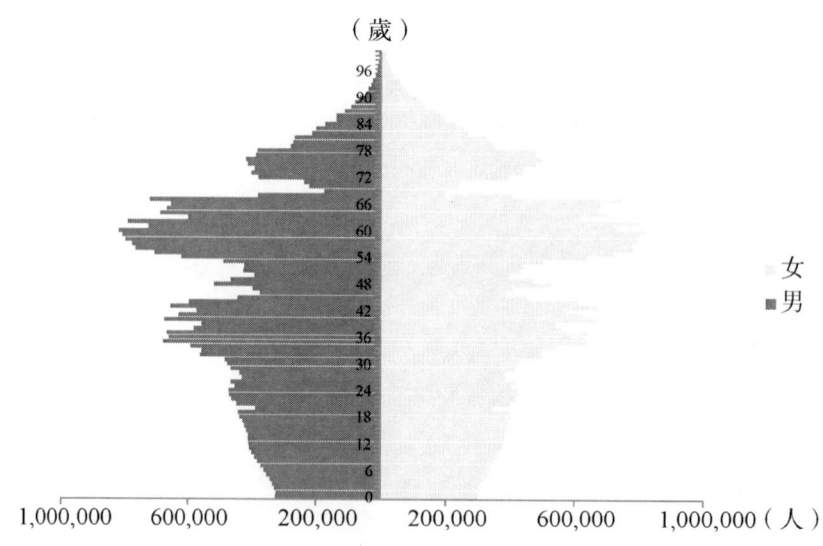

附圖 5　2030 年四川人口金字塔預測（中方案）

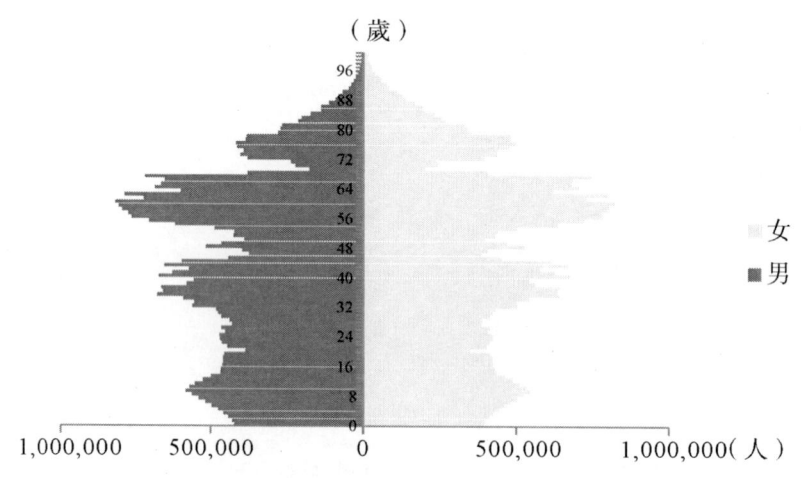

附圖 6　2030 年四川人口金字塔預測（高方案）

附表 2　　四川「十二五」時期經濟社會發展主要指標

類別	指標	單位	2010 年	2015 年規劃	年均增長
經濟發展	地區生產總值	億元	16,900	30,000	12
	服務業增加值比重	%	34.6	39	[4.4]
	人口城鎮化率	%	40.3	48	[7.7]

附表2(續)

類別	指標	單位	2010年	2015年規劃	年均增長
科技教育	九年義務教育鞏固率	%	90.7	93.7	[3]
	高中階段教育毛入學率	%	76	85	[9]
	研究與試驗發展經費支出占地區生產總值比重	%	1.5	2	[0.5]
	每萬人口發明專利擁有量	件	0.62	1.24	[0.62]
資源環境	耕地保有量	萬公頃	594.8	—	達到國家要求
	農業灌溉用水有效利用系數	—	0.41	0.45	[0.04]
	非化石能源占一次能源消費比重	%	28	31	>[3]
	單位生產總值能源消耗降低	%	4.4	—	達到國家要求
	森林覆蓋率	%	34.82	36	[1.18]
人民生活	總人口	萬人	8,900	9,200	5.6‰
	城鎮登記失業率	%	4.14	4.5	—
	城鎮新增就業人數	萬人	75.44	85	[400]
	城鎮參加養老保險人數	萬人	1,301.4	1,754	[452.6]
	城鄉三項醫療保險參保率	%	90	93	—
	城鎮居民人均可支配收入	元	15,461	27,300	12
	農村居民人均純收入	元	5,140	9,000	12

註：(1) 地區生產總值絕對數為2010年價格，速度按可比價計算。

(2) [ ] 內為五年累計數。

資料來源：2010年數據來源於《四川統計年鑑》(2011)，2015年規劃數據來源於《四川省國民經濟和社會發展第十二個五年規劃綱要》。

附表3　　　　　　　　四川中長期教育發展主要目標

指標	單位	2009年	2015年	2020年
學前教育				
幼兒在園人數	萬人	154.8	215.7	223.3

附表3(續)

指標	單位	2009年	2015年	2020年
學前三年毛入園率	%	61.8	70	75
九年義務教育				
在校生	萬人	974.3	818.4	902
鞏固率	%	90.3	93.7	95
高中階段教育*				
在校生	萬人	279.1	275	220
毛入學率	%	75.9	85	90
職業教育				
中等職業教育在校生	萬人	135.6	140	110
高等職業教育在校生	萬人	73.5	83	89
高等教育**				
在學總規模	萬人	171.9	196	210
在校生	萬人	150.9	175	192
其中：研究生	萬人	7.1	10	13
毛入學率	%	24	32.7	40
繼續教育				
從業人員繼續教育	萬人次	990	1,780	2,150

註：*含中等職業教育學生數；**含高等職業教育學生數。

資料來源：《四川省中長期教育改革和發展綱要》(2010—2020)。

附表4　　四川中長期人力資源開發主要目標

指標	單位	2009年	2015年	2020年
具有高等教育文化程度的人數	萬人	400	690	960
主要勞動年齡人口平均受教育年限	年	8.9	10	11.2
其中：受過高等教育的比例	%	7.8	13	20
新增勞動力平均受教育年限	年	11	12.5	13.5
其中：受過高中階段及以上教育的比例	%	65	86	90

附表5　　　　　2011—2030 四川教育適齡人口數預測　　　單位：萬人

年份	低方案 小學	低方案 初中	低方案 高中	低方案 高等教育	中方案 小學	中方案 初中	中方案 高中	中方案 高等教育	高方案 小學	高方案 初中	高方案 高中	高方案 高等教育
2010	523.69	327.07	395.20	605.60	523.69	327.07	395.20	605.60	523.69	327.07	395.20	605.60
2011	517.85	305.04	376.95	621.20	517.85	305.04	376.95	621.20	517.85	305.04	376.95	621.20
2012	517.35	288.95	352.61	624.66	517.35	288.95	352.61	624.66	517.35	288.95	352.61	624.66
2013	518.88	270.13	326.88	620.71	518.88	270.13	326.88	620.71	518.88	270.13	326.88	620.71
2014	524.11	261.07	304.87	623.59	524.11	261.07	304.87	623.59	524.11	261.07	304.87	623.59
2015	527.18	252.80	288.80	614.49	527.18	252.80	288.80	614.49	527.18	252.80	288.80	614.49
2016	512.34	253.04	269.98	589.21	512.34	253.04	269.98	589.21	512.34	253.04	269.98	589.21
2017	510.51	256.28	260.93	550.59	513.23	256.28	260.93	550.59	513.23	256.28	260.93	550.59
2018	504.53	264.05	252.68	508.25	511.66	264.05	252.68	508.25	511.66	264.05	252.68	508.25
2019	497.20	265.34	252.92	482.42	510.41	265.34	252.92	482.42	510.41	265.34	252.92	482.42
2020	490.17	267.34	256.16	459.07	511.16	267.34	256.16	459.07	511.16	267.34	256.16	459.07
2021	485.27	262.66	263.92	434.18	515.79	262.66	263.92	434.18	515.79	262.66	263.92	434.18
2022	490.88	246.55	265.22	430.57	532.71	246.55	265.22	430.57	532.71	246.55	265.22	430.57
2023	485.75	242.73	267.22	426.51	536.18	245.45	267.22	426.51	541.84	245.45	267.22	426.51
2024	480.90	241.45	262.54	428.17	538.19	248.57	262.54	428.17	555.13	248.57	262.54	428.17
2025	477.04	250.23	246.44	434.89	539.46	263.43	246.44	434.89	573.22	263.43	246.44	434.89
2026	472.94	247.04	242.63	441.07	538.58	265.29	245.35	441.07	594.35	265.29	245.35	441.07
2027	467.82	243.44	241.35	437.80	534.65	266.81	248.47	437.80	617.22	266.81	248.47	437.80
2028	462.01	240.27	250.13	425.20	528.01	268.86	263.32	425.20	635.20	268.86	263.32	425.20
2029	454.24	238.35	246.94	419.81	519.13	270.48	265.18	422.53	643.11	276.14	265.18	422.53
2030	444.84	237.11	243.34	413.97	508.39	270.98	266.70	421.09	641.45	287.90	266.70	421.09

附表6　　　2011—2030 年仁壽人口變化情況預測（低方案）

年份	總人口數	出生人口數	出生率（‰）	0～14歲人口數	15～64歲人口數	45～64歲人口數	老年人口數	老年人口比重（%）
2011	1,632,356	14,704	0.009,0	233,060	1,225,492	379,018	173,804	10.6
2012	1,636,194	14,600	0.008,9	227,817	1,227,541	393,905	180,836	11.1
2013	1,639,883	14,493	0.008,8	222,958	1,229,130	416,957	187,795	11.5
2014	1,643,132	14,416	0.008,7	222,516	1,222,292	430,263	198,324	12.1
2015	1,646,031	14,329	0.008,7	222,424	1,217,869	451,006	205,738	12.5
2016	1,648,586	14,153	0.008,6	222,567	1,213,040	470,882	212,979	12.9
2017	1,650,722	13,848	0.008,4	222,318	1,202,417	485,046	225,987	13.7
2018	1,652,277	13,455	0.008,1	222,218	1,192,191	498,237	237,868	14.4
2019	1,652,552	12,992	0.007,8	221,075	1,181,524	509,562	249,953	15.1
2020	1,652,808	12,457	0.007,5	219,792	1,171,605	519,990	261,411	15.8

附表6(續)

年份	總人口數	出生人口數	出生率(‰)	0~14歲人口數	15~64歲人口數	45~64歲人口數	老年人口數	老年人口比重(%)
2021	1,652,110	11,903	0.007,2	216,461	1,166,237	528,918	269,412	16.3
2022	1,650,296	11,371	0.006,9	210,607	1,164,729	533,308	274,960	16.7
2023	1,647,978	10,869	0.006,6	203,885	1,165,847	539,079	278,246	16.9
2024	1,645,340	10,398	0.006,3	197,358	1,173,943	553,182	274,039	16.7
2025	1,641,462	9,988	0.006,1	192,096	1,180,341	565,376	269,025	16.4
2026	1,637,019	9,665	0.005,9	187,146	1,186,671	582,264	263,202	16.1
2027	1,632,732	9,444	0.005,8	182,078	1,185,295	590,032	265,359	16.3
2028	1,627,875	9,312	0.005,7	176,983	1,168,679	577,285	282,213	17.3
2029	1,621,787	9,207	0.005,7	171,862	1,154,974	567,381	294,951	18.2
2030	1,616,286	9,088	0.005,6	166,705	1,137,782	559,105	311,799	19.3

附表7　2011—2030年仁壽人口變化情況預測（中方案）

年份	總人口數	出生人口數	出生率(‰)	0~14歲人口數	15~64歲人口數	45~64歲人口數	老年人口數	老年人口比重(%)
2011	1,636,746	19,120	0.011,6	237,450	1,225,492	379,018	173,804	10.6
2012	1,644,937	18,985	0.011,5	236,560	1,227,541	393,905	180,836	11.0
2013	1,652,943	18,846	0.011,4	236,018	1,229,130	416,957	187,795	11.4
2014	1,660,482	18,746	0.011,3	239,866	1,222,292	430,263	198,324	11.9
2015	1,667,647	18,632	0.011,1	244,040	1,217,869	451,006	205,738	12.3
2016	1,674,411	18,404	0.011,0	248,392	1,213,040	470,882	212,979	12.7
2017	1,680,662	18,007	0.010,7	252,258	1,202,417	485,046	225,987	13.4
2018	1,686,215	17,495	0.010,3	256,156	1,192,191	498,237	237,868	14.1
2019	1,690,347	16,894	0.010,0	258,870	1,181,524	509,562	249,953	14.8
2020	1,694,302	16,199	0.009,5	261,286	1,171,605	519,990	261,411	15.4
2021	1,697,137	15,478	0.009,1	261,488	1,166,237	528,918	269,412	15.9
2022	1,698,700	14,786	0.008,7	259,011	1,164,729	533,308	274,960	16.2
2023	1,699,610	14,133	0.008,3	255,517	1,165,847	539,079	278,246	16.4
2024	1,700,055	13,521	0.007,9	252,073	1,173,943	553,182	274,039	16.1
2025	1,699,139	12,988	0.007,6	249,773	1,180,341	565,376	269,025	15.8
2026	1,697,563	12,569	0.007,4	243,336	1,191,025	582,264	263,202	15.5
2027	1,696,079	12,284	0.007,2	236,746	1,193,974	590,032	265,359	15.6

附表7(續)

年份	總人口數	出生人口數	出生率(‰)	0~14歲人口數	15~64歲人口數	45~64歲人口數	老年人口數	老年人口比重(%)
2028	1,693,998	12,120	0.007,1	230,130	1,181,655	577,285	282,213	16.7
2029	1,690,672	12,006	0.007,1	223,500	1,172,221	567,381	294,951	17.4
2030	1,687,958	11,907	0.007,0	216,886	1,159,273	559,105	311,799	18.5

附表8　2011—2030年仁壽人口變化情況預測（高方案）

年份	總人口數	出生人口數	出生率(‰)	0~14歲人口數	15~64歲人口數	45~64歲人口數	老年人口數	老年人口比重(%)
2011	1,640,553	22,944	0.013,9	241,257	1,225,492	379,018	173,804	10.6
2012	1,652,521	22,782	0.013,7	244,144	1,227,541	393,905	180,836	10.9
2013	1,664,272	22,615	0.013,5	247,347	1,229,130	416,957	187,795	11.3
2014	1,675,534	22,495	0.013,4	254,918	1,222,292	430,263	198,324	11.8
2015	1,686,390	22,358	0.013,2	262,783	1,217,869	451,006	205,738	12.2
2016	1,696,798	22,085	0.013,0	270,779	1,213,040	470,882	212,979	12.6
2017	1,706,617	21,608	0.012,6	278,213	1,202,417	485,046	225,987	13.2
2018	1,715,635	20,995	0.012,2	285,576	1,192,191	498,237	237,868	13.9
2019	1,723,110	20,273	0.011,7	291,633	1,181,524	509,562	249,953	14.5
2020	1,730,271	19,438	0.011,2	297,255	1,171,605	519,990	261,411	15.1
2021	1,736,169	18,574	0.010,7	300,520	1,166,237	528,918	269,412	15.5
2022	1,740,655	17,743	0.010,2	300,966	1,164,729	533,308	274,960	15.8
2023	1,744,358	16,959	0.009,7	300,265	1,165,847	539,079	278,246	16.0
2024	1,747,477	16,226	0.009,3	299,495	1,173,943	553,182	274,039	15.7
2025	1,749,124	15,586	0.008,9	299,758	1,180,341	565,376	269,025	15.4
2026	1,750,031	15,083	0.008,6	292,030	1,194,799	582,264	263,202	15.0
2027	1,750,980	14,743	0.008,4	284,128	1,201,493	590,032	265,359	15.2
2028	1,751,305	14,555	0.008,3	276,201	1,192,891	577,285	282,213	16.1
2029	1,750,384	14,441	0.008,2	268,279	1,187,154	567,381	294,951	16.9
2030	1,750,110	14,382	0.008,2	260,431	1,177,880	559,105	311,799	17.8

參考文獻

[1]《人口研究》編輯部．為什麼要建設「人口均衡型社會」[J]．人口研究，2010（3）．

[2] 阿爾弗雷·索維．人口通論（上冊）：增長經濟學[M]．查瑞傳，戴世光，譯．北京：商務印書館，1983．

[3] 托馬斯·羅伯特·馬爾薩斯．人口原理[M]．朱泱，胡企林，朱和，譯．北京：商務印書館，1992．

[4] 陳勝利，安斯利·寇爾．中國各省生育率手冊[M]．北京：中國人口出版社，1993．

[5] 陳義平．中國人口形勢與政策選擇[J]．中國黨政幹部論壇，2012（11）．

[6] 鄧國勝．低生育水平與出生性別比偏高的后果[J]．清華大學學報：哲學社會科學版，2000（4）．

[7] 樊綱．論均衡、非均衡及其可持續性問題[J]．經濟研究，1991（7）．

[8] 侯亞非．人口城市化與構建人口均衡型社會[J]．人口研究，2010（6）．

[9] 胡偉略．市場經濟與均衡人口[J]．人口研究，1994（5）．

[10] 茹長寶，陳勇．人口內部均衡發展研究——以西部地區為例[J]．人口研究，2011（1）．

[11] 李權林．關於建設人口均衡型社會的思考[J]．人口與計劃生育，2011（2）．

[12] 李建民. 論人口均衡發展的概念與要義 [J]. 人口研究, 2010 (3).

[13] 李建民. 論人口均衡發展及其政策含義 [J]. 人口與計劃生育, 2010 (5).

[14] 李競能. 人口理論新編 [M]. 北京：中國人口出版社, 2001.

[15] 李競能. 當代西方人口學說 [M]. 太原：山西人民出版社, 1992.

[16] 李湧平. 決策的困惑和人口均衡政策——中國未來人口發展問題的探討 [J]. 北京大學學報：哲學社會科學版, 1996 (1).

[17] 李永勝. 人口統計學 [M]. 成都：西南財經大學出版社, 2002.

[18] 李柞泳. 可持續發展評價模型與應用 [M]. 北京：科學出版社, 2007.

[19] 劉洪康, 吳忠觀. 人口理論 [M]. 成都：西南財經大學出版社, 1991.

[20] 盧繼宏. 農村流動人口就業的趨勢及公共政策選擇——以四川省為例 [J]. 農村經濟, 2011 (8).

[21] 陸杰華, 黃匡時. 關於構建人口均衡型社會的幾點理論思考 [J]. 人口學刊, 2010 (5).

[22] 陸杰華, 朱薈. 建設人口均衡型社會的現實困境與出路 [J]. 人口研究, 2010 (4).

[23] 穆光宗. 人口優化論：實現人口長期均衡發展的必由之路 [J]. 人口研究, 2010 (3).

[24] 穆光宗. 還原馬爾薩斯和馬寅初人口思想的歷史價值 [J]. 人口與發展, 2010 (1).

[25] 穆懷中. 老年社會保障負擔系數研究 [J]. 人口研究, 2001 (4).

[26] 潘祖光.「人口均衡發展」戰略選擇下人口計生工作面臨的困惑及對策 [J]. 人口與計劃生育, 2011 (10).

[27] 人口長期均衡發展課題組. 以科學發展為主導構建人口均衡型社會 [J]. 人口研究, 2010 (5).

[28] 蘇君. 在加快城鎮化建設中, 必須注重促進人口的長期均衡發展 [J]. 人口與計劃生育, 2011 (15).

[29] 佟新. 人口社會學 [M]. 北京: 北京大學出版社, 2003.

[30] 王金營, 顧瑶. 建設人口均衡型社會: 條件、問題及對策 [J]. 人口研究, 2011 (1).

[31] 王欽池. 促進人口均衡發展建設人口均衡型社會——中國人口與發展諮詢會 (2010) 觀點綜述 [J]. 人口與計劃生育, 2010 (7).

[32] 王世巍. 城市人口均衡發展研究 [M]. 北京: 社會科學文獻出版社, 2008.

[33] 王維國. 協調發展的理論與方法研究 [M]. 北京: 中國財政經濟出版社, 2000.

[34] 王穎, 黃進, 趙瑩娟, 等. 人口長期均衡發展及其評價監測模型的構建與應用 [J]. 中國人口、資源與環境, 2011 (4).

[35] 王玉梅. 可持續發展評價 [M]. 北京: 中國標準出版社, 2008.

[36] 吳忠觀. 當代人口學學科體系研究 [M]. 成都: 西南財經大學出版社, 2000.

[37] 肖子華. 建設「人口均衡型社會」統籌解決人口問題——人口學會年會暨「人口均衡型社會」建設研討會綜述 [J]. 人口與計劃生育, 2011 (9).

[38] 徐安琪, 葉文振. 中國離婚率的地區差異分析 [J]. 人口研究, 2002 (4).

[39] 楊成鋼. 從行為機制看性別比問題與生育政策的關係 [J]. 人口研究, 2009 (3).

[40] 楊世琦, 等. 湖南資陽區生態經濟社會系統協調度評價研究 [J]. 中國人口. 資源與環境經濟學, 2005 (5).

[41] 虞春英, 吳開. 經濟—環境—資源系統的協調度定量分析

[J]. 經濟研究導刊, 2010 (36).

[42] 曾珍香, 顧培亮. 可持續發展的系統分析與評價 [M]. 北京: 科學出版社, 2000.

[43] 翟振武, 明豔. 定義「人口安全」[J]. 人口研究, 2005 (3).

[44] 翟振武, 楊凡. 解決人口問題本質上是追求人口均衡發展 [J]. 人口研究, 2010 (3).

[45] 張純元. 人口經濟學 [M]. 北京: 北京大學出版社, 1983.

[46] 張理智. 均衡人口與均衡 GDP 關係研究——兼論中國計劃生育政策需要調整 [J]. 社會科學研究, 2006 (1).

[47] 張曙光. 論制度均衡和制度變革 [J]. 經濟研究, 1992 (6).

[48] 章文彪. 浙江省促進人口均衡發展的實踐與思考 [J]. 人口研究, 2011 (12).

[49] 張五常. 中國的經濟制度 [M]. 北京: 中信出版社, 2009.

[50] 張翼. 人口結構調整與人口均衡型社會的建設 [J]. 人口研究, 2010 (5).

[51] 張耀軍, 陳偉, 張穎. 區域人口均衡: 主體功能區規劃的關鍵 [J]. 人口研究, 2010 (4).

[52] 鄭長德, 劉曉鷹. 中國城鎮化與工業化關係的實證分析 [J]. 西南民族大學學報: 人文社科版, 2004 (4).

國家圖書館出版品預行編目(CIP)資料

人口長期均衡發展研究理論與實證 / 張俊良，郭顯超 著. -- 第一版.
-- 臺北市：財經錢線文化出版：崧博發行，2018.12

　面；　公分

ISBN 978-957-680-301-7(平裝)

1.人口問題 2.中國

542.132　　　107019305

書　　名：人口長期均衡發展研究理論與實證
作　　者：張俊良、郭顯超 著
發行人：黃振庭
出版者：財經錢線文化事業有限公司
發行者：崧博出版事業有限公司
E-mail：sonbookservice@gmail.com
粉絲頁　　　　　　網　址：
地　　址：台北市中正區延平南路六十一號五樓一室
8F.-815, No.61, Sec. 1, Chongqing S. Rd., Zhongzheng
Dist., Taipei City 100, Taiwan (R.O.C.)
電　　話：(02)2370-3310　傳　真：(02) 2370-3210
總經銷：紅螞蟻圖書有限公司
地　　址：台北市內湖區舊宗路二段 121 巷 19 號
電　　話：02-2795-3656　傳　真：02-2795-4100　網址：
印　　刷：京峯彩色印刷有限公司（京峰數位）

　　本書版權為西南財經大學出版社所有授權崧博出版事業有限公司獨家發行
電子書及繁體書繁體版。若有其他相關權利及授權需求請與本公司聯繫。

定價：600元

發行日期：2018 年 12 月第一版

◎ 本書以POD印製發行